工业和信息化精品系列教材

邮政业务与管理

张瑞凤 赵栓亮 ◉ 主编

周晓燕 陈军须 ◉ 副主编

POSTAL SERVICE AND
MANAGEMENT

人民邮电出版社

北 京

图书在版编目（CIP）数据

邮政业务与管理 / 张瑞凤，赵栓亮主编. -- 北京：
人民邮电出版社，2022.9
  工业和信息化精品系列教材
  ISBN 978-7-115-59884-4

Ⅰ．①邮… Ⅱ．①张… ②赵… Ⅲ．①邮政业务－邮
政管理－高等职业教育－教材 Ⅳ．①F618

中国版本图书馆CIP数据核字(2022)第150313号

内 容 提 要

本书根据高等职业院校人才培养的特点和要求，结合邮政行业的发展动态，以理论为基础、以掌握职业技能为目标、以"应用"为主旨构建内容体系，具有一定的创新性和较强的实践性。

全书按照邮政企业现行的业务模块及邮政管理的发展现状分为12章，涵盖了各类邮政业务及管理的基本知识和业务操作技能。全书每章开头有学习目标、情境引入和思维导图，末尾有实践项目、拓展知识和知识巩固，方便学生和教师使用。

本书充分吸纳了近年来邮政领域的理论和实践研究成果，具有体系完整、内容全面、理论联系实际、讲解深入浅出的特点，可作为各院校邮政类相关专业的教材及各企业邮政员工的培训教材，也可供从事邮政技术、邮政管理工作的人员参考。

◆ 主　　编　张瑞凤　赵栓亮
　　副 主 编　周晓燕　陈军须
　　责任编辑　鹿　征
　　责任印制　王　郁　焦志炜

◆ 人民邮电出版社出版发行　北京市丰台区成寿寺路11号
　　邮编　100164　电子邮件　315@ptpress.com.cn
　　网址　https://www.ptpress.com.cn
　　固安县铭成印刷有限公司印刷

◆ 开本：787×1092　1/16
　　印张：15.75　　　　　　　　　　2022年9月第1版
　　字数：400千字　　　　　　　　2025年1月河北第6次印刷

定价：59.80元

读者服务热线：(010)81055256　印装质量热线：(010)81055316
反盗版热线：(010)81055315
广告经营许可证：京东市监广登字 20170147 号

邮政是一个传统行业，有着悠久的历史。随着互联网、大数据、人工智能等信息技术的发展，以及社会经济的发展变化，邮政行业正在发生深刻变革，邮政的服务向多元化发展，现代经营理念和经营方式得以在邮政行业应用，邮政新技术层出不穷，邮政向社会提供的服务——邮政业务，也随着社会需求的变化不断创新，繁多的业务种类使人们对邮政"刮目相看"。

石家庄邮电职业技术学院于 1984 年开设"邮政业务与管理"课程，2007 年，该课程被评为国家级精品课程；2013 年，被评为国家级精品资源共享课程；2022 年，被评为职业教育国家在线精品课程。在数十年的教学实践中，该课程的教学内容不断丰富，教材也在不断更新。本书本着如实反映邮政行业发展动态的宗旨，根据高等职业院校人才培养目标，以"应用"为主旨构建内容体系，主要涉及邮政业务运营与管理方面的基础理论和基本技能。

近年来，我国高等职业教育的教学理念和教学模式发生了巨大变革，以就业为导向、重视学生的职业素质和职业技能的培养已成为高等职业教育发展的基本方向。石家庄邮电职业技术学院在邮政类专业教学改革方面进行了长期探索和实践，"邮政通信管理""快递运营管理"等专业被确定为国家级示范专业点。"邮政业务与管理"作为这些专业的核心课程，其教学内容和教学方法都经历了较大改革。本课程教学内容深入贯彻党的"二十大"精神，培养学生爱国爱邮、爱岗敬业、客户至上等职业素养，在教学改革实践中形成了适应自身特点的"理论内容重学生研讨创新，实践教学重技能培养，理论与实践重紧密衔接"的教学模式，在教学中注重邮政企业营业、投递等岗位所需的能力培养，强调学生的实践技能，同时与邮政类国家职业技能等级证书考试要求相结合；在教学方法上突出综合能力的培养，在考核上采用理论教学与实践教学综合评定的方法，要求有一定实践项目的考核。

由于本书内容较为丰富，授课对象较广，针对邮政类专业和非邮政类专业，教师在使用本书时，可按难易程度酌情取舍内容。教师在备课过程中可结合专业特点、学年情况及学生考取邮政类国家职业技能等级证书的需求，对内容进行适当的调整，帮助学生掌握所学知识和技能，以达到更好的教学效果。

本书由张瑞凤、赵栓亮任主编，周晓燕、陈军须任副主编。具体分工如下：第一章由赵栓亮编写，第二章、第四章、第十一章、第十二章由张瑞凤编写，第三章、第五章、第十章由陈军须编写，第六～九章由周晓燕编写。全书由张瑞凤、周晓燕统稿。

本书在编写过程中得到了石家庄邮电职业技术学院的院领导、教务处、培训部、职鉴中心等的大力支持和帮助，"邮政业务与管理"课程组的主讲教师对本书的编写也提供了许多具体帮助和建议，在此向他们表示衷心的感谢。

由于编者水平有限，书中难免存在不足和疏漏之处，敬请读者谅解并批评指正。

编　者
2023 年 8 月

目 录

第一章

邮政概述

学习目标

【知识目标】

1. 学习邮政的发展阶段，邮政在各阶段的特征等知识；

2. 理解邮政的概念、特点、社会定位等知识；

3. 学习世界邮政改革的背景及方向等知识；

4. 认识我国邮政的改革进程和改革发展方向。

【能力目标】

1. 具备以历史发展的观点分析邮政行业和邮政企业的能力；

2. 具备从内外部环境变化、面临机遇或挑战等方面分析企业发展问题的能力；

3. 掌握用对比的方式分析邮政行业和邮政企业生存发展问题的能力。

【素养目标】

1. 培养热爱邮政行业，投身建设中国邮政事业的思想；

2. 培养对邮政历史、邮政文化的认同感；

3. 培养"人民邮政为人民"的理念；

4. 树立在市场中勇于拼搏、敢于创新、不怕吃苦的工作意识。

情境引入

1969 年在日本东京召开的第 16 届万国邮联代表大会通过第 C1 号决议，建议各成员国将每年的 10 月 9 日（万国邮联成立日）作为"万国邮联日"来庆祝。因此，第 1 个"万国邮联日"是 1970 年 10 月 9 日。1984 年在联邦德国汉堡召开的第 19 届万国邮联代表大会通过第 C32 号决议，将"万国邮联日"更名为"世界邮政日"，以便使这一纪念日具有更大的影响。

万国邮联执行理事会于 1981 年年会通过第 CE18 号决定，授权邮联国际局每年为各国庆祝"万国邮联日"所组织的活动推荐一个共同的宣传主题。1988 年起改为每 3 年选定同一个宣传主题。2010 年 10 月 9 日是第 41 届"世界邮政日"，其宣传主题是"邮政——正视现实，开拓创新"。万国邮联同时确定：从本届起将不再统一规定"世界邮政日"宣传主题，而由各国自己确定。中国选择"中国邮政——情系万家，信达天下"作为"世界邮政日"的宣传主题。

以下是 1981—2009 年的"世界邮政日"的宣传主题，对于这些宣传主题及其变化，你有怎样的感想？

1981 年　邮政没有边界

1982 年　合作与发展促进万国邮联的活动

1983 年　邮政，世界上最广泛的通信网

1984 年　什么也代替不了邮政

1985 年　邮政把世界的信息送到你门前

1986 年　邮政是和平的使者

1987 年　邮政向距离挑战

1988—1990 年　邮政永远存在，遍布各地

1991—1993 年　邮政，你的全球性合作伙伴

1994—1996 年　邮政，你的最佳选择

1997—2000 年　世界只有一个邮政网

2001—2003 年　邮政帮你拓展新天地

2004—2006 年　世界邮政网：情系万家，信达天下

2007—2009 年　世界邮政网，网络连天下

思维导图

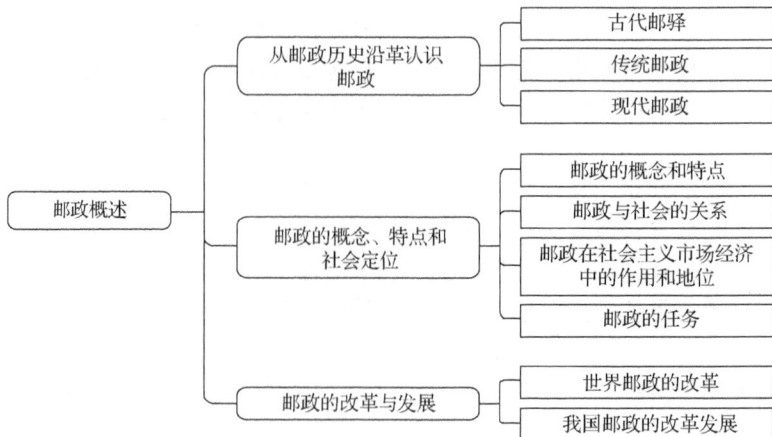

第一节　从邮政历史沿革认识邮政

邮政源于人们通信的需要，是起源最早、历史上使用最广泛的一种通信方式。随着社会的发展，科学技术的进步，邮政在通信领域的地位受到了挑战，同时，邮政在其他领域的内涵也发生了很大变化。

距今 6000 多年前的母系氏族社会就已出现了原始的通信方式，在出土的石制生产工具和陶制品等生产用具上，绘有形状规则的符号。这些符号是原始人传递信息和记事用的符号。原始人采用"以物示意"的联络方式，即人们通过传递一些能表示一定含义的物品来起到交流思想感情和信息的作用。一直到新中国成立前，云南某些处于原始公社阶段的少数民族部落还保留着这种联络方式。如送辣椒表示遇到困难，而送穿了孔的结晶盐块则表示困难已解决；青年男女之间则以树叶传情，谈情说爱。

原始公社后期到奴隶社会初期，由于生产力的发展和剩余产品的出现，逐渐产生了阶级和国家，原始公社群体之间及奴隶主国家之间为了争夺土地和奴隶而不断发生争斗和战争，因而产生了对远距离通信联络的需要。原始的声、光联络便逐渐出现了，人们开始利用鼓声和火光传递战争信息和命令，这就是早期的"击鼓传声"和"烽火报警"。

原始社会的通信方法和手段主要是"形"与"声"两类，如"以物示意""大声喊叫""打手势"等。这一阶段的通信特点是方式简单、速度慢、内容不完整、范围小等。

人类的进步、国家的出现、文字的使用，推动有组织的通信逐步形成。世界各国（地区）的邮政发展历程不一，但总体上按本质属性可划分为 3 个阶段，即古代邮驿阶段、传统邮政阶段和现代邮政阶段，每一阶段都是随着社会经济、政治、科技、文化的发展，在一定的历史条件下形成的。

一、古代邮驿

（一）古代邮驿的发展历程

在距今 3000 多年前的殷商时期，中国就出现了有组织的通信活动。到西周时期，我国已经有了比较完整的邮驿制度，一方面保持着烽火报警（按约定信号通报紧急军情）、击鼓传声的通信方式，另一方面建立了完善的邮驿组织，为后来历代王朝的邮驿发展奠定了基础。周王朝为了维护天下宗主的地位，把"侯宫驿之设"看成"所赖于布政施会"，作为政府行政辅助的重要手段，建立了以西周首都镐京为中心的邮传网络，联络中央与各诸侯国的邮传组织已具雏形。在这个时期，各种不同的传递方式有了不同的名称。例如，以车传递称作"传"，这是一种轻车快传；还有一种车传称为"驲（rì）"。主要在边境传书的机构，人们称它为"邮"。另有一种叫作"徒"的，则为急行步传，即让善于快跑的人传递公函或信息，这类人类似于古希腊的菲迪皮茨。大体上，西周时期的传书一般为车传。

春秋战国时期，由于战争频繁、社会动荡，"政令攻战自诸侯出"，周王室与各诸侯国之间的邮驿通信难以保持原来的状况，但各诸侯国之间矛盾错综复杂，时战时合，信使往返、军报传递较之前更多更快，促进了邮驿通信组织的发展。据考证，春秋时期的邮传已"北通燕蓟，南通楚吴，西抵关中，东达齐鲁"，有步递、传车、传骑等通信手段；采取派遣专差、专使传送，全程往返或接力传递信息等通信方法。

秦统一中国后，为保证诏书遍行海内而广修驿道，实行书同文、车同轨，为邮驿的发展提供了有利条件。据汉人贾山追述，秦"为驰道于天下，东穷燕齐，南极吴楚，江湖之上，滨海之观毕至"，驰道两侧设置邮亭。在开创统一的邮驿制度方面，秦朝也有不世之功。秦朝的邮驿统一了称呼，把"遽（jù）""驲""置"等不同名目统一规定为"邮"。从此，"邮"便成为通信系统的专有名词。在邮传方式上，秦时大都采用接力传递文书的办法，由政府规定固定的路线，由负责邮递的人员一站一站地接力传递下去。为了保证公文和书信及时、迅速而准确地到达，秦朝制定了中国第一部有关通信的法令——《行书律》，对公文的传递呈报、登记手续、人员奖惩、驿马饲养等都做了具体的规定，对后世影响颇大。秦朝的《行书律》规定：文书可分为两大类，一类为急行文书，另一类是普通文书。急行文书包括皇帝诏书，必须立即传达，不能有片刻稽留。普通文书也应当日送出，不许积压。

汉承秦制，邮驿制度不断完善，尤其重视邮亭建设，每 10 里设一邮亭，30 里设一邮置。汉武帝使张骞通西域，邮亭邮置不断扩充，通信速度加快，紧急信件一昼夜可传送 300 多里。"立屯田于膏腴之野，列邮置于要害之路，驰命走驿，不绝于时月"（《后汉书·西域传》），真实地记载了当时邮驿发展的情景。

魏晋南北朝时期出现了群雄割据的纷争局面，随着社会生产的发展，邮驿通信不断发展，邮驿制度不断完善，出现了中国历史上第一部邮驿专门法规——《邮驿令》。

隋唐时期，邮驿盛极一时，空前繁荣。隋唐邮传事业发达的标志之一是驿的数量不断增多。隋唐继续执行南北朝时的驿传合一的制度，"驿"代替了以往所有的"邮""亭""传"。唐朝的驿站遍布全国。当时的官邮线路以京城长安（今西安）为中心，向四方辐射，直达边境地区，大约是 30 里一站，全国共有驿站 1600 多处。据《大唐六典》的记载，驿站包括水驿、陆驿和水陆兼办 3 种，专门从事驿务的人员共有 2 万多人，其中驿夫 1.7 万人。这是一支很庞大的邮政队伍。唐朝的驿拥有的马匹也很多，一般大一点的都亭驿，配马 75 匹；诸道的驿，配马少则 8 匹，多则 60 匹。邮驿的行程也有明文规定，如陆驿规定马每天走 70 里，驴每天走 50 里，车每天走 30 里。各级官吏使用车马多少，也有一定的限制。唐朝驿传相当准确、迅速。遇到紧急事情，骑马一天能跑 300 里以上。755 年，安禄山在范阳（今北京一带）起兵反唐。当时唐玄宗正在华清宫（今陕西临潼境内），离范阳约有 3000 里路程，6 天之后唐玄宗就接到了这个消息。可见，当时邮驿的组织和速度已达到很高的水平。邮驿的任务包罗万象，既负责国家公文书信的传递，又传达紧急军事情报，还兼管迎送官员、平息叛乱、追捕罪犯、灾区慰抚和押送犯人等，有时还管理贡品运输和其他小件物品的运输。

宋代邮驿规模不如唐朝，但较以往有两大变革：一是为传递军令设立了急递铺，每铺设铺长 1 人、铺兵 10 人，传递紧急公文时日行可达四五百里；二是驿卒由民夫改为军卒担任。嘉祐年间（1056—1063 年），编有《嘉祐驿令》共 3 卷 74 条，邮驿规章制度相比唐朝进一步完善。

元代邮传称为站赤，又称驿站，全国有驿站（站赤）1496 处。元代急递铺成为常设通信机构，每铺设兵 5 人，由铺司负责。元英宗时每 10 个急递铺设一邮长，大都（今北京）设总急递铺领所，设提领 3 名。为了确保高度机密文书的传递，忽必烈还创建了海青驿作为他的专用驿站。首先从大都至济南，设海青驿 8 所，随后在各路设置海青驿，急递铺的军事性质较宋时有所削弱。

明代邮驿隶属于兵部车驾司，各行省由布政使和按察使兼管驿站。按察使下有驿传道为全省驿传主管长官，各州县有驿丞为地方驿传主管人员。京师驿传机构有会同馆，各地设水马驿、递运所。急递铺每铺设有铺司 1 人，铺兵若干人。铺兵传送普通公文时昼夜行 300 里，传送紧急文书时昼夜行 600 里。《大明律》中专列了《兵律·邮驿门》，规定用严刑峻法治理邮驿，延误公文传递者要严加治罪。

清代邮驿在明代的基础上有所改革与创新，在康熙、雍正、乾隆 3 朝百余年间发展到高峰。由 2000 个驿站、7 万多名驿夫、1.4 万多个急递铺、4 万多名铺兵组成的清代邮驿组织，规模庞大、网路纵横、四通八达。《大清律例·兵律》有邮驿律 18 条，后增至 35 条，比明代的《兵律·邮驿门》更为严密和完备。清代末年，随着清王朝的日益没落和邮政的兴起，古代的邮驿逐渐衰落。

除了我国外，世界其他文明古国也有邮驿组织，古埃及、古希腊、亚述、波斯、古罗马都曾为古代邮驿的发展做出过重要贡献。埃及在公元前 20 世纪前后就建立了传令组织。如公元前 11 世纪，古希腊进入奴隶制社会后，为了与同盟城市或敌对城市保持联系，在每个城市都安排有送信者。送信者根据当地传递路程较短和多山的特点，送信时多为步行。后来又设立了驿站，每个驿站都备有马匹。公元前 10 世纪，亚述帝国为确保与外界的通信联系，修建了四通八达的驿道。公元前 558—前 529 年居鲁士二世统治波斯时期，国土辽阔，建立了邮驿组织，以便更好地与各地区联络。罗马恺撒大帝继承了波斯的邮驿制度，信使骑马或乘马车，邮驿成为当时军事和行政机构的组成部分。750—1258 年，阿拉伯帝国阿巴斯王朝为加强中央统治，设置了邮驿管理机构，在广修驿道的同时，设置驿站达 900 多处。

（二）古代邮驿的相关概念

1. 邮驿

邮驿是国家出现后专门为政府传送公文和传递军情而设置的通信机构。从以上介绍中可以看出，中国的邮驿源远流长，在封建社会，中国的邮驿规模和运营管理水平在世界上已居于前列。

2. 驿站

驿站是古代负责传递公文、转运官方物资及供应来往官员食宿的机构。古埃及在有组织的通信建立后逐步设立驿站。我国的驿站始于周代，时称传舍，以后历代有不同的名称，如邮亭、邮置、递铺等，元代称为站赤，后来统称为驿站。

3. 驿符

驿符是古代管理和使用邮驿的一种凭证。周秦时期驿符为"节"或"传"，两汉时期由中央对使用邮传的使者发放木制的封传。"传"长一尺五寸，由御史大夫加封，凭"传"以供应车马，决定事件的缓急和车马的等级。另一种"传"是一种红色织物，供一般使用者使用。隋朝时期发驿谴使用的银牌，后演变为纸券。传符（宋朝起称驿符）盖上相当级别的印方能有效，有的注明该件公文的传递时速要求。

4. 泥封

泥封指古代对简书用一种特制的黏土在捆扎处进行加封的方式，是古代邮驿封发公文书信的一种重要方式。泥封始于战国时期。汉代泥封已广泛使用，发文官署在公文书信上除加盖官印外，还盖有邮寄部门的印章，注明传舍名称及收发日期，管理制度十分严格。

5. 驿使

驿使是邮驿传递文书的人，有的是朝廷差遣的传书专使，有的则是专司传送文书的人员。

（三）古代邮驿的特征

综观古代邮驿的发展历程，其在各国有异，在我国的各个朝代也各有特色，但体现出邮驿的一些共同特征。

（1）通信是古代邮驿的基本功能

无论是古埃及还是中国各个朝代，通信的需要是产生古代邮驿最主要的原因。我国各个朝代邮驿的组织管理、邮驿规模各不相同，尽管邮驿也负责迎送过往官员和接待使臣，提供车马住宿，但其基本功能是通信。

（2）官办是古代邮驿最根本的组织管理形式

从周代邮驿这个我国最早的通信组织，到清代邮驿，历代邮驿都是传递公文和军情的国家通信组织，是国家机构的一部分，从中央到各地区都由官方来管理。

（3）服务于且仅限于服务国家统治者是邮驿的本质

古代邮驿建立的根本目的是为国家统治者维护政权服务，这从其传递的是公文和军情就可以看出。古代邮驿不为公众提供通信服务。

二、传统邮政

邮政作为对社会普遍开放的、以传递信函为主的官方通信机构，始于 17 世纪的欧洲。可以说邮政的起源有两个，一是古代邮驿，二是私营寄递组织。

（一）邮政产生和邮政的第一次改革

从邮驿的发展历史可以看出，邮驿是专为官府服务的，民间通信只能靠托人捎带或派人专送。随着社会经济、文化的发展及教育的普及，人们的书信来往增多，促使一些教会、大学、城市和商业组织设置各自独立的邮递组织。法国巴黎大学在 13 世纪初开办了专门为学生寄递信件和送款的邮递组织，这也是世界上最早的私营寄递组织。后来，私营寄递组织发展很快，有的寄递组织持续了几百年。如 15 世纪由塔克西斯家族经营的私营寄递组织，到 16 世纪中叶其邮路网络几乎延展到欧洲的大部分地区，有邮递人员 2 万名，是当时世界上最大的私营寄递组织，存在了 300 多年。

传统邮政的形成经历了这样一个过程：法国于 1477 年建立了皇家邮政。英国于 1516 年委派邮政局局长，组建了邮政通信网。但这些官办邮政起初不为公众服务，直到 1600 年前后才开始合法地传送私人信件。英国于 1635 年，法国于 1672 年宣告邮政由国家专营，私营寄递组织被国家邮政所取代。

奠定传统邮政基础的是邮政的第一次改革。1840 年，英国政府采纳了罗兰·希尔（见图 1-1）在《邮政改革：其重要性与现实性》一书中的观点，对邮政进行了改革，我们可称之为世界邮政的第一次改革，其主要内容包括：实施均一资费制；采用邮资预付和发行邮票；重申邮政由国家专营，业务向所有客户开放。当年发行了人类历史上的第一枚邮票——"黑便士"（见图 1-2）。罗兰·希尔的邮政改革思想很快在世界许多国家传播并被大众接受。罗兰·希尔的邮政改革思想之所以能够风靡世界，与当时的西欧和北美开展了工业革命密不可分。工业革命极大促进了社会经济的发展和人们生活方式的改变，加之社会化大生产、经济文化的联系和国际交往，都需要高效、安全、方便的邮政通信服务，特别是现代交通工具火车、汽车、轮船和飞机的发明与使用为现代邮政的发展提供了物质技术基础，因而大大推进了各国建立和普及邮政的进程。

图 1-1 罗兰·希尔

图 1-2 世界第一枚邮票——"黑便士"

这一改革是世界邮政史上的一个里程碑，明确了传统邮政的基本特征，为后来各国邮政确立了一个基本运作模式。

（二）我国邮政的创立及发展历程

我国邮政创立前，私营寄递组织得到了迅速发展。我国的私营寄递组织主要有传递民间的书信及物品、办理汇票的民信局，以及专营海外华侨信件、汇款的侨批局。民信局始创于明代永乐年间（1403—1424 年）。清代末年，民信局发展到几千家，在一定程度上缓解了民间通信问题。民信局邮资的收取标准，由各民信局自定，一般由寄件人、收件人各付一半，一封平件按路程远近收费不等，有时可以议定按年收费。如遇紧急信件，可将信封烧去一角或在信封上插鸡毛一片，以示火急，并格外增加资费。民信局服务周到，手续简便，对重要客户和大宗业务还可以给予更多的优惠，但由于经营分散的特点，在 1896 年清代国家邮政成立后，无法与邮政官局竞争，加上官方对民信局业务的限制，民信局的经营逐步走向衰落。1928 年，南京国民政府召开交通工作会议并通过决议："民信局应于民国十九年（1930 年）一律废止。"到 1935 年 1 月 1 日，民信局全部停办。侨批局在 19 世纪初逐步发展起来。1934 年，侨批局已发展到 322 处，有分局 2363 处。侨批局服务周到，受到侨胞及其家属的信任。侨批局一直保留下来，中华人民共和国成立后，有的纳入邮局的委代办机构。

在我国邮政产生前，外国在我国开设了邮局。鸦片战争以后，清政府腐败无能，列强纷纷入侵，并在中国设立邮政机构（称为"客邮"）。英国首先在华开办邮局，这些邮局直属于英国邮政总局。此后，法、美、日、德、俄等国纷纷效法，相继在我国设立邮局。在第一次世界大战期间，列强在中国各地开办邮局之势更甚。各国在华邮局、野战邮局、代办所等多达 340 余处，不仅被设在沿海沿江通商口岸，而且分布于内地。这些各国自设的邮局，不受中国政府的管辖，各自执行本国邮章，使用本国邮票，却加盖中国地名邮戳，并发行少量的特制邮票。"客邮"实为列强侵略中国的产物。

1878 年 3 月，清政府批准兼办"海关邮政"的中国海关总税务司在天津、北京、烟台、牛庄（今辽宁营口）、上海 5 处试办邮政，开始收寄公众邮件。当年 7 月，海关税务司委托上海海关造册处印制了中国第一套邮票"大龙邮票"且公开发行，揭开了中国邮政的序幕。

1. 清代海关邮政

海关邮政包括海关兼办邮政和海关试办邮政。鸦片战争以后，列强纷纷在华设立驻华使馆，因清政府无力承担各使馆往来文件的传递事宜，遂于 1866 年达成协议，由中国海关总税务司的英国人赫德担任兼办此事，这就是"海关兼办邮政"。1878年3月经李鸿章同意，赫德委派德璀琳在天津等5处仿照西欧方式由海关试办邮政，开始收寄中、外公众邮件，这就是"海关试办邮政"。这一时期中国官方公文、报纸仍由驿站传递，而中国商人和民众不信任海关，仍向民信局交寄邮件，所以形成了邮驿、海关邮政、民信局和"客邮"并存的局面。

2. 清代国家邮政

由于多种寄递组织的存在，海关邮政生存艰难，于是南洋大臣刘坤一、北洋大臣李鸿章及赫德等人出于不同的目的，纷纷上书清廷，要求尽快正式开办国家邮政。1896年总理衙门根据张之洞的建议与赫德所提出的邮章，奏请光绪皇帝批准，于当年3月20日开办大清邮政，这标志着中国邮政诞生。

但是，大清邮政的建立并未能抑制"客邮"的泛滥。因为大清邮政仍无能力传递国际邮件，须经"客邮"经转才能将国际邮件寄达外国。因而大清邮政又与各国"客邮"签订互换章程，等于承认了"客邮"的合法地位，使之更加猖狂，公然收寄国内商民包裹，并大肆走私漏税。清政府虽有照会，但各国均置若罔闻。另外，大清邮政与民信局展开竞争，凭借其官办特权，采取行政手段阻止民信局与轮船公司接触，要民信局到邮政官局登记挂号，并把信件总包交邮政官局转交带运，还采取总包加价和私运罚金等手段限制民信局。同时官办邮局也采取扩大业务、改善服务，甚至不顾邮差疾苦一再增加投递频次等竞争手段排挤民信局，终使延续数百年的民信局以失败告终。

经过3000多年演变的古代邮驿，也因积弊严重、贪污腐化和效率低下而失去存在的意义，因而在多次"裁驿归邮"的倡议中日渐衰落，终于在1912年5月经北洋政府全部裁撤各处驿站。

从1896年清政府正式批准开办国家邮政起，直到1906年成立邮传部，邮政才脱离海关归邮传部。几经周折，直到1911年邮传部才正式接管了海关邮政，英国人赫德离职返英后，法国人帛黎又当上邮政总办，中国邮政大权仍在外国人手中。

3. 中华邮政

孙中山领导的辛亥革命于1911年推翻了清政府统治，结束了中国2000多年的封建君主专制制度，建立了中华民国，并诞生了中华邮政。但是，中国邮政大权仍然操纵在法国人帛黎之手。自大清邮政产生开始，我国邮政职工为从英法代理人手中夺回邮政主权进行了长期不懈的斗争，直到"中华邮政"时期，先后经过20多年的斗争，于1922年2月1日在太平洋会议上，才通过撤销外国在华"客邮"的议案，除日本设在我国东北旅顺—大连及长春—大连铁路沿线的邮局和英国设在西藏的邮局外，其他"客邮"多于当年年底撤销。

中华邮政在总结历史经验的基础上，引入西方邮政管理制度，注意改善经营管理，因而能在北洋军阀连年混战期间扭亏为盈、有所发展。为了便于管理、统一要求，中华邮政先后制定了《邮政纲要》《邮政条例》，并于1935年7月5日颁布《邮政法》，使邮政法制进一步完善。

由于种种原因，虽然"客邮"被撤销，但中华邮政时期并没有做到完全邮权自主，加之战乱影响，中华邮政的服务管理区域日趋缩小，多地各自为政，阻碍了管理制度的有效执行。

4. 中国人民革命战争时期革命政权邮政

1927年中国共产党领导建立了中国工农红军，首先开辟了井冈山革命根据地，并建立了中华苏维埃政权。为了适应革命斗争需要，各根据地都成立了"递步哨""传山哨"等通信联络组织，依靠广大群众，利用各种方式，监视敌人动向，传递军事情报，并且在根据地及国民党统治区建立交通站，用于传递消息、护送干部、运送物资。在此基础上，1928 年湘赣边区工农民主政府正式成立了赤色邮政，并于 1930 年发行了邮票。1930 年于江西吉安成立的赣西南赤色邮政总局，1931 年迁往兴国，改名为江西省赤色邮务总局。1932 年赤色邮政经过整顿改名为中华苏维埃邮政，并建立统一制度，发展为军邮和民用两种形式的通信组织。中央设立邮政总局，各苏区省设邮务管理局，以下设县邮局和邮站，统一使用中央苏区发行的邮票。

在抗日战争期间，各根据地邮政组织以交通站形式继续做通信和交通向导工作，并在敌占区坚持斗争，在敌人封锁的情况下千方百计完成通信任务。

在解放战争期间，邮政职工提出"一切为了前线""解放军打到哪里，邮政就通到哪里"的战斗口号，组织随军邮政支援战争。各野战军设置军邮总局，野战军以下兵团、纵队和师团中，分别设军邮分局、支局和交通站，组成一个完整的军邮通信系统，为指挥联络、传递信息以及战士和家人通信做出巨大贡献。

5. 中华人民共和国邮政

1949 年 10 月 1 日中华人民共和国成立，同年 11 月 1 日中华人民共和国邮电部成立，主管全国邮政和电信工作。1950 年 1 月 1 日，邮电部邮政总局成立，除台湾、香港、澳门外，全国各地均建立了邮电部统一管理的各级邮政机构。

在国民经济恢复时期，我国邮政主要是恢复和发展邮政通信事业，如接管和改造官僚资本主义企业，对侨批局实行独立经营，自负盈亏，使之逐步成为国营邮政的委托代办机构。

1953 年以后，邮电部加强了邮电事业的建设，提高了业务和技术水平，如加强了以北京为中心的全国邮政网的建设，建立邮电科研、教育和工业基地，建立新的企业管理制度。

（三）传统邮政的特征

自世界邮政的第一次改革到 20 世纪 80 年代，世界大多数国家的邮政尽管有各种各样的变化，但保持了传统邮政的基本运作模式和特点。传统邮政具有以下几个主要特征。

（1）实行国家专营，组织统一的邮政网路。

（2）向社会公众开放，设立固定营业点，定时开门营业，收寄公众邮件。

（3）实行统一的资费制度，并有明确标准和使用邮资凭证。

（4）业务范围比较广，组织管理严格统一。

（5）邮件寄递有固定路线和班期，并开始采用比较先进的交通工具。

三、现代邮政

（一）现代邮政形成

多数国家的邮政长期以来保持其传统的运作模式。邮政一般都与电信结合在一起，作为国家政府的职能部门，管理和经营本国的邮电通信。20 世纪 70 年代初，一些国家如澳大利亚、新西兰、新加坡、瑞典、芬兰等开始进行改革，改革的核心在于优化邮政的管理体制。特别是在 20 世纪 80 年代，以英国邮政脱离政府序列、组建国家邮政公司为开端，邮政领域实行政企分开的改革序幕就此拉开。20 世纪 90 年代以后，各国邮政领域的改革更是如火如荼，改革成为邮政领域的主旋律。这是世界邮政的第二次改革，这一时代是传统邮政向现代邮政发展的时代。

20 世纪 80 年代以来，通信技术和计算机技术飞速发展，人们对信息传递时限提出了更高要求，加之互联网和计算机的迅速普及、电信通信的蓬勃发展和电子邮件的悄然兴起，相当一部分原本属于邮政通信的业务被这些现代通信方式所替代。面对这种局面，邮政如果仍然"我行我素"，不进行体制改革和机制转换，必然会陷入生存危机。

随着经济全球化浪潮到来，UPS、DHL、TNT、FedEx 等跨国私营运递公司纷纷进入邮政市场，邮政部门遇到前所未有的竞争。这些跨国公司凭借强大的实力和灵活的机制，为客户提供比邮政更为可靠快捷和方便周到的服务，在快递市场中夺走了相当一部分原本属于邮政部门的市场份额。邮政如果一味地坚持"官办"，依赖政府而无所作为，必将处于被动地位。

长期以来，邮政被非营利性、公益性服务部门的性质所限，依靠政府支持，缺乏经营活力，对市场需求响应迟缓，所以许多国家的邮政处于亏损经营状态。一方面是邮政的亏损，另一方面社会又要求作为基础设施的邮政承担普遍服务义务。在这种情况下，改革是邮政的唯一出路，也是邮政取得生存发展的机遇。

1998 年中国邮电体制进行了改革，实现了邮电分营。分营之后，邮政成为国民经济体系的一个部分开始独立运营。邮电分营使邮政职工有了自我经营发展的意识，调动了邮政职工的积极性，有利于邮政职工整体素质的提高，有利于邮政向集约化经营发展，为邮政网现代化创造了条件，特别是中心局体制建设和邮政综合网建设。

进入 21 世纪，世界邮政的改革已取得了初步成效。新的邮政运作模式基本形成，人们已经步入现代邮政时代。

（二）现代邮政的特征

尽管世界各国邮政改革的进程不一，改革的深度不同，但我们从众多国家的邮政改革中可描绘出以下现代邮政的基本特征。

（1）邮电分营。

（2）政企分开，邮政独立运营。

（3）邮政市场逐步开放，邮的专营范围缩小。

（4）强调多种形式的普遍服务义务的履行。

（5）传统邮政业务与现代技术结合。

第二节　邮政的概念、特点和社会定位

在了解了邮政的发展历史之后，我们再来认识邮政的概念、特点和社会定位。

一、邮政的概念和特点

（一）邮政的概念

我们可从多个角度认识邮政的概念。

（1）从行业归属的角度，邮政是国家开办并直接管理的、利用运输工具以传递实物载体信息为主的通信行业，因此在邮电分营前，邮政归为邮电通信行业。邮电分营后，国家邮政局成立，特别是政企分开后，邮政行业的概念逐步建立，邮政业既包括中国邮政集团有限公司（2019 年 12 月前称为中国邮政集团公司），也包括快递企业。

（2）从发挥的社会作用来看，邮政是人们进行政治、经济、科学、文化、教育等活动和人们联系交往所依赖的公用性基础设施。邮政业是国家重要的社会公用事业，是推动流通方式转型、促进消费升级的现代化先导性产业。

（3）从提供的服务来看，传统邮政是以实物为载体传递信息的一种通信方式。

随着邮政改革的深入，邮政的内涵已发生了很大变化。在一些国家，邮政已不再由国家直接管理，而是成为一个公司。另外，邮政业务也发生了重大变化，邮政业务开始包含物流、邮购等业务。

我们对邮政的定义：邮政是利用遍布世界各地的寄递网络，向社会提供传递实物载体信息、传递物品以及其他相关服务的行业。

这个定义体现了邮政属于服务行业，邮政的主体业务是提供寄递服务。而其他服务是邮政利用其网络优势和便利性而提供的。邮政向社会提供通信服务，但这种通信服务的一个重要特点是信息以实物为载体。邮政还提供其他相关服务，如金融服务等，这丰富了邮政服务的概念。

另外，我们还要区分邮政和其他几个相关概念。

（1）邮电和邮政。邮电是在邮政与电信合一体制下对邮政和电信两个专业的总称。电信是指利用有线电、无线电、光或其他电磁系统，对符号、信号、文字、图像、声音或任何性质的信息进行传输、发射或信号接收，与邮政在信息的传输方式上有着根本的区别。长期以来，邮政和电信被合一管理，这就容易造成人们将邮电和邮政混淆。

（2）邮政企业与快递企业。《中华人民共和国邮政法》（以下简称《邮政法》）第八十四条规定，邮政企业是指中国邮政集团公司及其提供邮政服务的全资企业、控股企业。快递企业是依照《邮政法》规定取得快递业务经营许可，经营快递业务的公司。

（3）邮政业与中国邮政。邮政业也称邮政快递业，是指一个行业，而中国邮政是中国邮政集团有限公司的品牌。

（二）邮政的特点

（1）服务对象的广泛性。邮政的服务对象是整个社会，包括政府、企业等组织，也包括每一位公民。

（2）生产过程与消费过程的同一性。邮政的生产过程就是为客户服务的全过程。邮政服务的内容是以寄递服务为主的相关服务，这种服务的特点是邮政的生产过程就是客户的消费过程。

（3）全程全网联合作业。从定义中可以看出，邮政提供的服务基于邮政网络，要完成邮政的全部生产过程，需要有两个及以上的邮政企业或部门协作。全程全网联合作业是邮政最为突出的生产特点。

二、邮政与社会的关系

古代邮驿主要服务于统治者，业务比较简单，虽然组织和规章也都很严密，但由于受历史条件的限制，传递的主要是政令和军令。新中国成立前，中国邮政在夹缝中畸形发育，但奠定了我国邮政的基础。从 1840 年到 1949 年，全国邮局数量已达到 2.6 万多处，邮路总长度为 70 万公里，邮政汽车有 467 辆。这说明社会是非常需要邮政的。新中国成立之后，邮政可以说获得了新生，发展速度、规章制度和管理工作的完善速度、现代化水平都超过了以往。改革开放后，我国实施一系列发展政策、战略，包括"三农"政策、乡村振兴战略等，邮政在其中都发挥了重大作用。邮政是随着社会经济的发展而发展的，反过来又促进了社会经济的发展。

（1）邮政是社会进步和发展的基础之一。传统邮政时期，邮政的"函、包、汇、发"解决了人们在信息沟通、物品来往、金融来往、文化传播方面的基本问题，推动了社会发展。

在信息社会，乃至数字化社会的今天，邮政也以新的面貌——数字邮政服务着社会。

（2）邮政的发展与社会经济、政治、文化紧紧相扣，与国家发展紧密相连。邮政作为组织，在国家经济体制改革的不同阶段，也形成了不同运行机制。邮政随着国家经济体制改革不断变化，随着国家对国有企业改革的不断深入，向着更加市场化的方向发展。

（3）邮政具有雄厚的资源、广阔的市场和强大的生命力。邮政作为一个具有悠久历史的组织，本身就拥有网络、文化等方面独特的资源优势。同时，经营范围广，主动适应社会需求的能力强，确保了邮政的活力。

（4）邮政有自己的内在发展规律，邮政企业应顺应规律发展。在即时通信、社交媒体如此发达的今天，函件业务在不断减少，这是社会发展的必然。但函件在特定领域、特定环境下仍然以某种方式存在是一种规律，将数字化技术融入传统业务进行创新，也是一种规律。

三、邮政在社会主义市场经济中的作用和地位

社会主义市场经济的建立和发展，于我国而言是一场深刻的社会变革，必然影响到社会的各个方面。这种社会变革对邮政提出了新的更高的要求，现在许多邮政新业务的开办都是社会主义市场经济发展带来的必然结果。

邮政在社会主义市场经济中的作用表现在以下几个方面。

（1）邮政要为党和政府服务，传达政令。可以看出，邮政企业具有为党政机关服务的特殊使命。这个特殊使命既体现在邮政特殊服务（如义务兵平常信函、机要通信的寄递等）上，也体现在邮政企业为党政机关提供的各种代理服务（如警邮业务、税邮业务等）上。

（2）邮政要为社会提供普遍服务。普遍服务是指保证提供使客户在全国任何地方都能寄发或收到物品和信件的邮政服务。邮政普遍服务是建立在人们基本权利原则上的一种政府公用事业行为，每个公民都有权利享受邮政服务。公用邮政企业有承担邮政普遍服务的义务。邮政普遍服务是国家公共服务的重要组成部分，具有很强的政治属性。

（3）邮政是社会主义市场经济信息流通的重要渠道。社会主义市场经济需要大量的信息交流，邮政作为传递信息的渠道仍然保持着社会主义市场经济信息流的大动脉的地位。社会主义市场经济的建立要求信息流通要快、信息反映要及时、信息量要大，而这些信息中的一部分是通过邮政这个渠道传递的。

（4）邮政是社会主义市场经济商品流通的渠道。随着时间的推移，邮政的这种渠道作用越来越突出。商品流通很可能是邮政应重点开拓的新领域，而且这个领域的发展潜力很大。今后，邮政部门应想办法满足社会主义市场经济商品流通的需要，提供优质服务。

（5）邮政是社会主义市场经济货币流通的重要渠道。中国邮政拥有近 4 万个金融业务网点，定位于服务"三农"、城乡居民和中小企业，依托"自营+代理"的独特模式和资源禀赋，为中国经济转型中最具活力的客户群体提供服务。中国邮政坚持服务实体经济，积极落实国家战略和支持中国现代化经济体系建设，促进货币资金的流通。

（6）邮政是沟通世界各个角落的桥梁。在市场经济条件下，商品经济的交流是没有国界的。在这种情况下，邮政担负着沟通世界各个角落的重任。

我们从邮政的作用可以看出邮政在社会主义市场经济中的地位，即邮政为社会主义市场经济的建立提供了基础条件，并促进了社会主义市场经济的发展。可以说，社会主义市场经济离不开邮政，社会主义市场经济越发达，对邮政的要求就越高。反过来，社会主义市场经济的发展也促进了邮政的发展和壮大。

四、邮政的任务

邮政的作用和地位决定了邮政应当承担的任务，这体现在以下几个方面。

（1）以明确的服务观念，为满足党政机关、团体、企业和广大居民对邮政服务的需要，向各类客户提供方便及时的邮政服务，为社会发展做贡献。根据现代邮政面临的形势以及邮政自身的发展需要，邮政企业提供的服务也在升级，主要体现在从主要服务民用向服务商业变化，从传统的以手工操作为主向电子化、自动化服务发展。

（2）以强烈的质量意识严格执行邮政法规，确保邮政质量，用优质的邮政服务满足广大客户的多种需求。尽管服务的内容、对象和形式有所变化，但质量是决定邮政生存发展的重要基础。

（3）改善经营管理，提高经济效益。邮政要在提高企业素质与活力上下功夫，在提高社会效益的同时，通过完善经营机制、改善经营管理、创造最佳经济效益，不断提升企业和部门的积累能力、应变能力和自我发展能力。

可见，邮政的根本任务就是以优质、高效、低耗的邮政服务，满足各类客户的需要。邮政一方面要迅速传递信息、提供服务，促进社会生产，节约社会劳动时间，为我国经济建设、社会发展做贡献；另一方面要通过优化系统和改善经营管理，提高劳动效率，创造出良好的企业经济效益。

第三节　邮政的改革与发展

在电信和信息技术不太发达的年代，对于绝大多数国家来说，邮政服务是最基本、最普遍的服务之一，在一些欠发达的地区，邮政服务甚至是唯一服务于全体民众的通信手段。邮政是商业和企业最重要的通信媒体之一。可靠快速的通信方式是迅速、成功地发展全球性贸易、工业和服务的关键。一方面，随着现代通信技术的发展，特别是互联网、大数据、人工智能的发展，通信方式发生了颠覆性变化，电子商务乃至数字商务已逐步成为贸易的主要方式。另一方面，传统邮政的低效率，社会公众对其服务水平要求的提高，均要求邮政进行改变。在这样的大背景下，从20世纪80年代开始，全球邮政逐步进入改革的时代。

一、世界邮政的改革

（一）企业运作模式改革

各国邮政运作模式改革主要有以下3种。

一是公共企业模式。这种模式允许邮政企业独立，邮政企业可以根据市场竞争的压力进行资源的有效利用和管理。邮政企业在经营和维护自身利益方面有自主权，并努力按照商业公司的方式来经营，承担着众多的社会义务和责任。邮政企业是名义上的法人，不是真正意义上的法人。国家对邮政的债务承担无限责任。美国、澳大利亚、印度的邮政在改革后就采用该运作模式。从近年来的情况看，公共企业依然是一些国家的邮政企业的改革方向或存在状态。

二是国有独资公司模式。这是指国家出资并授权有关机构或者授权投资的部门作为代表，以股东的身份对邮政企业进行监督管理的模式。国家由承担无限责任变为承担有限责任，邮政企业由名义上的法人变为实际的法人，这是该模式与公共企业模式的重要区别。加拿大、英国等国采用的就是国有独资公司模式。

三是股份有限公司模式。股份有限公司是邮政公司化运作的另一模式。股份有限公司的成立，意味着政府部门或公共企业的解散，其财产转移到一个按公司法经营的法人实体上。公司部分归政府所有，政府对公司行使有限的监督权，也给公司强加了一定的义务。邮政股份有限公司有较大的管理权和较强的灵活性。荷兰邮政、德国邮政等都采取这种模式。

（二）规章制度改革与机构改革

企业改革确实使邮政在一定程度上受益，除此之外，进一步的改革可以是对规章制度和机构进行改革。规章制度改革的主要内容：（1）垄断权限范围和邮政的独占经营权；（2）邮政领域内部的竞争机制；（3）适当的组织机构，以便确保公共服务的正常提供（例如调控业务的资费、质量和范围）。许多决策是由竞争问题引发的，如为保持竞争力而做的如何组织邮政以及采取何种体制来提高效率、促进改革的决策。

规章制度改革与机构改革（尤其是所有权问题）有着很密切的关系，如果邮政仍然由政府所有，为了保证邮政不滥用特权，政府要对邮政实行控制。这些控制通常包括不允许邮政办合资企业，或不允许邮政与其竞争者有一样的商业自由度和进入金融市场的权力。出于这一原因，英国邮政眼睁睁地看着竞争者进攻其核心业务，但作为公共服务性企业，政府对其行为有限制，其不能反抗。因此，准备开始邮政改革的国家应在考虑规章制度改革的同时考虑机构改革。

（三）技术改革

邮政业务主要基于实物传递，邮件以实物形式收寄、运输和投递。几乎在所有的国家，邮政业务的总成本中，劳动力成本占 60%～85%。如此高的劳动力含量对于邮政提供的服务，尤其是在考虑到成本和服务水平的情况下，是一种客观的限制。在电子商务快速发展的今天，针对电商包裹，邮政应按客户要求，提供快速的定制化寄递服务，这就要求邮政从根本上进行技术改革，采用自动化技术、智能技术，打造数字邮政，提高效率和服务水平。

二、我国邮政的改革发展

（一）我国邮政的改革进程

在 20 世纪 90 年代以后，技术进步、市场变化、政策调整使我国邮政的外部环境发生了很大变化，再加上邮政政企合一的经营管理体制不能适应社会主义市场经济发展的需要，邮政机构参照政府机构套设以及经营机制、财务核算机制不适应市场化的发展需求，对市场竞争反应冷漠等诸多内部原因，邮政逐渐面临巨大的困难，全国邮政业务经营性亏损逐年增加，市场占有率逐年下降，人才匮乏。因此，邮政改革势在必行。从 1998 年开始，我国邮政的经营管理体制经历了邮电分营、政企分开、公司改制 3 个阶段的改革，并在政企分开后，持续开展了内部重组改革。

第一阶段：邮电分营

1998 年，国务院对邮电经营管理体制进行改革，改革原有的邮政、电信由邮电局统一经营模式，实行邮政、电信分开经营，把邮电局拆分为相互独立的邮政局和电信公司。1998 年 4 月 28 日，国家邮政局成立，邮政作为国民经济体系中的一个部门开始独立运营。

这次改革后，邮政经营管理体制仍保留政企合一模式。国家邮政局既是行政机构，又是公用企业；既要加强对全国邮政行业的管理职能以维护国家利益和客户权益，又要负责统一建设和经营全国邮政网，承担全国普遍服务义务。国家邮政局在各省、自治区、直辖市设置邮政局，实行国家邮政局和地方人民政府双重领导、以国家邮政局为主的管理体制。地方邮政局根据国家邮政局的授权，负责地方邮政行业管理，为公用企业。

邮政独立运营后，理顺了经营管理体制，经过"三年扭亏"，结束了连年亏损的状况，经营规模明显扩大，经济效益显著提高；加快了信息化建设，完成了邮区中心局体制的建设，邮件处理速度和邮政生产作业信息化、自动化程度明显提高；新业务不断推出，服务更加完善，满足了人们的用邮需求，为推进我国邮政的快速持续健康发展奠定了基础。

第二阶段：政企分开

自从我国加入 WTO 以后，我国各行各业均加大了改革力度。中国邮政作为社会基础公用企业，如何深化其改革，使其更好地适应社会主义市场经济要求被提上了国家的议事日程。

2005 年 7 月 20 日，国务院第 99 次常务会议批准了《邮政体制改革方案》，确定邮政体制改革的基本思路：实行政企分开，加强政府监管，完善市场机制，从机制和制度上保障普遍服务和特殊服务，确保通信安全；改革邮政主业和邮政储蓄管理体制，促进邮政业向现代邮政业方向发展。《邮政体制改革方案》还提出重新组建国家邮政局，将其作为国家邮政监管机构；组建中国邮政集团公司，经营各类邮政业务；加快成立邮政储蓄银行，实现金融业务规范化经营。

2006 年 8 月 28 日，《国务院关于组建中国邮政集团公司有关问题的批复》指出：一是原则同意《中国邮政集团公司组建方案》和《中国邮政集团公司章程》；二是在原国家邮政局所属的经营性资产和部分企事业单位基础上，依照《全民所有制工业企业法》组建中国邮政集团公司；三是中国邮政集团公司暂由财政部代表国务院履行出资人职责；四是同意中国邮政集团公司进行国家授权投资机构和国家控股公司的试点；五是同意将各省邮政局和原国家邮政局直属单位的经营性净资产上划作为中国邮政集团公司的国有资本；六是中国邮政集团公司的财务关系在财政部单列；七是中国邮政集团公司实行合并财务报表制度，其所属全资企业和分支机构由集团公司集中汇总缴纳所得税；八是中国邮政集团公司根据国家有关规定，承担邮政普遍服务义务，受国家委托，承担机要通信业务、义务兵通信等特殊服务；九是中国邮政集团公司组建后，国务院及有关部门对邮政企业的原有扶持政策继续施行；十是中国邮政集团公司组建后，要根据国家产业政策，调整业务结构，优化邮政网络，实行企业内部重组，增强市场竞争力，提高投资效益和经济效益。

2007 年 1 月 29 日，中国邮政集团公司正式挂牌，注册资金为 800 亿元。到 2007 年 9 月 4 日，西藏自治区邮政管理局和区公司挂牌，全国除港、澳、台以外的 31 个省（自治区、直辖市）的邮政公司都正式完成政企分开改革。至此，酝酿数载的中国邮政政企分开工作完成，中国邮政成为一个崭新的兼营邮递业和金融业的大型国有企业。

第三阶段：公司改制

根据中央深化国有企业改革的工作部署，2019 年 12 月 28 日在京挂牌的中国邮政集团公司改制更名为中国邮政集团有限公司，公司中文简称为"中国邮政"。

改制后的中国邮政集团有限公司由中央管理，是依照《公司法》组建的国有独资公司，由财政部依据国家法律、行政法规等规定代表国务院履行出资人职责。公司注册资本为 1376 亿元，以邮政、快递物流、金融、电子商务等为主业，实行多元化经营。公司及各级分支机构对国家规定范围内的邮政业务提供普遍服务，按照国家规定办理机要通信、国家规定的报刊发行，以及义务兵平常信函、盲人读物和革命烈士遗物的免费寄递等特殊服务业务。

邮政政企分开改革后，中国邮政按照国家对邮政改革的总体要求，积极深化内部重组改革。主要是邮政储蓄银行改革和邮政速递物流专业化经营改革、中邮人寿保险股份有限公司成立和中邮证券有限责任公司成立等。

1. 邮政储蓄银行改革

与中国邮政政企分开改革同步，中国邮政金融经营体制改革也随改革的大潮进行。1997年1月，人民银行向国务院上报了《关于邮政储蓄汇兑管理体制改革的请示》，开启了邮政储蓄体制改革的进程。1997年3月，国务院第144次总理办公会议原则同意人民银行关于邮政储蓄体制改革的请示，并确定人民银行会同国务院有关部门研究实施方案。此后的两年中，人民银行、国家邮政局、财政部、国家计划委员会（现为国家发展和改革委员会）、国家税务总局等部门对邮储改革问题进行了反复认真的研究。1999年5月，人民银行上报的《中国邮政储蓄银行章程》获批准。

2000年以后，邮政储蓄体制改革工作与转存款政策的调整紧密相关。人民银行等部门始终以调整转存款政策为主要方式，推进邮政储蓄体制改革。

2005年8月19日，国务院下发了关于邮政体制改革的文件，明确提出要按照金融行业的改革方向，加快组建由中国邮政集团公司控股的邮政储蓄银行。2006年6月22日，银监会（现为银保监会）批准《中国邮政储蓄银行筹建方案》；同年12月31日，银监会批准中国邮政储蓄银行开业申请。2007年3月20日，中国邮政储蓄银行正式挂牌。在原国家邮政局邮政储汇局的基础上改组成立的中国邮政储蓄银行，由财政部进行财务监管和国有资产管理，在财政部单独开立账户，业务范围以零售业务和中间业务为主，面向普通大众，特别是为城市社区和广大农村提供基础金融服务。至此，以3.6万多个营业网点的庞大规模，以国内营业网点最多的金融机构身份，中国邮政储蓄银行以全新的面貌正式跻身银行业，开始实现独立运行。

2011年12月，中国邮政储蓄银行有限责任公司改制成为中国邮政储蓄银行股份有限公司，并坚持服务"三农"、城乡居民和中小企业的市场定位，建立健全公司治理结构，尽快引进战略投资者，优化股权结构，建立资本补充长效机制。

2016年9月，中国邮政储蓄银行首次公开发行H股股票并上市，是中国邮政储蓄银行改革发展史上重要的里程碑，标志着中国邮政储蓄银行实现了"股改—引战—上市"3步走的发展战略，开启了发展的新篇章。

2019年12月10日，中国邮政储蓄银行在上海证券交易所上市。这意味着，作为国有大型商业银行，中国邮政储蓄银行良好的基本面得到了投资者的充分认可。

2. 邮政速递物流专业化经营改革

速递物流是市场化程度高、竞争激烈的业务。我国经济的持续增长和经济增长方式的转变，带来了旺盛的速递物流服务需求。特别是对品质较高的速递服务和一体化合同物流服务的需求，将在较长一段时期内高速增长，邮政速递物流面临难得的战略机遇期。但从整体看，邮政速递物流面临着与国际国内快递物流企业的竞争日益激烈的巨大压力。特别是从我国2005年年底对外资开放快递服务市场以来，外资快递物流企业进入中国市场的步伐明显加快，力度明显加大，对邮政速递物流而言，竞争在加剧、压力在加大、危机在加重、忧患在加深。邮政速递物流只有加快推进改革，才能适应市场变化和需求，进一步增强企业的竞争力，但是原有的主要依托邮政大网的经营模式已严重制约了邮政速递物流业务做大做强。

国务院印发的《邮政体制改革方案》明确提出了改革邮政主业的要求，鼓励中国邮政集团公司根据现代邮政业发展需要，对企业进行重组，组建物流、速递、电子商务等专业公司，实行专业经营。在《邮政法》的修订过程中，国家法律相关主管部门和一些社会舆论也提出了"混业经营"问题。新《邮政法》规定竞争性业务与普遍服务业务分业经营，以法律形式确立了邮政速递物流专业化经营的改革目标。2008 年 8 月以来，国务院主管领导多次对邮政工作做了重要指示，明确要求邮政深化改革，做大做强邮政速递物流。

中国邮政提供的邮政速递物流服务拥有实物流、信息流和资金流"三流合一"的独特优势，是我国快递服务的主要渠道和合同物流的重要渠道，因此要顺应速递物流业的发展规律，加快专业化经营步伐，满足国家经济和社会发展的需要。自 2007 年以来，中国邮政不断加大速递物流改革力度，逐步深化速递物流改革。

2007 年 4 月中国邮政集团公司出台了《关于推进速递重点城市市县一体化专业经营的指导意见》，拉开邮政速递物流专业化改革的序幕。到 2008 年 6 月底，全国包括 116 个重点城市在内的 194 个城市的邮政部门实施了速递专业化经营，初步构建了责任主体明确、网络架构清晰、资源配置灵活、市场反应灵敏的市县一体化运营体系。全国有 12 个省（自治区、直辖市）的邮政部门还在市县一体化的基础上，进一步实施了省市县一体化改革，提升了速递业务的竞争力。

2008 年年底，中国邮政集团公司决定按照"业务整合，专业经营；代理结算，利益共享；合理兼职，双向考核"的改革思路，从邮政速递物流两大专业总部整合和邮政速递物流省市县一体化专业化经营改革入手，推进邮政速递物流专业化经营。要求完成速递物流两大专业总部的整合，实施全国速递物流省市县一体化、专业化经营改革。

2010 年 6 月，中国邮政速递物流股份有限公司成立，标志着中国邮政速递物流业务重组完成。

2018 年 7 月，为有效整合中国邮政集团公司总部与中国邮政速递物流股份有限公司总部资源，加快寄递物流业务发展，中国邮政集团公司决定组建寄递事业部。

2020 年 5 月，中共中央、国务院印发《关于新时代加快完善社会主义市场经济体制的意见》，提出了"稳步推进自然垄断行业改革"，并指出实现邮政普遍服务业务与竞争性业务分业经营。可以看出，按照国家政策的大方向，以及寄递业务处在激烈的市场竞争中这一现状，寄递板块的组织体系改革仍在进行。

3. 中邮人寿保险股份有限公司成立

1999 年，中国邮政在 4 月份于西安召开了首次全国代理保险业务工作会议，并下发了《加快发展邮政代理保险业务的指导意见》（国邮〔1999〕229 号），全面恢复开办代理保险业务。

2009 年 9 月 9 日，经中国保险监督管理委员会批准，中邮人寿保险股份有限公司正式成立。这进一步丰富了邮政金融业务品种，促进了邮政金融业务的多元化发展。中邮保险的正式组建运营，既实现了邮政自办保险的历史传承，又作为邮政体制改革的最大红利，为传统邮政注入了新的活力。

4. 中邮证券有限责任公司成立

中邮证券有限责任公司于 2002 年 9 月经中国证券监督管理委员会批准设立。近年来，中邮证券公司各项业务稳健增长，在服务资本市场和企业融资等领域的市场竞争力持续提升。

由此，中国邮政集团完成银行、保险到证券全金融业务链的覆盖，形成了我国邮政多元化经营的全新格局。

（二）中国邮政的发展现状和特点

中国邮政顺应历史潮流和我国社会经济发展的需要，近些年进行了多个层面的改革，取得了显著成绩。特别是 1999 年 1 月，中国邮电完成了"邮电分营"工作，在邮政改革中走出重要的一步，开始作为国民经济体系的一个部分独立运营。分营后，中国邮政克服普遍服务成本高、基础设施薄弱等困难，很好地履行了邮政普遍服务义务，而且其经营思路在不断的探索中日渐清晰，经济效益稳步提高，管理水平、服务质量明显改善。经过 20 多年的发展，中国邮政已发生了翻天覆地的变化。用科学的发展观审视分营后 20 多年的中国邮政，我们可以看到，中国邮政的发展具有以下突出特点。

1. 中国邮政的独立生存和发展能力得到了培养和锻炼

分营后，中国邮政在激烈的市场竞争和复杂的环境中进行了独立经营的初步尝试。分营前，"邮电合一"的管理体制，"以电补邮"的政策，使邮政经营始终处于附属和次要的地位，在经营层面虽没有压力，但也没有动力。分营后，中国邮政被推到了市场的前沿。经过艰难的市场洗礼，在整个中国邮政内部，以客户为导向的现代市场营销观念逐步建立起来，各级邮政企业已经能够在分析市场环境的基础上，主动开发新型业务，抓住本地区的市场机会，大力度地进行营销活动。邮政经营者的经营管理理念和经营管理方式不断得到更新，新的经营管理方式和理念在邮政企业得到广泛应用。伴随着中国经济的高速发展，中国邮政在市场上摸爬滚打，打造了一支具有敢打敢拼精神及很强执行力的职工队伍，并取得了辉煌的发展成就。在"十三五"末期，中国邮政实现收入规模、效益水平双提升，集团公司总收入为 6655.61 亿元，利润为 605.5 亿元。在 2021 年《财富》"世界 500 强企业排行榜"中，中国邮政名列第 74 位，成为全球领先的邮政企业集团。

2. 中国邮政对自己在新时期的使命和定位有了新的认识

邮政是一个传统的行业，政府长期直接管理使邮政有了很浓的行政色彩，在邮政职工中形成了很强的行政管理意识。经过分营后的经营实践，邮政企业理性地分析其在社会中的定位，客观地分析其提供的服务的性质。邮政企业对其经营的业务有了新的认识，普遍服务业务与竞争性业务在概念上得以区分，这使得新时期邮政企业的使命和定位逐步清晰。中国邮政作为央企，担负着重要的经济责任、政治责任和社会责任，是党执政兴国的重要支柱和依靠力量。这为邮政企业进行体制改革和制定发展战略提供了思想基础。

3. 中国邮政从实施盲目的多元化战略转向实施基于自己核心竞争力的业务发展战略

分营后，邮政业务创新的活力得以爆发，繁多的业务在邮政企业中获得了尝试，如鲜花礼仪业务、邮政商店、配送等。据不完全统计，一个地级市开展的邮政业务就有 40 多种。但随着经营的深入，邮政企业发现有些业务不是自己擅长的，开始研究和分析自己的核心竞争力，研究能够有效支撑自身发展的核心业务。发展战略体系不断完善，反映了中国邮政在不断探索和完善其核心业务体系。在组织体系改革的过程中，以战略规划部成立为标志，中国邮政以战略为牵引的发展模式正逐步形成。

4. 合作战略思想逐步形成，并在一些领域得到了初步实践

中国邮政独立经营后，其经营思路逐步打开，开始从拓展国际国内业务、扩大市场份额、拓展生存空间的角度探讨与其他企业合作发展的战略，如在邮政、速递、物流等领域与邮政公司和非邮政公司的合作。从 2000 年 1 月 1 日开始，中国邮政与荷兰邮政集团（TPG）合作开发了中国速递国际快件业务。作为卡哈拉邮政组织的成员，中国邮政积极参与合作前期准备和具体的运行管理工作。2001 年 2 月，中国邮政与中国联通签署战略合作框架协议。中国邮政利用网点代办中国联通各项业务，双方实行业务平台及支撑系统互联，互为大客户并优先使用对方业务。20多年来，中国邮政已在多个领域多家公司进行了战略合作尝试。2020年8月，中国邮政与广州汽车集团股份有限公司签署战略合作框架协议。双方在市场拓展及服务、车辆采购及员工个人购车、金融合作、快递物流、移动出行等五大领域建立战略合作关系并开展深入合作。2021年3月，中国邮政与中化集团、中国化工签署战略合作协议，在共建现代农业生态圈、资金运营、信托业务等方面深入开展务实合作，共同推动各自的高质量发展。

5. 及时捕捉发展改革的机遇，积极地推动邮政体制改革和机制创新

中国邮政在发展进程中，不断研究和分析我国社会经济环境和经济发展政策，及时捕捉发展改革的机遇。中国邮政几乎在每一个时期都抓住了发展改革的机遇：充分利用"三农"政策，在农村积极开展与"三农"有关的业务；利用我国西部大开发政策，大力发展西部邮政；利用国家有关"主辅分离"政策，加快邮政企业主辅分离的进程；按照中央关于加快邮政政企分开的改革步伐的要求，积极推进邮政体制改革；积极参与《邮政法》的修订工作，为邮政体制改革创造良好的法律条件。

可以看出，21世纪初叶，正是现代中国邮政的逐步形成期，也是中国邮政在市场经济环境下，对业务经营的探索期，是传统邮政向现代邮政的转型期。

（三）中国邮政的改革发展方向

中国邮政要持续发展，就要有适应市场需求的产品和服务，就要有一个与外在环境和企业实际相适应的清晰的发展战略，有一个支撑和实施发展战略的组织体系。在"十四五"期间，中国邮政将发展方向确定为"以高质量发展为主题，坚持质量第一、效益优先，强化机遇意识、竞争意识、问题意识，聚焦主责主业，主动服务'双循环'新发展格局"，其目标是建设创新驱动、协同发展、管理高效、行业领先的企业集团，成为主责主业突出、功能作用显著、有力支撑经济社会发展的"国家队"。中国邮政的2035年远景目标是"基本建成具有全球竞争力的世界一流企业"。

1. 建立以五大发展理念为基础的可持续发展战略体系

要树立创新、协调、绿色、开放、共享五大发展理念，进一步完善中国邮政发展战略，逐步建立中国邮政战略体系，强化战略管理的理念，提高战略管理水平，中国邮政首先要对外部环境进行全面分析，搞清楚行业环境、整个国家宏观方面的形势变化以及国际邮政行业的发展状态，认清自己，准确分析和定位自己的核心竞争力，使自己的发展战略与实力、核心竞争力相匹配。中国邮政要形成自己的战略体系，首先需要领导重视，因为战略管理是企业高层最重要的管理活动之一，只有上层推动，才能把工作落到实处。其次需要上下沟通，目标统一。各单位各部门制定战略，要以实现中国邮政总体发展战略为目标，以中国邮政的整体发展战略为指导。

2. 建立和完善与现代企业制度相适应的体制

在一定意义上讲，战略就是变革。中国邮政实施发展战略的根本问题是缺乏实施战略管理的体制。中国邮政内部仍然采用传统的体制，不适用于建立完善的战略管理系统，因此中国邮政必须对现有体制进行改革，建立起现代企业制度，研究制定统筹兼顾的政策和规划，合理调整和完善相关管理措施，从投资计划、财务管理、营销策划、资费管理等方面采取有利于企业科学发展的政策措施。在新的体制下，中国邮政要协调好各方面的资源，确保发展战略的实施。企业实施发展战略不是单方面的事情，需要对各方面资源进行合理分配。企业的各部门决不可为了本部门的利益而不顾整个企业的持续发展能力的构建。只有给予企业实施发展战略所必需的物质和人力资源，使企业各部门协调配合，企业发展战略的实施才能得到保证。

3. 创新企业业绩考核制度，实现企业从粗放型发展向高质量发展的转型

改革邮政企业发展模式，是以人为本的需要，是增强企业竞争力，实现企业可持续发展的需要。粗放型的发展，是高消耗的发展，必然导致企业过度消耗资源，因此，中国邮政必须要切实推进自身经济增长方式的根本转变。建立符合市场规律的经济增长方式，就是建立速度与结构、质量、效益相统一的经济增长方式。中国邮政要用可持续发展的要求衡量业绩，既要看收入是否增长，又要看收入效益水平是否合理，更要看到收入增长背后潜在的风险和问题。建立科学合理的业绩考核机制，是实现企业从粗放型发展向高质量发展转型的关键。

4. 建立价值创新战略理念，实施价值创新战略，实现客户价值创新

价值创新战略不是基于竞争对手分析基础上的竞争战略，而是基于客户价值分析基础上的战略。传统邮政业务在现代技术和现代管理的冲击下，面临着经营困难，邮政企业要生存、要发展，进行产品和服务创新是关键。邮政企业要研究新时期客户需求的变化和特征，要对客户进行价值属性创新分析，根据价值属性创新分析的结论来进行服务属性定位；要确定企业基于价值创新的业务定位，实现企业新的发展；要重组发展优势项目，做专、做强、做大核心业务，培育核心竞争力，提高企业整体素质和经济效益；要用新的技术武装自己，打造适应时代要求的数字邮政。

5. 坚持以人为本，实施"人才兴邮"发展战略

人力资源是第一资源，人力资源战略是企业可持续发展战略的重要支撑。邮政企业要全面贯彻习近平总书记关于做好新时代人才工作的重要思想，就要实施"人才兴邮"战略，努力造就一大批高素质的生产者和管理者，建设规模宏大、结构合理、素质较高的人才队伍，开创人才辈出、人尽其才的新局面；通过加强优秀年轻干部队伍建设，各板块专业人才建设以及科技人才队伍建设，从根本上改变企业人力资源的状况，为企业发展创造良好条件。

6. 调整和优化邮政业务结构，明确各业务单元的发展定位与模式

中国邮政要区别不同业务的性质，制定业务发展战略。普遍服务是中国邮政的政治责任、法定义务，也是存在根基、立业之本，更是业务之源、渠道之源、客户之源，是所有板块的协同发展之基。中国邮政要对普遍服务实行"优先投入、优先保障、优先发展"。寄递业务是中国邮政的主责主业，国有寄递力量是维护国家通信安全稳定的战略基石。中国邮政要以打造科技引领、高质量发展的综合物流服务商为目标，聚焦关键要素进行成本压降，向市场要收入、向管理要效益，构建寄递业务新的竞争优势，打造行业"国家队"。邮政储蓄银行以金融科技赋能高质量发展，加速业务模式转型，搭建智能风控体系，提升价值创造能力，着力打造服务乡村振兴和新型城镇化的领先的数字生态银行。中邮保险致力于打造国内领先的具有邮政特色的客户价值驱动型综合寿险公司，立足集团新增长极定位，坚持"重价值、稳增长、兴科技、优服务、防风险"发展主线，充分发挥协同优势，大力推进改革创新、价值成长及市场化转型。中邮证券力争成为国内特色鲜明的中型券商，围绕"调整、改革、提升"主基调，全面推进管理转型和经营升级，提升市场化、专业化发展能力，打造财富管理、投资银行"两大支柱"业务及全能研究所"一大平台"。代理金融建设成为县域及农村居民金融

服务的主渠道，中国邮政要加快竞争优势重构，拓宽高质量发展路径，积极构建多元增收格局。农村电商是协同发展的综合电商服务平台，是各板块业务的"黏合剂"、发展的"加速器"。中国邮政要基于"进城+下乡、线上+线下、生态+专业、共性+差异"发展策略，着力打造农村知名的新零售平台、特色农产品电商平台和邮政会员权益平台，通过"农村电商+金融业务+寄递业务+邮政业务"协同发展模式，做大农产品进城与工业品下乡商流规模，构建农村电商生态圈。

实践项目

项目　实地调研

1．项目目标：组织学生前往邮政营业网点开展实地调研，了解邮政营业服务基本情况，让学生对邮政有初步认识。

2．项目内容：组织学生到附近邮政营业局所，进行实地观察和调查，观察和调查内容包括营业厅的布置、经营业务、营业人员的服务态度、现场顾客对邮政的看法等。

3．项目实施及要求：（1）学生以3～5人为一组；（2）每组自主选择邮政网点；（3）调研时间不少于2小时；（4）实地调研后，每组撰写一份实践报告。

拓展知识

欧洲放松邮政管制与德国邮政的改革

知识巩固

1．单选题

（1）世界邮政的第一次改革发生在（　　　）年。

　　A．1840　　　　　　B．1842　　　　　　C．1878　　　　　　D．1896

（2）中国历史上第一部邮驿专门法规是（　　　）。

　　A．《行书律》　　　　　　　　　　B．《邮驿令》

　　C．《兵律·邮驿门》　　　　　　　D．《大清律例·兵律》

（3）中国邮政集团公司成立于（　　　）年。

　　A．1998　　　　　　B．2007　　　　　　C．2009　　　　　　D．2010

（4）下列关于古代邮驿的特征，描述错误的是（　　　）。

　　A．官办是古代邮驿最根本的组织管理形式

　　B．通信是古代邮驿的基本功能

　　C．服务且仅限于服务国家政权

　　D．邮件寄递有固定的路线和班期

（5）下列关于邮政在社会主义市场经济中的作用和地位，说法错误的是（　　　）。

    A．邮政要为党和政府服务，传达政令

    B．主要负责国防通信任务

    C．邮政是社会主义市场经济货币流通的重要渠道

    D．邮政是沟通世界各个角落的桥梁

2．多选题

（1）下列属于世界邮政的第一次改革的主要内容的有（　　　）。

    A．实施均一资费制　　　　　　　　B．发行邮票

    C．邮政业务向所有客户开放　　　　D．重申邮政由国家专营

（2）下列有关邮政的特点的选项中，正确的有（　　　）。

    A．是市场经济条件下，物质流通的重要渠道

    B．服务对象的广泛性

    C．生产过程与消费过程的同一性

    D．全程全网联合作业

（3）邮政发展经历的阶段有（　　　）。

    A．古代邮驿　　　　B．近代邮政　　　　C．传统邮政　　　　　　D．现代邮政

（4）下列关于现代邮政的特征，描述正确的有（　　　）。

    A．邮政市场逐步开放　　　　　　　B．专营范围缩小

    C．政企分开，邮政独立运营　　　　D．邮件寄递有固定的路线和班期

（5）下列关于我国邮政的改革进程，说法正确的有（　　　）。

    A．中国邮政的经营管理体制经历了邮电分营、政企分开、公司改制3个阶段的改革

    B．2007年1月29日，中国邮政集团公司正式挂牌

    C．2009年9月9日，中国邮政储蓄银行正式挂牌

    D．2010年6月，中国邮政速递物流股份有限公司成立

3．判断题

（　　　）（1）邮政的根本任务就是以优质、高效、低耗的邮政服务，保证党政机关的需要。

（　　　）（2）"客邮"是帝国主义国家在中国领土上强行设置的外国邮局。

（　　　）（3）1878年3月20日，大清邮政的开办，标志着中国邮政诞生。

（　　　）（4）2007年中国邮政实现了邮电分营。

（　　　）（5）中国邮政的2035年远景目标是"基本建成具有全球竞争力的世界一流企业"。

4．简答题

（1）邮政的概念是什么？

（2）传统邮政的特征有哪些？

（3）如何认识当前的世界邮政改革？

第二章

邮政业务管理基础

学习目标

【知识目标】

1. 学习邮政业务的定义和种类、邮件的分类等知识；
2. 学习邮件的准寄范围，封面书写，重量、尺寸限度与封装要求，禁限寄规定等知识；
3. 学习邮政资费的概念和类别、各类邮件的资费政策、邮资凭证的种类等知识；
4. 认识邮政日戳、邮资机等邮政用品用具；
5. 学习《邮政法》及《邮政普遍服务》标准等知识。

【能力目标】

1. 具备对各类邮政业务和各类邮件进行归类分析的能力；
2. 具备掌握各类邮件的准寄范围，封面书写，重量尺寸限度，封装标准，禁限寄规定等的能力；
3. 掌握运用邮政资费和邮资凭证相关理论分析不同邮政业务的资费标准的技能；
4. 掌握使用各类邮政业务单式的技能。

【素养目标】

1. 培养学生爱国强邮、热爱邮政的情怀；
2. 培养学生爱岗敬业、严谨认真的工作品质和良好的职业道德；
3. 培养学生"人民邮政为人民""用户至上"的服务意识；
4. 培养学生遵守邮政法律法规、防范风险的意识。

情境引入

　　2021 年 6 月 22 日，《中国邮政集团有限公司邮政普遍服务管理办法（试行）》（以下简称《办法》）印发施行。《办法》以习近平新时代中国特色社会主义思想为指导，深入贯彻党的十九大及历次全会精神，立足新发展阶段，贯彻新发展理念，服务和融入新发展格局，推动邮政普遍服务高质量发展，推进邮政普遍服务管理体系和管理能力现代化，以满足新时代广大人民群众对邮政普遍服务的新需要，彰显中国邮政作为"国家队"的使命和担当。《办法》的制定实施是邮政企业普遍服务制度建设史上的一个里程碑。它是全国邮政企业普遍服务内控管理的总办法，直接衔接国家法律法规对邮政普遍服务的强制性规定和国家监管部门的工作要求，对落实国家战略要求，厚植党的执政基础，促进邮政普遍服务在构建新发展格局中发挥更大作用提供制度保障。同学们，你知道邮政企业提供哪些普遍服务吗？除了普遍服务之外，邮政企业还为社会提供哪些服务呢？邮政业务的资费是如何确定的？办理邮政业务都有哪些规定？带着这些问题，我们开始本章的学习。

思维导图

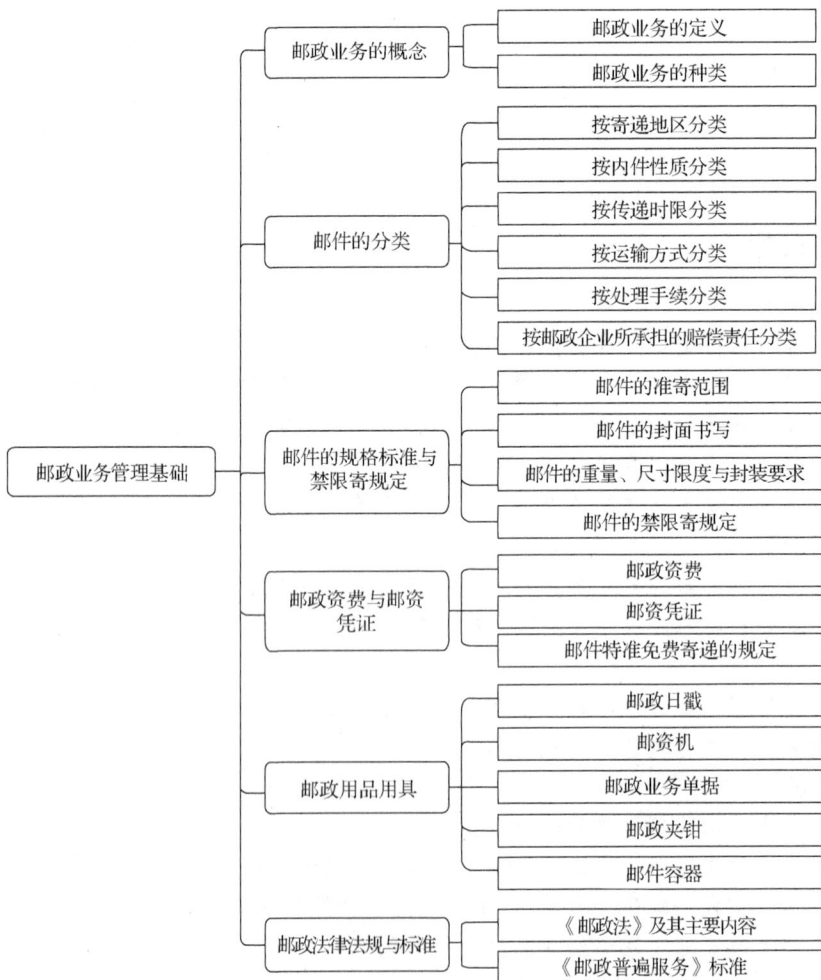

第一节　邮政业务的概念

一个生产企业向社会提供的是有形的产品，如汽车生产厂家向社会提供汽车产品，食品厂向社会提供食品。一个服务型企业向社会提供的是服务产品，如酒店向旅客提供住宿服务，咨询公司向社会提供咨询服务。那么，邮政部门向社会提供的是什么？

一、邮政业务的定义

邮政业务是邮政部门为社会各行各业和人民群众提供的各种产品和服务的总称。邮政业务以寄递类业务为主体，同时利用邮政网络优势，提供多种产品和服务。

邮政业务以无形的服务为主，如函件业务就是一种为用户提供的寄递服务；也有部分有形的产品，如邮票和集邮品等。

二、邮政业务的种类

邮政业务随着社会需求的变化而发展，总的要求是能够适应社会不断增长的需求。邮政部门需要不断调整业务结构，特别是在我国发展社会主义市场经济的形势下，要开发一些新业务，改进或取消一些不适应社会需要的业务，以满足市场经济发展带来的各种新的需要。

邮政部门通过邮政企业经办邮政业务，满足整个社会对邮政的需要。邮政部门经办的业务很多，人们可以根据不同需要对其进行分类。

（一）按《邮政法》的规定分类

《邮政法》第十四条规定，邮政企业经营的业务主要有：邮件寄递，邮政汇兑、邮政储蓄，邮票发行以及集邮票品制作、销售，国内报刊、图书等出版物发行，国家规定的其他业务。

（二）按业务的性质分类

邮政业务按业务性质可分为函件业务、报刊发行业务、集邮业务、机要通信业务、包件业务、特快专递业务、电子商务业务、邮政金融业务等。

1．函件业务

函件业务是收寄和传递各类函件的业务。函件包括信函、明信片、邮简、邮送广告、印刷品和盲人读物。其中信件（信函和明信片）的寄递为邮政的专营业务。函件业务具有通信性质，是中国邮政的起源业务，也是中国邮政的基础性和标志性业务。

2．报刊发行业务

报刊发行业务是经营发行报刊社定期出版的报纸和杂志的业务。邮局经办报刊发行业务，主要采取订阅和零售两种方式。而不论采取何种方式，均为商业性质。报刊本身含有大量的信息，因此，报刊发行业务具有通信性质。

3．集邮业务

集邮业务是专门从事出售集邮邮票和集邮用品以及组织指导公众开展集邮活动的业务。它不属于通信业务范围，具有商业性质。集邮业务是邮政增加自身积累的重要来源之一，有助于丰富人们的生活、陶冶人们的情操和建设精神文明。

4．机要通信业务

机要通信业务是专门传递党和国家的机要文件和机要刊物的业务。由于具有机密性强和要求高的特点，此项业务由邮政部门设置专门机构和专职人员办理，并另外制订寄递办法，与一般邮件业务分开处理。机要通信业务是具有通信性质的一项特种业务。

5. 包件业务

包件业务是办理寄递包裹的业务，包括民用包裹业务和商品包裹业务。前者系寄递个人生活小件物品和机关、企业、团体等单位的零星物品；后者则是寄递工厂、企业、集体及个体户交寄的以赢利为目的大宗商品。

包件业务是运送和寄递物品，按其性质而言，属于运输业务。

函件业务和包件业务合在一起，统称邮件业务。

6. 特快专递业务

特快专递业务是邮政部门为适应社会上紧急传递信息和物品的需要开办的一项业务，该业务在现代社会发展很快，竞争也比较激烈。特快专递业务有国际特快专递业务和国内特快专递业务之分，按其性质而言，属于商业性业务。

7. 电子商务业务

电子商务业务是中国邮政采用网络和数字化传媒技术开展的服务类业务，依托邮政网点资源、11185 客户服务平台、11183 互联网及邮政短信平台等来推广业务和代理信息，主要包括农村电商业务、电子商务网站业务、增值业务、客户服务中心业务等。

8. 邮政金融业务

邮政金融业务包括中国邮政储蓄银行经营的金融业务和中国邮政集团有限公司代理的金融业务。

中国邮政储蓄银行于 2007 年 3 月 20 日正式揭牌成立，是在改革原有的邮政储蓄管理体制的基础上组建的商业银行，提供居民储蓄存款、代理保险、代销基金理财、对公存款及结算、各类贷款等涵盖负债业务、资产业务、中间业务三大板块的全方位金融服务。

中国邮政集团有限公司代理的金融业务主要包括吸收本外币储蓄存款，办理国内外汇兑业务，办理银行卡（借记卡）业务，代理销售保险、证券、基金、个人理财、资产管理计划产品及其他金融产品，受理第三方存管业务等。

（三）按市场竞争情况分类

邮政业务按市场竞争情况可分为专营类业务和竞争性业务。

1. 专营类业务

法律赋予邮政企业对某些特定业务享有排他性经营权，如信件的寄递业务，但随着体制改革的不断进行，专营类业务的范围在不断缩小。

2. 竞争性业务

竞争性业务是指邮政企业按照市场机制的原则和其他企业进行竞争的业务，如特快专递业务、电子商务业务、邮政金融业务等。

（四）按邮政行业承担的社会功能分类

邮政业务按邮政行业承担的社会功能可分为邮政普遍服务、邮政特殊服务和邮政商业性服务。

1. 邮政普遍服务

邮政普遍服务指邮政企业按照国家规定的业务范围、服务标准，以合理的资费标准，为中华人民共和国境内所有用户持续提供的邮政服务，主要包括信件、单件重量不超过 5kg 的印刷品、单件重量不超过 10kg 的包裹的寄递服务以及邮政汇兑服务。

2. 邮政特殊服务

邮政特殊服务指邮政企业按照国家规定办理的机要通信、国家规定报刊的发行，以及义务兵平常信函、盲人读物和革命烈士遗物的免费寄递等服务的总称。

3. 邮政商业性服务

邮政商业性服务指邮政企业按照国家规定开办的商业性竞争业务，主要包括特快专递业务、邮政金融业务、集邮业务、电子商务业务等。

由上可见，邮政部门经办的业务名目繁多、类型多样。为不断满足社会发展的需求，进一步改善服务，邮政部门在保证传统业务正常发展的基础上努力开拓新型业务，为社会提供了多品种、多层次的个性化服务，涉及千家万户，关系国计民生。

第二节　邮件的分类

邮件是指通过邮政企业寄递的信件、包裹、汇款通知、报刊和其他印刷品等的总称。邮件寄递业务是邮政的主体业务之一，对邮件进行研究可以了解和认识邮政的实质。

邮件不同的分类方法反映了不同的经营目标和经营思想。传统邮件的分类方法基本以内件性质为基础，现代邮政更趋向于按时限分类，从而满足用户用邮的需要和邮政经营管理的需要。由于邮件的寄递地区不同，内件性质不同，传递时限不同，运输方式不同等，需要将其划分为不同的种类，以便对不同邮件的准寄范围、封面书写、重量及尺寸限度、封装要求及禁限寄范围等做出不同的规定。

一、按寄递地区分类

邮件按寄递地区分为国内邮件和国际及台港澳邮件。

1. 国内邮件

国内邮件是中华人民共和国境内用户相互寄递的邮件。国内邮件按寄递区域分为本埠邮件和外埠邮件。

地级以上城市以市属行政区（不包括市辖县和飞地）为范围，县（含县级市）以县境（不含飞地）为范围，在上述各范围内互寄的邮件为本埠邮件。飞地是指隶属于某一行政区管辖但不与本区毗连的区域。

寄递区域超出上述范围的邮件，为外埠邮件。

市县划分均以国家行政区划为标准。地级以上城市以当地政府行政区划确定的范围为准。县境以该县（含县级市）所辖范围为界。县政府与地级市政府驻地同在一个行政区的，在行政区范围内互寄的为本埠邮件，超出行政区范围的为外埠邮件。

2. 国际及台港澳邮件

国际及台港澳邮件是中华人民共和国境内用户与其他国家或地区及台港澳地区用户相互寄递，以及其他国家或地区间用户相互寄递但通过中国境内经转的邮件。

二、按内件性质分类

邮件按内件性质分为函件和包裹。

1. 函件

函件可分为国内函件和国际函件。

国内函件包括信函（含邮简）、明信片、印刷品、盲人读物等。信函是指以套封形式按照名址递送给特定个人或者单位的缄封的信息载体，书籍、报纸、期刊除外。邮简是信封和信纸连在一起，折叠后将各边封合，形成信封形状后交寄的信函。明信片是一种露封交寄的具有通信性质的卡片式邮件。信函和明信片合称信件。印刷品是指经新闻出版行政机关批准发行的书籍、报纸、期刊及国家规定范围内的其他印刷的图文资料。盲人读物是指用户交寄的供盲人所用的凸出点痕的书籍、刊物、信函和文件，盲人所用特种纸张除外。

国际函件包括信函、明信片、印刷品、盲人邮件和小包等。

2. 包裹

包裹是指按照封装上的名址递送给特定个人或者单位的独立封装的物品。

包裹可分为国内包裹和国际包裹。国内包裹包括普通包裹和快递包裹。

三、按传递时限分类

邮件按传递时限分为普通邮件、特快专递邮件和快递包裹，在国际邮件中还有全球优先函件。

1. 普通邮件

普通邮件是按照一般时限规定传递处理的邮件，包括函件、普通包裹。

2. 特快专递邮件

特快专递邮件是以最快速度传递并通过专门组织收寄、处理、运输和投递的邮件，包括文件型特快专递和物品型特快专递。

3. 快递包裹

快递包裹的传递时限介于普通邮件和特快专递邮件之间。

4. 全球优先函件

全球优先函件是指用最省时的邮路（航空或水陆路）优先发运，在各个环节加快处理，确保在规定时限内到达的国际函件。

四、按运输方式分类

邮件按运输方式分为水陆路邮件和航空邮件，在国际邮件中还有空运水陆路邮件。

1. 水陆路邮件

水陆路邮件是指利用火车、汽车、轮船等交通工具发运的邮件。

2. 航空邮件

航空邮件是指利用航空邮路优先发运的邮件。

3. 空运水陆路邮件

空运水陆路邮件是指利用国际航班剩余运力运输，在原寄国（地区）和寄达国（地区）内按水陆路邮件处理的邮件。

五、按处理手续分类

邮件按处理手续分为平常邮件和给据邮件。

1. 平常邮件

平常邮件是指邮政企业在收寄时不出具收据，投递时不要求收件人签收的邮件。

2. 给据邮件

给据邮件是指邮政企业在收寄时出具收据，投递时需要收件人签收的邮件。

六、按邮政企业所承担的赔偿责任分类

邮件按邮政企业所承担的赔偿责任分为保价邮件和非保价邮件。

1. 保价邮件

保价邮件是寄件人按规定交付保价费，邮政企业对该邮件的丢失、损毁、内件短少承担相应赔偿责任的邮件。

2. 非保价邮件

非保价邮件指交寄时并不报明保价金额，也不交付保价费，在运递过程中发生丢失、内件短少、损毁时，邮政企业只负担规定限度的补偿责任的邮件。

第三节　邮件的规格标准与禁限寄规定

邮件的规格标准，包括准寄范围，封面书写，重量、尺寸限度与封装要求等。规定规格标准的目的是适应邮件传递过程中处理邮件的场地、设备等的实际需要，保证邮件能被迅速、准确、安全地传递。

一、邮件的准寄范围

（一）邮件的准寄范围的概念与规定原则

邮件的准寄范围是指按照规定准许在邮件中装寄的内容。

规定邮件的准寄范围，可以合理区分不同种类邮件的性质，据以制定不同种类邮件的重量及尺寸限度、资费标准、处理规则，以及确定不同种类邮件在处理、传递过程中的发运顺序等。规定邮件准寄范围的原则如下。

（1）要与我国的政治、经济文化和社会发展水平相适应。

（2）最大限度地满足我国经济建设和人民群众通信的需要。

（3）要以邮政业务的经营政策和邮政资费政策为主要依据。

（二）函件准寄范围

1. 信函

下列各项应按信函寄递：书面通信；各种公文、合同；各类单据、报表（空白报表除外）、票据、有价证券及票证（如未使用的邮票，带邮资的封、片、卡）等；各种事务性通知；各类稿件；各类证件；其他适于邮寄的物品和文字载体，只要符合信函规定的重量、尺寸限度和封装规格，寄件人愿意按信函资费标准交付邮费的，也可以按信函交寄。

2. 明信片

县级以上邮政企业，经省级邮政分公司审批通过后，可以印制发行带有"中国邮政"字样的明信片；其他单位可以印制符合中国邮政集团有限公司规定的标准规格的明信片，但不得带有"中国邮政"字样。只有中国邮政集团有限公司印制的明信片可以印邮票图案及面值等信息，以表示邮费。明信片上不可以附寄任何物品，装入信封的明信片应按信函交寄。

3. 邮简

邮简由邮政企业发行，其他机关、企业、团体如因工作需要，在征得所在省邮政分公司批准后可以依式仿制自用，但纸张大小、薄厚及其他规格必须符合通信行业标准。

邮简内不可装寄物品，也不可装入信纸。

4. 印刷品

除规定按信函寄递以外的各种书籍、报纸、期刊、教材、目录及各种印刷的图文资料，均可按印刷品交寄。

5. 盲人读物

盲人所用的凸出点痕的书籍、刊物、信函和文件都可按盲人读物寄递，但不包括盲人使用的特种纸张。

6. 义务兵免费信函

现役义务兵从部队发寄私人通信内容的（主要指寄给其家里的家信和寄给其亲友的私人信件，不包括寄给各单位的非私人通信内容的信件，如稿件、订购单、评选票、知识竞赛答卷、函授作业、课本及试卷等），以每件重量不超过20g的国内平常信函为限。超过上述规定范围以及交寄其他种类的邮件，寄递时应按规定纳付邮费。

7. 约投挂号信函

约投挂号信函指国家法律法规允许寄递的纸质文件型信函或信函状小样试用品。

约投挂号信函（包括"约投挂号账单"和"约投挂号商函"）主要针对高端信函寄递用户，以信用卡卡函为代表，实行挂号寄递、全网优先处理、短信通知、电话预约、按址上门投递签收。邮政企业重点通过优化作业流程和深化投递服务，依托信息化系统支撑，提供妥投率高、时限稳定、查询方便的批量高品质信函寄递服务。

约投挂号信函单件最高限重500g，另加收约投服务费2元。

（三）包裹准寄范围

除国家法律法规禁止寄递的物品和超过规定限量寄递的物品以外，凡适于寄递的物品，均可按包裹寄递。

（四）特快专递邮件准寄范围

符合函件和包裹准寄范围的邮件，均可按特快专递邮件交寄。

（五）保价邮件准寄范围

信函、包裹、特快专递邮件均可按保价邮件交寄。印刷品暂不支持办理保价业务，如寄件人确需保价的，可选择保价邮件种类交寄。

信函、普通包裹的保价金额每件以10万元为限，保价费按保价金额的1%收取，每件最低收取1元。

快递包裹保价金额每件以2万元为限，保价金额在300元（含）以内的，保价费按1元收取；保价金额超过300元的部分，保价费率为1%。

特快专递邮件的保价金额每件以5万元为限，保价金额在300元（含）以内的，保价费按1元收取；超过300元的部分，保价费率为0.5%。

二、邮件的封面书写

（一）格式要求

国内邮件封面应自左至右清楚、准确地书写收件人和寄件人的姓名、地址和邮政编码。各类单式按相应要求填写。

（二）文字要求

（1）应使用国务院正式公布实施的规范汉字。

（2）采用少数民族文字，除在该民族自治地区内互寄的以外，应加注汉字。

（3）书写应清楚、准确、齐全，不潦草。使用钢笔、签字笔或圆珠笔书写，字迹颜色应为黑色或蓝色，禁止使用红色或铅笔书写。

（三）封面打印要求

采用封面打印方式的邮件，除符合以上总体要求外，在打印的字体、字号，打印的格式上，还应符合以下要求。

（1）字体：打印字体应选用宋体、仿宋体、楷体，打印的字体应完整、清晰，无污点。

（2）字号：收件人邮政编码应采用二号，收（寄）件人名址可采用二号～四号（不含小四号），寄件人邮政编码可采用三号或四号。

（3）名址签条：长度为80～110mm，宽度为35～60mm，应粘贴在国内邮件正面的中部，粘贴应平整、牢固，名址签条上的邮政编码和名址应与国内邮件的长边平行，无明显倾斜。

收件人邮政编码和地址应分两行打印。当邮件封面上未书写寄件人名址和邮政编码信息时，名址签条上应打印寄件人名址和邮政编码信息。

（4）透明窗口信封：右下方应有寄件人名址和邮政编码信息，内件上打印的收件人邮政编码、收件人名址等信息应完整、清晰地显示在透明窗口位置。

三、邮件的重量、尺寸限度与封装要求

（一）邮件的重量、尺寸限度

邮件的重量、尺寸限度，是邮政部门对各类邮件的单件重量和体积所规定的最大或最小限度，超过或不合规定限度的，邮政企业不予收寄。规定邮件重量、尺寸限度的原因如下。

（1）生产过程中保证工作人员身体健康的要求。

（2）满足邮政生产场地的面积、技术设备的条件、运输工具和容器负荷的要求。

（3）区别邮件的类别。

（4）保证邮件安全的需要。

（5）邮政业务经营政策的需要。

重量、尺寸限度根据邮政经营和社会发展等的需要可进行调整变化。

（二）邮件的封装要求

规定封装要求的目的是保证邮件完整无损，防止寄递过程中发生散失、损毁，同时使邮件易于处理等。针对各类邮件，邮政企业应当依照法律、行政法规的规定，满足"绿色化、减量化、可循环"的要求，在保证邮件安全的前提下使用环保材料适度包装，防止过度包装，减少包装废弃物。邮政企业应推广使用可循环邮袋、可循环利用容器，同时采取措施回收包装材料，实现包装材料的减量化使用和再利用。

用户自带包装应满足寄递安全需要和邮件包装绿色治理要求，对于协议用户，应当书面告知其所提供的包装物须符合国家相关规定。包装物不符合要求的，应建议用户更换或经用户同意后代为更换。

各类邮件的重量、尺寸限度和封装要求将在后面的具体章节中做详细阐述。

四、邮件的禁限寄规定

为了保障各类邮件被安全、迅速地处理传递，使国家和人民利益不受损害，作为邮件寄递的物品必须符合国家政策、法令和有关规章制度的规定。

（一）禁寄与限寄物品的概念

禁寄物品是指不能作为邮件寄递的物品，如易燃、易爆物品等。

限寄物品是指允许在限定数量或限制条件范围内寄递的物品，如香烟等。

（二）禁寄物品

国家邮政局、公安部、国家安全部于 2016 年 12 月 16 日发布了《禁止寄递物品管理规定》，对禁止寄递物品做了详细的规定，具体如下。

1．枪支（含仿制品、主要零部件）弹药

（1）枪支（含仿制品、主要零部件）：如手枪、步枪、冲锋枪、防暴枪、气枪、猎枪、运动枪、麻醉注射枪、钢珠枪、催泪枪等。

（2）弹药（含仿制品）：如子弹、炸弹、手榴弹、火箭弹、照明弹、燃烧弹、烟幕（雾）弹、信号弹、催泪弹、毒气弹、地雷、手雷、炮弹、火药等。

2．管制器具

（1）管制刀具：如匕首、三棱刮刀、带有自锁装置的弹簧刀（跳刀）、其他相类似的单刃、双刃、三棱尖刀等。

（2）其他：如弩、催泪器、催泪枪、电击器等。

3．爆炸物品

（1）爆破器材：如炸药、雷管、导火索、导爆索、爆破剂等。

（2）烟花爆竹：如烟花、鞭炮、摔炮、拉炮、砸炮、彩药弹等烟花爆竹及黑火药、烟火药、发令纸、引火线等。

（3）其他：如推进剂、发射药、硝化棉、电点火头等。

4．压缩和液化气体及其容器

（1）易燃气体：如氢气、甲烷、乙烷、丁烷、天然气、液化石油气、乙烯、丙烯、乙炔、打火机等。

（2）有毒气体：如一氧化碳、一氧化氮、氯气等。

（3）易爆或者窒息、助燃气体：如压缩氧气、氮气、氦气、氖气、气雾剂等。

5．易燃液体

如汽油、柴油、煤油、桐油、丙酮、乙醚、油漆、生漆、苯、酒精、松香油等。

6．易燃固体、自燃物质、遇水易燃物质

（1）易燃固体：如红磷、硫黄、铝粉、闪光粉、固体酒精、火柴、活性炭等。

（2）自燃物质：如黄磷、白磷、硝化纤维（含胶片）、钛粉等。

（3）遇水易燃物质：如金属钠、钾、锂、锌粉、镁粉、碳化钙（电石）、氰化钠、氰化钾等。

7．氧化剂和过氧化物

如高锰酸盐、高氯酸盐、氧化氢、过氧化钠、过氧化钾、过氧化铅、氯酸盐、溴酸盐、硝酸盐、过氧化氢（又称双氧水）等。

8．毒性物质

如砷、砒霜、汞化物、铊化物、氰化物、硒粉、苯酚、汞、剧毒农药等。

9．生化制品、传染性、感染性物质

如病菌、炭疽、寄生虫、排泄物、医疗废弃物、尸骨、动物器官、肢体、未经硝制的兽皮、未经药制的兽骨等。

10. 放射性物质

如铀、钴、镭、钚等。

11. 腐蚀性物质

如硫酸、硝酸、盐酸、蓄电池、氢氧化钠、氢氧化钾等。

12. 毒品及吸毒工具、非正当用途麻醉药品和精神药品、非正当用途的易制毒化学品

（1）毒品、麻醉药品和精神药品：如鸦片（包括罂粟壳、花、苞、叶）、吗啡、海洛因、可卡因、大麻、甲基苯丙胺（冰毒）、氯胺酮、甲卡西酮、苯丙胺、安钠咖等。

（2）易制毒化学品：如胡椒醛、黄樟素、黄樟油、麻黄素、伪麻黄素、羟亚胺、邻酮、苯乙酸、溴代苯丙酮、醋酸酐、甲苯、丙酮等。

（3）吸毒工具：如冰壶等。

13. 非法出版物、印刷品、音像制品等宣传品

如含有反动、煽动民族仇恨、破坏国家统一、破坏社会稳定、宣扬邪教、宗教极端思想、淫秽等内容的图书、刊物、图片、照片、音像制品等。

14. 间谍专用器材

如暗藏式窃听器材、窃照器材、突发式收发报机、一次性密码本、密写工具、用于获取情报的电子监听和截收器材等。

15. 非法伪造物品

如伪造或者变造的货币、证件、公章等。

16. 侵犯知识产权和假冒伪劣物品

（1）侵犯知识产权：如侵犯专利权、商标权、著作权的图书、音像制品等。

（2）假冒伪劣：如假冒伪劣的食品、药品、儿童用品、电子产品、化妆品、纺织品等。

17. 濒危野生动物及其制品

如象牙、虎骨、犀牛角及其制品等。

18. 禁止进出境物品

如有碍人畜健康的、来自疫区的以及其他能传播疾病的食品、药品或者其他物品；内容涉及国家秘密的文件、资料及其他物品。

19. 其他物品

《危险化学品目录》《民用爆炸物品品名表》《易制爆危险化学品名录》《易制毒化学品的分类和品种目录》《中华人民共和国禁止进出境物品表》载明的物品和《人间传染的病原微生物名录》载明的第一、二类病原微生物等，以及法律、行政法规、国务院和国务院有关部门规定禁止寄递的其他物品。

邮政企业收寄邮件时，对不能确定安全性的存疑物品，应要求寄件人出具地市及以上相关主管部门的安全证明后方可予以收寄，并如实记录收寄物品的名称、规格、数量、收寄时间、寄件人与收件人的名址等内容，记录保存期限应不少于 1 年。邮政企业也可将处理情况扫描形成电子记录留存或上传到信息系统。

寄件人匿报、错报邮件内件名称，违章夹寄禁寄物品，造成危害人身安全，污染、损毁其他邮件、设备的，由寄件人担负各项损失的赔偿责任，情节严重的，邮政企业应报请司法机关依法追究刑事责任。

（三）邮政企业对禁寄物品的处理

邮政企业完成收寄后发现禁寄物品或者疑似禁寄物品的，应当停止发运，立即报告事发地邮政管理部门，并按下列规定处理。

1. 发现各类枪支（含仿制品、主要零部件）、弹药、管制器具等物品的，应当立即报告公安机关。

2. 发现各类毒品、易制毒化学品的，应当立即报告公安机关。

3. 发现各类爆炸品、易燃易爆等危险物品的，应当立即疏散人员、隔离现场，同时报告公安机关。

4. 发现各类放射性、毒害性、腐蚀性、感染性等危险物品的，应当立即疏散人员、隔离现场，同时视情况报告公安、环境保护、卫生防疫、安全生产监督管理等部门。

5. 发现各类危害国家安全和社会稳定的非法出版物、印刷品、音像制品等宣传品的，应当及时报告国家安全、公安、新闻出版等部门。

6. 发现各类伪造或者变造的货币、证件、印章以及假冒侵权等物品的，应当及时报告公安、市场监督管理等部门。

7. 发现各类禁止寄递的珍贵、濒危野生动物及其制品的，应当及时报告公安、野生动物行政主管等部门。

8. 发现各类禁止进出境物品的，应当及时报告海关、国家安全、出入境检验检疫等部门。

9. 发现使用非机要渠道寄递涉及国家秘密的文件、资料及其他物品的，应当及时报告国家安全机关。

10. 发现各类间谍专用器材或者疑似间谍专用器材的，应当及时报告国家安全机关。

11. 发现其他禁寄物品或者疑似禁寄物品的，应当依法报告相关政府部门处理。

禁寄物品不是一成不变的，随着社会、经济文化的发展，以及寄递条件的改进，有关规定也要进行相应的修改，以适应新的形势。

（四）限寄物品

1. 货币、纪念币、人民币精装册

（1）中国人民银行寄给国内各地中国银行或中国银行之间在国内互寄的"人民币精装册"（包括纸币和硬币），其他单位或个人不予收寄。邮寄单位要出具自封证明函（证明函内容包括：保证不违反邮政营业场所禁限寄物品的规定；声明如果邮件封装完好，内件短少不符等，由寄件单位自行负责），自封交寄，邮政营业场所免验内件。

（2）各地人民银行（包括中国银行）之间在国内互寄的少量外钞和外国铸币（硬币）。

2. 烟草

（1）邮寄卷烟、雪茄烟每件以两条（400支）为限（二者合寄时亦限两条）；每人每次限寄一件，不准一次多件或多次交寄。

（2）邮寄烟丝、烟叶每次均各以5kg为限，两种合寄时不得超过10kg；每人每次限寄一件，不准一次多件或多次交寄。

（3）电子烟、电子烟烟弹比照卷烟收寄要求执行。

3. 酒水类

正规厂家生产的白酒，每人每次限寄10瓶，不得一次多件或多次交寄。

4. 稀土产品、稀土矿粉

凡符合国家相关部委批准颁发的《辐射防护规定》标准的非放射性稀土矿产品和稀土冶

炼产品（并确定为非易爆、易燃、腐蚀性、毒性、酸性物品）封装牢固，由交寄单位出具证明可以收寄。

（五）特准交寄的物品

1. 化工类产品

指定符合安全保障条件的邮政营业机构负责办理非危险类化工产品、非液体类化工产品寄递业务。

2. 医疗用品、药品

（1）指定符合安全保障条件的邮政营业机构负责收寄麻醉药品和精神药品，麻醉药品和精神药品的寄件单位要事先向所在地省、自治区、直辖市药品监督管理部门申请办理《麻醉药品、精神药品邮寄证明》（以下简称《邮寄证明》）。《邮寄证明》一证一次有效。

（2）个人寄递药品时，要提供合法购药的发票、收据或处方。

（3）单位寄递大宗药品时，需提供药品生产许可证或药品经营许可证。

3. 军、警用品

（1）现役军人或警察邮寄军、警服装和专用品时，须持军人或警察所在团级及以上军事单位或县级及以上公安机关的证明方能邮寄。

（2）非现役军人或非警察人员需邮寄军、警服装和专用品到军内或公安机关内部时，须凭收件人所在单位团级以上军事单位或县级以上公安机关的证明方能邮寄。

4. 植物、花卉、种子

交寄种子、苗木等繁殖材料和其他应施检疫的植物或植物产品的单位和个人，须事先到所在省（地、县）植物检疫机构办理检疫手续，领取植物检疫证书，植物检疫证书应随货运寄。

第四节　邮政资费与邮资凭证

一、邮政资费

（一）邮政资费的概念

邮政资费是邮政企业经营各种邮政业务，为用户提供服务时，按规定收取的各项费用标准的总称。

（二）邮政资费的类别

邮政资费按性质和作用分为两大类。

1. 政府定价

邮政普遍服务业务资费、邮政企业专营业务资费、机要通信资费以及国家规定报刊的发行资费实行政府定价，资费标准由国务院价格主管部门会同国务院财政部门、国家邮政管理部门制定。

2. 市场定价

除政府定价之外，邮政企业的其他业务资费实行市场调节价，由邮政企业自主确定资费标准。

（三）邮政资费政策

传统邮政在世界多数国家采取国家经营并实行统一管理和低资费政策，以保证公民的通信自由权利。我国邮政经历了清朝时期由海关试办的"自定"资费到大清邮政正式开办后的"法定"资费的变化过程。新中国邮政的资费长期以来没有变化，其基础是 1949 年 12 月 27 日政务院财经委员会的规定，即平信 20g 以小米 12 两（旧制每斤 16 两）为标准，于物价涨落 20%～25%时一次调整之。当时平信 20g 以内的基本资费按旧币核定为 300 元，1950 年 1 月 10 日调整为 500 元，同年 2 月 1 日又调为 800 元。1953 年币制改革，资费由 800 元改为 8 分。当年 7 月，平信又分为本埠与外埠，本埠资费为外埠资费的一半，即平信每 20g 或其零数外埠 8 分，本埠 4 分，这一标准近 40 年未变。一直到 1990 年 7 月 31 日，邮政基本资费与其他资费才进行了一次较大幅度的调整，其后，于 1996 年、1999 年、2004 年、2006 年又分别进行了调整。2007 年邮政政企分开之后，受邮政业务种类调整、邮件寄递成本提升等因素的影响，邮政企业又对印刷品、普通包裹、快递包裹、特快专递邮件等的资费进行了一系列的调整。

目前各类邮件的资费政策如下：

（1）函件采用均一资费。均一资费是指对用户交寄一定重量范围内的邮件，不分邮程远近，实行同一标准计收费用。

（2）包裹采用分区计费制。用户交寄邮件，实行按邮件重量和运递里程递增收取费用的标准。普通包裹和快递包裹执行不同的计费标准。

（3）国内特快专递邮件采用分区计费制，资费标准由中国邮政集团有限公司制定并公布实行。

二、邮资凭证

（一）邮资凭证的种类

邮资凭证是作为邮件纳费标识的有价证券，包括邮票，印在邮资信封、邮资明信片、邮资邮简上的邮资图案，由邮资机打印在邮件封面或签条上的邮资机符志（以下简称"邮资符志"）。

（二）邮资凭证的印制和使用

1. 邮资凭证的印制

在我国，邮资凭证由中国邮政集团有限公司授权定点印刷厂印制，邮政业务部统一调拨分配，各地邮政企业统一出售，其他任何单位和个人均不得仿制，更不得伪造。任何单位和个人不得伪造邮资凭证或者倒卖伪造的邮资凭证，不得擅自仿印邮票和邮资图案，不得出售邮资符志。在各处理环节若发现假邮票，应按邮票打假管理相关规定进行处理。

2. 邮资凭证的使用

邮资凭证应按照规定的日期出售、停售或者停用。停止使用邮资凭证，应当经国务院邮政管理部门批准，并在停止使用 90 日前予以公告，停止销售。邮资凭证持有人可以自公告之日起 1 年内，向邮政企业换取等值的邮资凭证。已停售但未停用的仍然有效，已售出的不得兑换现金。

各类邮件使用邮资凭证时，应按下列规定处理。

（1）使用邮资机处理的函件，应直接在函件封面打印邮资符志或粘贴邮资符志签条。

（2）使用邮票付费的函件，收寄人员应根据计费结果合理配票，指导用户在邮件封面右上角粘贴邮票。如邮票无法全部粘贴在邮件正面，可将邮票全部粘贴在邮件背面，不得重叠粘贴或对折粘贴在信封的两面。遇重叠粘贴的，被遮盖的邮票不能用于交付邮费，相关邮件按欠资邮件处理。

（3）用户交寄的各种首日封、纪念封、明信片，所贴邮票已用纪念邮戳盖销的，凡在纪念邮戳上标明的日期范围内交寄的，视为已付邮资，超出纪念邮戳上标明的日期范围交寄的，要重新交付邮费。

（4）用户在邮政营业网点零星交寄普通包裹邮件，以自带邮票方式交纳资费的，应予以收寄，不得将邮票兑换为现金，所贴邮票的金额超过邮资的，不找零。使用邮票付费的包裹，应将邮票贴在邮件空白明显位置，邮票加盖日戳后，随邮件一同发往前程。

（5）用户一次交寄 5 件及以上自贴邮票普通包裹时，应到指定邮政大宗包裹收寄点办理。

（6）快递包裹和特快专递邮件的资费，应采用现金或电子支付方式，不使用邮资凭证。

（三）无效邮资凭证

以下邮资凭证粘贴均视为无效：经国务院邮政管理部门批准停止使用的邮票；已经盖销或划销的邮票；污损、残缺、褪色或变色，难以辨别真伪的邮票；在邮票表面涂抹胶水、糨糊、粘贴透明胶带或剪贴拼补、伪造的邮票；其他国家（地区）邮票；中国台湾地区、香港特别行政区、澳门特别行政区各时期发行的邮票；畸形邮票（倒印、折痕、漏齿、复齿等）；将两枚明信片对粘使用的；从邮资信封、邮资明信片、邮资邮简、邮资信卡上剪下的邮资图案，或将邮资明信片及邮资信封直接粘贴在邮件上使用的；经过清洗或特殊处理过的邮票；非当日的或非本收寄局的邮资机符志。

使用无效邮资凭证的邮件，收寄部门不予收寄，应直接退回寄件人。无法退回寄件人的，按无着邮件处理。在其他环节发现这类邮件，应按欠资邮件处理。在邮件处理过程中发现脱落的邮票，应及时交主管人员保存，定期交上级部门处理。

（四）邮票的盖销

各类邮件上所贴的邮票及邮资信封、邮资邮简和邮资明信片上所印的邮票图案，必须用日戳盖销。邮票的盖销应参照如下规定。

（1）销票应保证邮票和邮件封面上都带有日戳戳印，日戳一般盖在邮票的左下角或右下角。销票情况如图 2-1 所示。

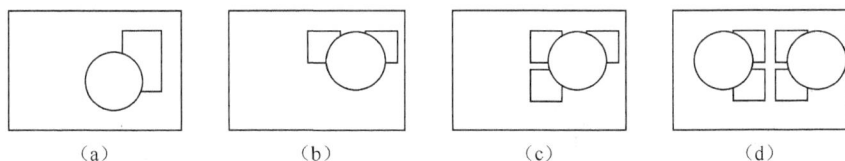

图 2-1 销票情况

（2）日戳要盖得清晰、完整、端正。如果不清晰，应当在邮件封面空白处另加盖一个。销票时要防止重盖、错盖、漏盖，收寄局发现漏销邮票时必须用日戳补销，其他局发现漏销邮票时，必须用日戳边滚销或划销。

（3）盖销首日封、纪念封等的纪特邮票、小型张邮票时，应特别注意防止污损、影响美观，遇有整张小型张邮票贴用时，日戳应盖在邮票齿孔的骑缝处。

（4）使用邮资机处理的邮件，应直接在邮件封面正面打印邮资符志，对不能直接打印的，可打印邮资符志签条贴于邮件封面正面。

三、邮件特准免费寄递的规定

免费邮件的种类和寄递条件由国家邮政主管部门规定。特准免费寄递邮件包括以下几种。

（1）烈士遗物。

（2）义务兵平常信函。

（3）按平常函件寄递的盲人读物（如按挂号或保价交寄时，应分别收取挂号费或保价费）。

（4）邮政公事邮件。

（5）国家特殊情况下指定的捐赠物品。

第五节　邮政用品用具

邮政用品用具包括邮政日戳、邮件容器（邮袋、集装箱、信盒）、袋牌、袋绳、封志、邮政夹钳等。《邮政法》规定的邮政专用品是指邮政日戳、邮资机、邮政业务单据、邮政夹钳、邮袋和其他邮件专用容器。

一、邮政日戳

（一）邮政日戳的种类

邮政日戳包括普通日戳、风景日戳、文化日戳、营业系统中的电子日戳、邮资机戳中的日戳部分。

普通日戳是指邮政网点收寄、处理及投递邮件时使用的日戳（包括过戳机戳）。

风景日戳是指刻有风景图案、名称和风景所在地地名的邮政日戳，由风景名胜所在地邮政公司（网点）使用。风景日戳既有普通日戳盖销邮票的功能，又有纪念和宣传的作用。

文化日戳是邮政部门为弘扬中华优秀传统文化和革命历史传统，宣传国家特色自然资源及非物质文化遗产，纪念重大节日、事件和活动等而专门刻制的一种带有宣传、纪念文字和美术图案的邮政日戳。文化日戳具有普通日戳盖销邮票的功能。

营业网点用于盖销邮票的邮政日戳有普通日戳、风景日戳、文化日戳三种，不得使用上述日戳外的其他日戳盖销邮票。

（二）邮政日戳的使用规定

（1）邮政网点使用的加刻局名的普通日戳限网点收寄、投递邮件时使用。收寄用普通日戳应当使用黑色油墨加盖，投递用普通日戳及各类机戳应当使用红色油墨加盖。风景日戳和文化日戳戳印可使用红色、黑色、蓝色等多色油墨。普通纸质信封上应加盖水性油墨，塑料或覆膜信封应加盖着色力强的快干式油墨。

（2）邮政日戳只限于在规定的范围内使用，不得带离网点使用，不得错用、挪用，不得串台席使用，不得由非当班工作人员使用，不得在没有监督的情况下将日戳交由集邮用户自行使用，收寄、投递日戳不得混用。

（3）邮政网点办理普遍服务业务的台席应配备收寄日戳，要定台、定岗使用日戳。单个营业网点多台席办理寄递业务，两把及以上日戳开始序列标号，序号必须连贯，不得有空号和重号。

（4）邮政日戳戳面应符合统一的规格标准。日戳上表示日期的字钉，应在每个工作日开始以前更换，不能提前或推迟更换。并按规定的作业时间更换。日戳更换字钉后，每次要在日戳打印簿上盖印清晰戳样，经检查无误后方可使用。

二、邮资机

（一）邮资机与邮资符志

邮资机是一种能在国际、国内各类函件上直接加盖日戳、邮资戳，并具有记账、结算功能的设备。邮资机可打印出不干胶邮资符志，直接粘贴在邮件上作为邮资凭证，邮资符志与邮票具有同等效力。

（二）邮资符志的使用规定

（1）邮资符志应打印或粘贴在邮件的右上角，邮资机处理额定厚度以内的邮件必须直接打印，超过额定厚度的邮件方可粘贴邮资签条。

（2）邮资机不得以打印"零"邮资方式作为邮件过戳机使用，也不能用于盖销邮票。处理优惠资费的大宗邮件时，应逐件按照标准资费打印邮资。

（3）使用邮资机打印邮资时，每个邮件应打印一个邮资符志或粘贴一枚邮资符志签条，但单一邮件的邮资数额超过邮资机每次打印出的邮资最高限额时，可粘贴两枚或两枚以上邮资符志签条。

（4）邮资符志日期更换不得提前或倒换使用。邮件上粘贴非当天日期或非本收寄局的邮资符志视为无效邮资。

三、邮政业务单据

邮政业务单据包括各种收据，如国内挂号信函收据（见图 2-2）、国内挂号印刷品收据（见图 2-3）、约投挂号信函收据，以及各种交寄单和快递包裹面单（见图 2-4）等。

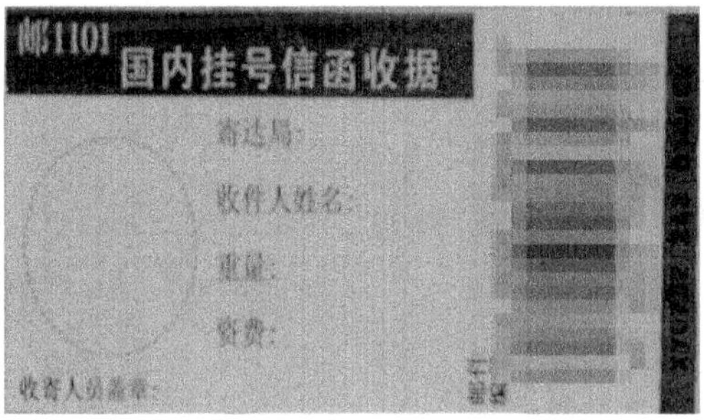

图 2-2　国内挂号信函收据

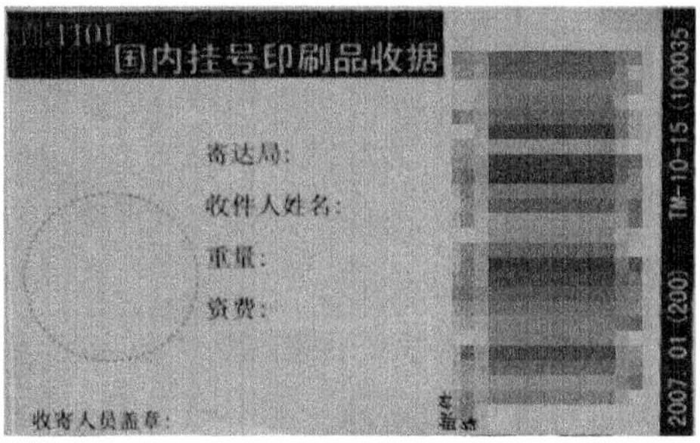

图 2-3　国内挂号印刷品收据

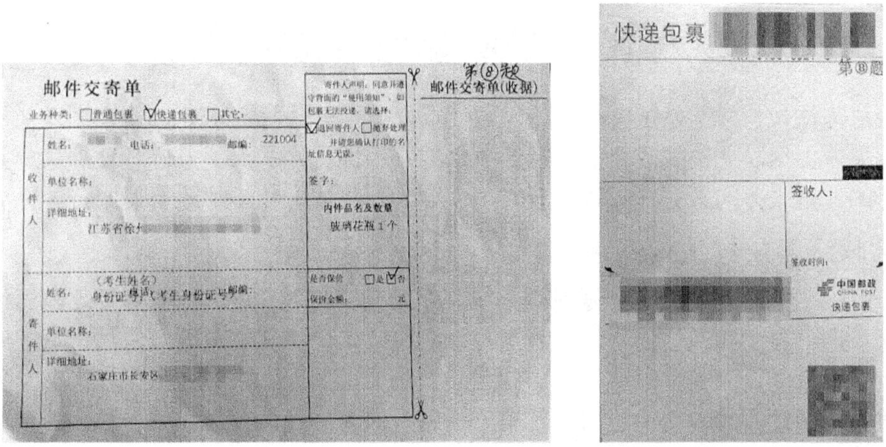

图 2-4　邮件交寄单和快递包裹面单

邮政营业网点应根据业务需要，公示相关纸质单式书写样张，并根据业务办理的范围和方式提供相关纸质单式。各种单式应按规定使用，保证内容填写齐全，字迹、章戳清晰。

四、邮政夹钳

邮政夹钳是用于夹紧加封在邮袋上的铅志的邮政专用工具，也是凭以确认局际之间权责关系的印信。夹钳所夹封的总包袋内的邮件如发生损毁、缺少等不符情况，需要根据铅志上所显示的夹钳印模来判明责任。对邮政夹钳应定期检查封轧字迹是否清晰，发现问题应及时报告并修复。邮政夹钳必须注意爱护使用，不准代作击物工具，使用后立即严密保管，防止盗用和丢失。

五、邮件容器

邮件容器是封装各类邮件和指定报刊使用的邮政专用品。邮件容器只许在邮政企业收寄、分拣、封发、运输、投递等部门使用，不得挪作他用。邮件容器应按照邮件类别和寄递范围区别使用，不得互相混用。

（一）邮件容器的分类

按封装邮件种类的不同，邮件容器基本分为 4 个大类，即普通邮件容器、航空邮件容器、特快邮件容器和机要邮件容器；按寄递区域可分为国内邮件容器和国际及台港澳邮件容器；按质地和外形的不同可分为邮袋、信盒和集装箱 3 种。

（二）邮件容器的使用与管理

1. 邮件容器使用注意事项

（1）必须按照邮件种类和寄递范围在封发邮件时使用，不能挪作他用。

（2）严禁将邮袋（容器）连同邮件直接封发给邮政通信部门以外的单位或个人（用户）。

（3）针对邮袋和其他邮件专用容器应建立管理档案，并需每日在信息系统中录入邮件容器使用情况。

2. 邮件容器的管理标准："四有四无"

四有：管理有专责，使用有计划，处理有手续，存放有专处。

四无：无积压，无挪用，无损毁，无散失。

第六节　邮政法律法规与标准

邮政法律法规与标准是国家邮政管理部门据以组织管理邮政事业、用户据以使用邮政业务以及有关方面据以调整邮政企业与社会关系的规范性文件。为了办好各项邮政业务，承担国家赋予的普遍服务的义务，邮政企业必须遵照《邮政法》和《邮政普遍服务》标准。

一、《邮政法》及其主要内容

《邮政法》是为了保障邮政普遍服务，加强对邮政市场的监督管理，维护邮政通信与信息安全，保护通信自由和通信秘密，保护用户合法权益，促进邮政业健康发展，适应经济社会发展和人民生活需要而制定的法律，1986 年 12 月 2 日第六届全国人民代表大会常务委员会第十八次会议通过，2009 年 4 月 24 日第十一届全国人民代表大会常务委员会第八次会议修订通过，自 2009 年 10 月 1 日起施行。2012 年 10 月 26 日，第十一届全国人民代表大会常务委员会第二十九次会议《关于修改〈中华人民共和国邮政法〉的决定》第一次修正。2015 年 4 月 24 日，第十二届全国人民代表大会常务委员会第十四次会议《关于修改〈中华人民共和国义务教育法〉等五部法律的决定》第二次修正。

《邮政法》分为总则、邮政设施、邮政服务、邮政资费、损失赔偿、快递业务、监督检查、法律责任和附则，共 9 章 87 条，主要内容如下。

（一）邮政行业监督管理职能

国务院邮政管理部门负责对全国的邮政普遍服务和邮政市场实施监督管理。省、自治区、直辖市邮政管理机构负责对本行政区域的邮政普遍服务和邮政市场实施监督管理。按照国务院规定设立的省级以下邮政管理机构负责对本辖区的邮政普遍服务和邮政市场实施监督管理。

国务院邮政管理部门和省、自治区、直辖市邮政管理机构以及省级以下邮政管理机构（以下统称邮政管理部门）对邮政市场实施监督管理，应当遵循公开、公平、公正以及鼓励竞争、促进发展的原则。

（二）邮政企业的专营权

国务院规定范围内的信件寄递业务，由邮政企业专营。快递企业不得经营由邮政企业专营的信件寄递业务，不得寄递国家机关公文。快递企业不得将信件打包后作为包裹寄递。外商不得投资经营信件的国内快递业务。

（三）邮政普遍服务

邮政普遍服务是国家基本公共服务的重要组成部分。国家保障中华人民共和国境内的邮政普遍服务，邮政企业按照国家规定承担提供邮政普遍服务的义务，国务院和地方各级人民政府及其有关部门应当采取措施，支持邮政企业提供邮政普遍服务。邮政企业的邮政普遍服务业务与竞争性业务应当分业经营。

（四）邮政业务资费

邮政业务资费分为政府定价和市场定价两种情况。实行政府指导价或者政府定价的邮政业务范围，以中央政府定价目录为依据，具体资费标准由国务院价格主管部门会同国务院财政部门、国务院邮政管理部门制定。邮政企业的其他业务资费实行市场调节价，资费标准由邮政企业自主确定。

（五）邮件损失赔偿制度

邮政普遍服务业务范围内的邮件和汇款的损失赔偿，适用《邮政法》规定；邮政普遍服务业务范围以外的邮件的损失赔偿，适用有关民事法律的规定。邮件的损失，是指邮件丢失、损毁或者内件短少。

1. 平常邮件的赔偿

邮政企业对平常邮件的损失不承担赔偿责任。但是，邮政企业因故意或者重大过失造成平常邮件损失的除外。

2. 给据邮件的赔偿

邮政企业对给据邮件的损失依照下列规定赔偿。保价的给据邮件丢失或者全部损毁的，按照保价额赔偿；部分损毁或者内件短少的，按照保价额与邮件全部价值的比例对邮件的实际损失予以赔偿。未保价的给据邮件丢失、损毁或者内件短少的，按照实际损失赔偿，但最高赔偿额不超过所收取资费的 3 倍；挂号信件丢失、损毁的，按照所收取资费的 3 倍予以赔偿。

（六）快递业务经营许可制度

未经许可，任何单位和个人不得经营快递业务。未取得快递业务经营许可经营快递业务，或者邮政企业以外的单位或个人经营由邮政企业专营的信件寄递业务或者寄递国家机关公文的，应接受相应的处罚。

二、《邮政普遍服务》标准

国家邮政局在 2009 年 9 月 18 日发布了《邮政普遍服务》标准，本标准对邮政普遍服务的基本内容、要求和服务规范进行了规定。2016 年，根据《邮政法》《邮政普遍服务监督管理办法》的有关规定，国家邮政局会同财政部对 2009 年发布实施的《邮政普遍服务》标准进行了修订，修订后的《邮政普遍服务》标准于 2017 年 3 月 1 日起实施。

（一）邮政设施

1. 提供邮政普遍服务的邮政营业场所设置要求

（1）提供邮政普遍服务的邮政营业场所的设置应至少满足下列条件。

- 北京市城区主要人口聚居区平均 1 千米服务半径或 1 万～2 万服务人口。
- 其他直辖市、省会城市城区主要人口聚居区平均 1～1.5 千米服务半径或 3 万～5 万服务人口。
- 其他地级城市城区主要人口聚居区平均 1.5～2 千米服务半径或 1.5 万～3 万服务人口。
- 县级城市城区主要人口聚居区平均 2～5 千米服务半径或 2 万服务人口。
- 乡、镇人民政府所在地和乡、镇其他地区主要人口聚居区平均 5～10 千米服务半径或 1 万～2 万服务人口。
- 交通不便的边远地区，应按照国务院邮政管理部门的规定执行。

（2）乡、镇人民政府所在地应至少设置 1 个提供邮政普遍服务的邮政营业场所。

（3）较大的车站、机场、港口、高等院校和宾馆，应设置提供邮政普遍服务的邮政营业场所。相关单位应在场地、设备和人员等方面提供便利和必要的支持。

2. 提供邮政普遍服务的邮政营业场所服务设施要求

（1）营业场所应公示名称、所在区域邮政编码、每周的营业日和每天的营业时间，并按公示的时间营业。

（2）营业场所应公示或者以其他方式公布其服务种类、资费标准、邮件和汇款的时限标准、查询及损失赔偿办法、禁止寄递或者限制寄递物品的规定。

（3）营业场所内应在明显位置公示用户对其服务质量的投诉、申诉渠道及联系方式。

（4）营业场所内应免费为用户提供邮政编码查询服务。

（5）营业场所内应提供便民服务设施及用品用具。

（6）营业场所内应布局合理，指示清晰，环境整洁。

（二）服务时限

1. 营业时间

（1）城市主城区每周营业时间不应少于 6 天，每天营业时间不应少于 8 小时；城乡结合区每周营业时间不应少于 6 天，每天营业时间不应少于 6 小时。

（2）乡、镇人民政府所在地每周营业时间不应少于5天，每天营业时间不应少于6小时。

（3）乡、镇其他地区每周营业时间不应少于3天，每天营业时间不应少于4小时。

（4）车站、机场、港口、高等院校、繁华地区等人流量大的区域，应根据实际情况合理安排营业时间。

（5）交通不便的边远地区，应按照国务院邮政管理部门的规定执行。

（6）遇国家法定节假日和省级人民政府规定的节假日，提供邮政普遍服务的邮政营业场所可根据实际用邮需求，适当调整营业时间，调整后的营业时间应提前3日对外公布，并按公布的时间对外营业。

2. 开取信筒（箱）次数

邮政企业应在信筒（箱）上标明开取次数和时间，并按时打开信筒（箱），收取信件。开取信筒（箱）次数应满足下列要求。

（1）城市每天不应少于1次。

（2）乡、镇人民政府所在地每周不应少于5天，每天不应少于1次。

（3）乡、镇其他地区每周不应少于3天，每天不应少于1次。

（4）交通不便的边远地区可按当地的投递频次开取信筒（箱）。

3. 邮件全程时限

（1）信件全程时限

信件全程时限应满足下列要求。

- 同一城市城区内次日送达的比例不低于70%，且2天内送达的比例不低于90%；直辖市城区寄往远郊区县城区2天内送达的比例不低于80%，且3天内送达的比例不低于95%。
- 省内3天内送达的比例不低于70%，且5天内送达的比例不低于95%。
- 直辖市、省会城市间4天内送达的比例不低于70%，且6天内送达的比例不低于95%。
- 省际地级以上城市间5天内送达的比例不低于70%，且7天内送达的比例不低于95%。
- 省际其他地区间6天内送达的比例不低于70%，且8天内送达的比例不低于95%。

（2）印刷品、包裹全程时限

印刷品、包裹全程时限应满足下列要求。

- 同一城市城区内次日送达的比例不低于70%，且2天内送达的比例不低于90%；直辖市城区寄往远郊区县城区2天内送达的比例不低于80%，且3天内送达的比例不低于95%。
- 省内3天内送达的比例不低于70%，且5天内送达的比例不低于95%。
- 直辖市、省会城市间5天内送达的比例不低于70%，且7天内送达的比例不低于95%。
- 省际地级以上城市间6天内送达的比例不低于70%，且8天内送达的比例不低于95%。
- 省际其他地区间7天内送达的比例不低于70%，且9天内送达的比例不低于95%。

（3）邮政汇兑时限

地址汇兑的时限应满足下列要求。

- 邮政汇兑全国联网网点，应在收汇3天内将取款通知单投递用户。
- 邮政汇兑非全国联网网点，应在收汇10天内将取款通知单投递用户。
- 邮政企业应在收款人收到汇款通知之日起60天内，为用户兑付汇款。

交通不便的边远地区的邮件全程时限，应按照国务院邮政管理部门的规定执行。国际及台港澳邮件在国内部分的寄递时限，应按照国内邮件时限标准执行。

实践项目

项目一　实地调研

1．项目目标：通过前往邮政营业网点实地调研，熟悉和掌握邮政企业开办的业务种类、各类业务的准寄范围、禁限寄规定、资费标准等，了解邮政营业服务标准和服务用语的使用，提升学生对邮政服务的认知水平。

2．项目内容：组织学生到当地邮政营业网点调研邮政业务开办情况、邮政业务基本规定、邮政营业服务标准等。

3．项目实施及要求：（1）教师需提前与邮政营业网点负责人联系，安排1～2名现场人员进行教学。（2）教师要求学生提前熟悉本章重点内容，5～6个学生为一组，以小组为单位列出调研提纲。学生在参观学习期间，要遵守企业生产安全规定，听从安排，多思考，并做好笔记。（3）实地调研后，每组学生撰写一份实践报告。

项目二　认识邮政业务单式

1．项目目标：增强学生对各类邮政业务单式的认知，让学生了解和熟悉函件、包裹、特快专递邮件业务单式的填写，为后续进行各类业务的收寄操作打下基础。

2．项目内容：（1）认识和填写国内挂号信函和国内挂号印刷品收据。（2）认识国内普通包裹和国内快递包裹详情单，认识和填写邮件交寄单。（3）认识和填写国内特快专递详情单。

3．项目实施及要求：（1）教师提前为每个学生准备一份所需要认识的办理各类业务的邮件单式。（2）任课教师带领学生逐一认识邮政业务单式，并指导学生以用户身份完整填写邮件交寄单、国内特快专递详情单需要用户填写的部分。（3）任课教师请两个学生互换单式，让学生以营业人员身份填写完整办理收寄业务后的各类邮件单式。

拓展知识

初心如磐　使命必达

知识巩固

1．单选题

（1）下列属于邮政普遍服务业务的是（　　　）。

A．机要通信业务　　　　　　　　　B．包裹（10kg以下）业务

C．印刷品（10kg以下）业务　　　　D．盲人读物寄递

（2）通过邮政企业寄递的信件、包裹、汇款通知、报刊和其他印刷品等的总称是（　　　）。

  A．函件   B．包件   C．邮件   D．邮政业务

（3）下列选项中，不能按印刷品交寄的是（　　　）。

  A．期刊   B．身份证   C．报纸   D．教材

（4）下列关于约投挂号信函的说法错误的是（　　　）。

  A．实行挂号寄递   B．实行全网优先处理

  C．实行电话预约   D．实行收件人到约定地点领取

（5）邮寄烟叶每次以（　　　）为限。

  A．5kg   B．10kg   C．15kg   D．20kg

2. 多选题

（1）下列不属于邮政商业性服务业务的有（　　　）。

  A．机要通信业务   B．信件业务

  C．集邮业务   D．盲人读物寄递

（2）邮件按邮政企业所承担的赔偿责任，可以分为（　　　）。

  A．平常邮件 B．给据邮件 C．保价邮件 D．非保价邮件

（3）下列选项中，属于禁寄物品的有（　　　）。

  A．动物器官   B．酒精

  C．烟叶   D．经硝制的兽皮

（4）邮资凭证包括（　　　）。

  A．邮票   B．印在邮资信封上的邮资图案

  C．邮资机打印的邮资符志 D．义务兵免费戳记

（5）下列属于特准免费寄递邮件的有（　　　）。

  A．烈士遗物   B．按平常函件寄递的盲人读物

  C．邮政公事邮件   D．银行对账单

3. 判断题

（　　　）（1）邮政企业对保价邮件的丢失、损毁、内件短少承担相应赔偿责任。

（　　　）（2）一把钥匙可以在挂号信函中寄递。

（　　　）（3）以现役义务兵从部队发寄私人通信内容的国内平常信函可以免费寄递。

（　　　）（4）外国邮票可以在国内交寄邮件时使用。

（　　　）（5）函件和包裹都采用均一资费制。

4. 简答题

（1）邮政专用品有哪些？

（2）邮件容器的管理标准——"四有四无"指什么？

第三章

邮政业务运营基础

学习目标

【知识目标】

1. 掌握邮政网的含义和组成要素；
2. 了解邮政网体制的演变阶段；
3. 了解邮件作业模式的变化；
4. 了解新一代营业渠道系统的结构和总体业务流程；
5. 掌握邮政技术设备的分类。

【能力目标】

1. 能熟悉邮政的作业环节，并从全程全网视角认识邮政网路布局的科学性与合理性；
2. 能有效地认识信息系统是如何为生产实际服务的；
3. 能正确认识常用的设施设备的自动化、流水化水平。

【素养目标】

1. 培养学生着眼全局，能牺牲局部利益或个人利益的主观意识；
2. 培养学生的创新意识，让学生在工作中能突破常规思维提出与众不同的解决方案。

情境引入

邮政是一个历史悠久的行业，自古以来，一直是国之命脉，承担着信息传达、货运中转传送的功能。从烽火报信到无人机投递，科技促进了这个古老行业的发展。中国邮政有着一个极其庞大、无所不至、相互交织、规章一致、标准统一的实物传递网，拥有一个由汽车、飞机、火车等不同运输工具组成的庞大的干线运输网和品牌统一的营业网点、投递网点，还拥有一个全方位的信息接入平台和信息处理系统。

近年来，按照"建设世界一流邮政企业"的要求，邮政实物运递网在承担普遍服务义务的基础上，以建设"世界一流、国内领先的陆运网"为总目标，不断优化调整网络结构、提升网络能力，打造覆盖全国、遍及城乡、速度更快、品质更高，拥有先进信息传输平台的实物传递网络。

同学们，你对邮政网有哪些了解？你知道现行邮政网的组成要素吗？带着这些问题，我们开始本章的学习。

思维导图

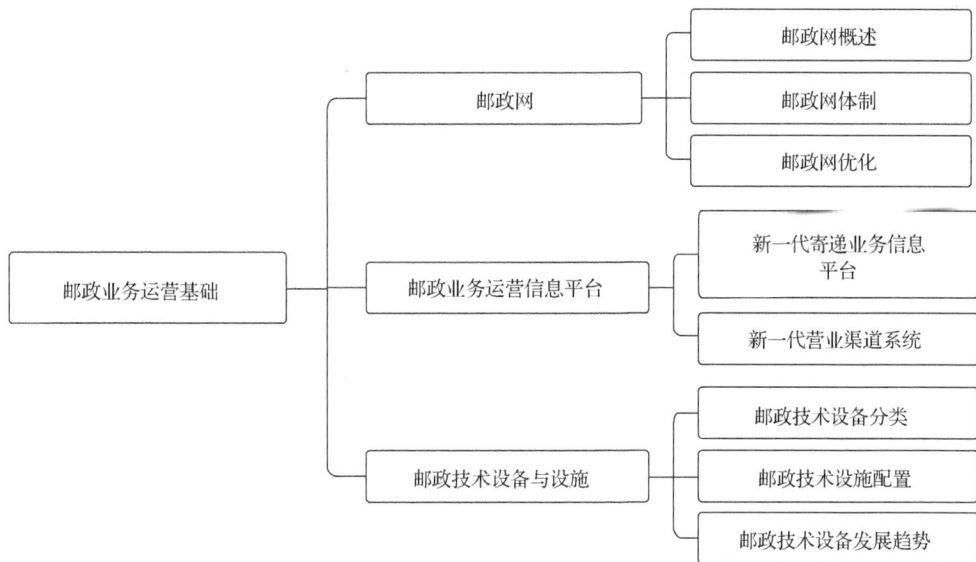

第一节　邮政网

一、邮政网概述

多年来，邮政部门依靠科技进步发展邮政事业，推动邮政网的技术水平和通信能力逐步提升。中华人民共和国成立前，全国仅有邮政局所 26328 处，不少地区的邮件只能靠马运人扛，效率十分低下。随着邮政事业的不断发展，截至 2020 年年底，中国邮政拥有线下自营服务网点 5.4 万个，其中，纯邮政网点为 2.6 万个，农村综合网点为 18952 个，城市综合网点为 8630 个，金融自营及代理金融网点为 11060 个，除此之外，还拥有报刊亭 2.3 万个，揽投及大宗收寄点 77721 个，加盟、合作邮乐购站点 57 万个，邮政网络已覆盖几乎所有城乡区域。

（一）邮政网基础知识

众所周知，邮件的寄递完全依赖于邮政网，邮政网实际上是保障邮政通信任务得以完成的一个完整的系统，包括物理层、业务层、控制层，并以物理层为基础，在业务层的规范下，使邮件得以迅速有序的传递。控制层起监督、控制和协调的作用，保证全网的畅通。但我们平常所说的邮政网，更多的是指其物理层，本书仅就此部分进行重点讨论。

根据生产实际，邮件在邮政网中的处理流程如图 3-1 所示。

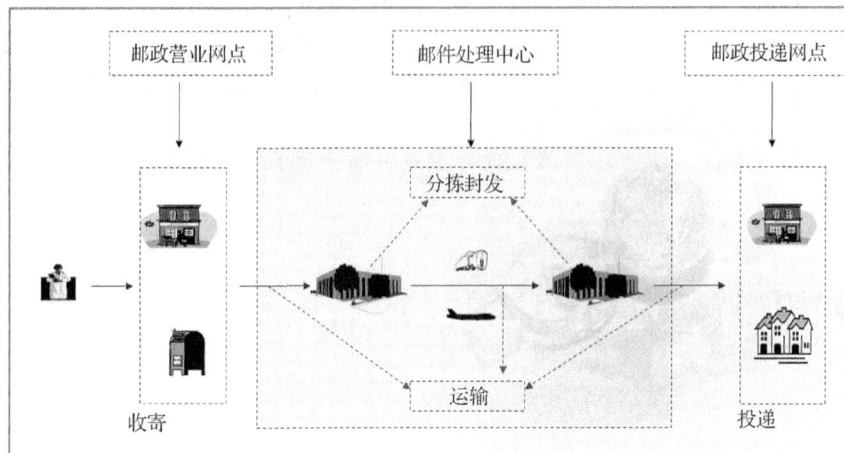

图 3-1　邮件在邮政网中的处理流程

根据上述处理流程可以看到，邮件从客户交寄开始，经过收寄、分拣封发（包括出口、进口）、运输、投递 4 个环节，才能到达收件人手中。其中，各环节紧密连接，上下节点之间相互依赖，点线结合，构成了支撑邮件寄递业务的邮政网。所以，邮政网是由邮政营业（揽收）网点、投递网点及其设施、邮件处理中心，通过邮路（含邮运工具），按照一定的原则和方式组织起来，在控制系统的作用下，遵循一定运行规则完成邮件传递的网路系统。

（二）邮政网组成要素

邮政网由收寄端、邮件处理中心、投递端和邮路组成。

1. 收寄端

收寄端是指分布在全国各地经营邮政业务的邮政营业网点和揽收网点，包括邮政支局、邮政所、邮政代办所、邮政快递揽收网点、流动服务点和邮政信筒（箱）等。收寄端是邮政网的始端，是各类邮件进网的入口。收寄端面向社会，直接接触用户，在接受了寄件人的委托后，邮件即开始了在邮政网内的传递过程。

2. 邮件处理中心

邮件处理中心是邮政网的节点，位于邮路的交汇处，是邮件的集散和经转枢纽。它承担着邮件进出口的分拣封发任务，不同类别的邮件处理中心承担着不同范围的进、出、转口邮件的处理任务。

3. 投递端

投递端是邮政网的末端，是指各投递网点通过投递人员送达的各类邮件的接收点。邮政网通过投递端联系收件人，最终完成邮件的传递任务。投递端包括个人住户、单位收发室、邮政专用信箱、用户信报箱（群）、智能信包箱、智能包裹柜以及一些具有投递功能的委办机构、居民委员会、村邮站、邮乐购站点、加盟代投点等。

4. 邮路

邮路是利用运邮工具或人力，按规定途径、班期在邮政网络节点之间运输邮件的路线。构成邮路的基本要素有运邮工具，运邮工具行驶的线路及沿线邮件交换单位，单位周期内运邮工具计划运行的次数，运行时间及里程等。

（三）邮路分类

古代邮驿有驿道，邮件运输靠人力和车马。近代邮政的邮路是根据交通邮路进行规划的，邮件运输主要靠火车、汽车、飞机和轮船等。1830 年英国首先利用铁路运输邮件，1903 年德国开始用汽车运输邮件，1918 年伦敦和巴黎间开始有定期邮政航班飞行。1920 年，中国也开始使用飞机运输邮件。新中国成立后，长途邮件运输主要依靠火车，短途邮件运输主要依靠汽车。改革开放后，邮件业务量逐年增加，特别是 20 世纪 90 年代后，随着快递邮件业务量的迅猛增长，单纯依靠民航部门的飞机运输快递邮件已经远远不能满足快递业务发展的需要。因此，1994 年邮电部邮政总局决定成立中国邮政航空有限责任公司，开启了我国利用自办的航空邮路进行快递邮件运输的新篇章。各种邮路相互贯通组成邮政运输系统，完成运输邮件的任务。

1. 按邮路管理权限划分

按邮路管理权限划分，邮路可以分为一级干线邮路、二级干线邮路、邮区内邮路。

（1）一级干线邮路。

一级干线邮路指省际各级邮政网络节点之间的邮路以及中国邮政集团有限公司指定承担全网邮件运输的邮路。

（2）二级干线邮路。

二级干线邮路指省内跨地市区域之间的邮路。

（3）邮区内邮路。

邮区内邮路指在本邮区内，除一、二级干线邮路外的盘驳邮路、市内转趟邮路、支线邮路和农村邮路等。

① 盘驳邮路。

邮件处理中心、车站、机场、码头等邮件处理节点之间的邮路。

② 市内转趟邮路。

邮件处理中心与其所在城市城区内邮政营业网点、揽投机构之间的邮路。

③ 支线邮路。

本地邮件处理中心与邮区内县级邮政分公司之间以及邮区内县级邮政分公司之间的邮路。

④ 农村邮路。

- 邮件处理中心与本邮区内县以下邮政营业网点、揽投机构之间的邮路。
- 地县级邮政分公司与所属县以下邮政营业网点、揽投机构之间的邮路。
- 县以下邮政营业网点和揽投机构之间的邮路。
- 县以下邮政营业网点、揽投机构与车站、码头或公路旁固定邮件交接点等之间的邮路。

中国邮政集团有限公司（以下简称"集团公司"）负责一级干线邮路、各省负责本省二级干线及邮区内邮路的组开、撤销、调整等管理。邮路基础信息及运行计划调整由集团公司和各省在信息系统中进行维护。

2. 按经营性质划分

按经营性质划分，邮路可以分为自办邮路和委办邮路。自办邮路是指邮政部门自备或租用运输工具，自行办理邮政运输业务所形成的运输邮件的邮路。委办邮路是指邮政部门与其他部门或个人签订合同并使用他们的运输工具及委托其将邮件运至某地邮局所形成的邮路。

3. 按运输工具划分

按运输工具划分，邮路可以分为汽车邮路、火车邮路、航空邮路和其他辅助邮路。

汽车邮路是指利用汽车运输邮件的邮路，包括由邮政部门自办的汽车邮路和委托交通运输部门代运的委办汽车邮路，有甩挂（厢）运输和通过分体厢式车运输两种运输方式。

火车邮路是利用火车运输邮件的邮路，有自备车运输（将邮政自备的火车邮厢挂在客运列车上）、高铁运输、租用铁路行李车和行邮（包）专列运输等运输方式。

航空邮路是指利用飞机运输邮件的邮路，分为利用民航部门的飞机运输邮件的委办航空邮路和利用中国邮政航空有限公司的飞机运输邮件的自办航空邮路。

其他辅助邮路如下。

水运邮路是利用机动船或非机动水上运输工具运输邮件的邮路。

摩托车及其他机动车邮路是指利用摩托车或机动脚踏两用车以及其他机动工具运输邮件的邮路。

旱班邮路指利用人力、自行车以及各种畜力推拉车运输邮件的邮路，包括步班邮路、自行车邮路、畜力班邮路等。

（四）邮政网分类

邮政网按照其使用的运输工具不同还可以分为邮政陆运网和邮政航空网。

1. 邮政陆运网

邮政陆运网是以汽车和少量长途火车（包括高铁）（一般运输距离在 1500km 以上）为运输工具，通过一、二级干线邮路和支线邮路连接各邮件处理中心和地市、县组成的网路体系。

2. 邮政航空网

邮政航空网是以南京邮件集散中心为中心，以全国各邮政航空通运局为节点，通过中国邮政航空有限公司的飞机运送标准快递邮件的航空网路体系。目前，邮政航空网由集团公司寄递事业部管理，负责日常运行管理和指挥调度，以支撑标准快递为主。集团公司寄递事业部统一制定标准快递的全程运营标准，负责组织标准快递的处理、运输和投递。

二、邮政网体制

邮政网体制是指邮政网的组织体系和制度，是规范邮政网的一种机制。要保证分散在全国各作业点上的邮件能在邮政网上有序地传递，就必须有科学的、有效的组织体系和制度来协调它们之间的活动，使邮件在网上迅速、准确、安全、高效地传递。这种科学严密的邮政网组织体系和制度就是邮政网体制。邮政网体制对全网的结构和邮件运行方式都有重大的影响。

我国邮政网管理体制的演变大致经历了 3 个阶段：传统体制、指定转口局体制、邮区中心体制。

（一）传统体制

在 1986 年以前，我国邮件主要依赖公路、铁路等社会交通运输力量运输，没有自己的运输网路，邮件的运递路径完全取决于社会交通运输线路。所谓的邮政运输网是随着社会交通运输网的变化而形成的，属于自然网，邮件需要支局、县局、地市局和省会局等不同级别的邮政节点多次经转才能到达目的地，邮政网的分级也基本上按照行政区划进行分级，这个时期邮政网的管理体制称为传统体制。

（二）指定转口局体制

进入 20 世纪 80 年代中期以后，随着社会经济的发展，邮政开始经营商业包裹业务，其业务量突飞猛进，但乱封乱发、邮件丢失、邮件延误的现象时有出现。为了改进服务质量，邮电部邮政总局在邮件封发体制上推出并实施了指定转口局体制。自 1986 年开始，邮电部邮政总局选择了全国 255 个地理位置适中、交通便利、规模较大的局，划定这些局的经转范围，以此规范邮件的分拣封发关系，取得了明显的效果。255 个指定转口局为以后实行邮区中心体制奠定了良好的基础。

（三）邮区中心体制

进入 2000 年以后，随着中国交通运输条件的改善和邮件业务量的增长，实行邮区中心体制的条件日趋成熟。

邮区中心是负责邮件的进口、出口、转口处理和转运任务的邮政生产单位。实行邮区中心体制以后，原来由县（市）局分散进行的邮件内部处理工作相对集中到邮区中心，使邮区中心成为邮区内邮件的处理中心。在 2001 年，我国对邮政网管理体制进行了重大改革，实行省会邮区中心与省会市局分离，省会二级邮区中心成为省局直属的负责邮件封发和运输的邮政生产单位。非省会二级邮区中心由所在地邮政局直接管理，设立相对独立的生产单位，在财务上实行单独列账、单独核算。

邮区中心体制是邮政网发展到高级阶段的产物。邮区中心体制是以邮区中心为基本封发单元和网络组织的基本节点，在此基础上组成分层次的邮政网，是用以传递邮件的一种邮政通信制度和方式。截至 2020 年年底，全国共设有 7 个一级邮区中心，24 个省会二级邮区中心，54 个地市二级邮区中心，还有其他 249 个地市设有本地网路运营中心。

1. 邮区中心体制的特点

（1）在全国划分邮区并编码，在邮区内设邮区中心。

（2）以邮区中心为基本封发单元和网络组织中心，组成全国、省和邮区三级邮政网。

（3）在三级邮政网中，各邮区中心之间由全国干线和省内干线邮路沟通。邮区内通信，由邮区中心通过支线邮路直接向本邮区各收、投点运邮或本邮区内县（市）局接力运邮，使邮区中心成为邮件的集散中心。

（4）有一套与网络体制相适应的管理体系和运行机制，以保证全网的有效运行。

2. 邮区的划分

邮区是指邮区中心集散邮件的范围。邮区划分是指确定邮区的数目和划定邮区的范围。只有认真分析影响邮区划分的主要因素，才能科学地、合理地确定邮区的数目并适当地确定邮区的范围。

影响邮区划分的主要因素如下。

（1）国土面积

邮区的划分必须和国土面积相适应。一般来说国土面积越大，邮区的数目相对就越多。

（2）地理环境

由于我国各地的地理环境相差很大，高山、高原、山地、河流、湖泊等自然地貌众多，邮区的划分必然要受上述条件的影响，同一邮区要尽量避免横跨大的山脉、江河、湖泊。

（3）人口密度

人口密度的大小影响着邮政业务量的大小。我国各地人口密度相差很大，在人口密度较大的东部地区，邮政业务量较大，因此邮区的范围可以相应地小一些。而在人口密度小的西部地区，由于人口稀少、邮件传递空间距离长，所以邮区的范围相对较大。

（4）交通条件

由于邮政通信是实物传递，离不开交通运输，与邮路的规划与交通条件更是息息相关，因此邮区的划分也应和当地的交通条件相适应。交通条件好的地方，邮区的范围可以大一些，交通条件差的地区，邮区的范围可以小一些，以确保邮区内邮件的传递时限。

（5）邮件传递规律

邮件在邮政网中的传递具有客观规律。一般来说，发达地区的邮件交换量大于欠发达地区的邮件交换量，大城市间的邮件交换量大于小城市间的邮件交换量，城市间的邮件交换量大于农村乡镇间的邮件交换量。邮区的划分应符合这一规律，即以城市为中心和依托，恰当地确定邮区的范围，尽可能将邮件交换量大的地区划入同一邮区，以减少邮件的经转次数，加快邮件的传递速度。

（6）行政区划

通常属于同一行政区划范围内的地区，物资、信息、商品流通较频繁，邮件交换量较大。所以，邮区划分应尽可能和行政区划相配合，满足行政区划上下隶属单位通信联系的需要。一般情况下，邮区划分要保持县级行政区域的完整性，即不能把一个县划到两个不同的邮区。

3. 邮区中心的基本功能

邮区中心是全网的基本封发单元，同时，各级邮路也是以邮区中心为中心来组织的，因此，邮区中心既是全网的基本封发单元，又是邮件处理中心和运输中心。邮区中心的基本功能如下。

（1）负责分拣封发和经转邮区内各地市、县集中到邮区中心的进、出口邮件。

（2）负责其他邮区中心发来邮件的处理和经转。

（3）负责检查邮区内各邮政局所出口邮件的规格和质量。

（4）负责组织和管理连通邮区中心与邮区内各邮政局所的邮路，并承担邮区内的邮件运输任务。

三、邮政网优化

在快递包裹业务开办之前，各级邮区中心以处理信函、印刷品、报刊和普通包裹等邮件为主，处理的快递包裹邮件数量少。快递包裹业务开办后，通过将快递包裹邮件处理工作叠加在以处理普通邮件为主的邮区中心，加大投资配备相应工艺设备，邮件处理能力和自动化水平在短期内有了质的提升，邮件处理效率和效益持续提升，有力支撑了快递包裹业务高速增长。

（一）邮政网存在的问题

当前，随着市场竞争环境的日趋激烈、寄递业务业务量的不断攀升（如 2020 年上半年日均处理量已达 4750 万件），邮政网存在着以下几方面亟待解决的突出问题。

（1）网络组织层级较多，存在"邮区中心+地市中心+县中心"三级架构，网络扁平化水平与竞争对手存在一定差距。

（2）普遍以行政区划组网，尤其是省内以行政区划组网的情况更为突出，影响邮件就近入网和缩短时限。

（3）过度依赖省会邮区中心，核心节点旺季生产压力过大，造成局部拥堵，影响时限的稳定性。

（4）网运管控职责不清晰，省际网、省内网、同城网、揽投网、农村物流网的规划缺乏有效协同，全网管控能力弱，执行力不强，集团层面、各省层面及相互之间的职责划分不够清晰，计划管控与动态调度尚未形成有效分工。

（二）邮政网的优化

目前，邮件处理采用集包作业模式。集包作业模式是指收寄端将一个路向的多个邮件形成一个集包总包，在处理中心按一个邮件进行出口（经转）处理，到了寄达地的处理中心再进行开拆分拣作业。基于此模式，邮政网已打破了传统的"邮区中心—地市中心—县中心"的架构，实现了压缩层级、直分直发、多点集散，主要表现如下：构建新的架构，以"业务量"为中心，打造"省际中心+本地中心"两级网络，弱化行政层级；采用新的模式，建立"省际总包分拨+本地分拣集包"的处理模式，"够量直达+尾量汇集"的运输模式，"分拨+处理+仓储"的生态模式；规划新的布局，重新设置省际中心和本地中心的选点；按邮件经转范围构建"省际分拨+本地分拣"的两级寄递网络，分为省际网和省内网。总包经转层以省际中心为主体，邮件分拣层以本地中心为主体。

1. 省际中心

省际中心作为干线网的核心节点，构成省际骨干运输网，是省际出口尾量汇集的最后保障和省际进口邮件的中转点，主要承担以下功能。

（1）出口总包分拨和集包分拣。承担覆盖范围内本地中心已集邮件的总包分拨，本地中心未集包邮件的分拣和集包。

（2）进口总包分拨与散件分拣。承担对进口已集包到本省际中心的总包进行开拆，将内件与各类外走进口邮件一同分拣到本地中心（包括覆盖范围外就近集散的本地中心）；对已集包到本邮区所辖本地中心的总包一次分拨到位，对集包到本邮区外其他本地中心、省际中心的总包顺向分拨经转。

（3）干线运输。承担覆盖范围内各类邮件的省内、省际干线运输，对达到邮路组开标准的省际路向，组开省际干线运输邮件，不够量路向邮件向其他省际中心进行尾量汇集发运。

（4）仓储。根据业务发展需要，承担覆盖范围内邮件的仓储、配送。

原则上，省际中心的设置应同址叠加所在城市本地中心功能，以强化资源复用。为满足航空特快邮件与普遍服务邮件生产作业的需要，在全国（除港、澳、台）31个省会城市均设置省际中心，在部分西部省份及主要民航通航局酌情增设省际中心，并采取业技充分融合方式，引入智能规划模型，基于省际中心的功能定位和设置标准，以实现"全网时限、成本均衡最优"为原则，进行节点设置测算，确定全网需设置90个省际中心，全国（除港、澳、台）省际中心及其集散范围如表3-1所示。为充分支撑分仓配送新业态，省际中心生产场地具备条件的，还应建设同址仓。

表 3-1　　　　　　　　　全国（除港、澳、台）省际中心及其集散范围

序号	省份	省际中心	集散范围
1	北京	北京	北京、廊坊*（大厂回族自治县、三河市、香河县）
2	天津	天津	天津
3	河北	石家庄	石家庄、邢台（宁晋县）、保定（定州市）
4	河北	保定	保定、雄安
5	河北	唐山	唐山、承德、秦皇岛
6	河北	廊坊	廊坊、张家口
7	河北	邢台	邢台、邯郸
8	河北	沧州	沧州、衡水、廊坊（大城县）
9	山西	太原	太原、晋中、吕梁、朔州、大同、忻州、阳泉、长治（沁源县、沁县、武乡县）、榆林*（吴堡县、府谷县）
10	山西	侯马	侯马、临汾、运城、长治
11	内蒙古	呼和浩特	呼和浩特、乌兰察布、锡林郭勒、巴彦淖尔
12	内蒙古	包头	包头、鄂尔多斯
13	辽宁	沈阳	沈阳、本溪、丹东、抚顺、辽阳、鞍山、铁岭、营口、通辽*、通化*、白山*
14	辽宁	锦州	锦州、阜新、葫芦岛、朝阳、盘锦、赤峰*
15	辽宁	大连	大连
16	吉林	长春	长春、白城、辽源、四平、松原、吉林、延边、兴安盟*
17	黑龙江	哈尔滨	哈尔滨、大兴安岭、大庆、黑河、伊春、鸡西、牡丹江、齐齐哈尔、绥化、呼伦贝尔*
18	黑龙江	佳木斯	佳木斯、双鸭山、鹤岗、七台河、哈尔滨（依兰县）
19	上海	上海东	上海东、舟山*（嵊泗县）
20	上海	上海西	上海西
21	江苏	南京	南京、镇江、扬州（仪征市）、滁州*（来安县、琅琊区、南谯区、全椒县、天长市）、马鞍山*
22	江苏	常州	常州
23	江苏	淮安	淮安、连云港、宿迁（泗阳县、泗洪县）、扬州（宝应县）
24	江苏	宿迁	宿迁
25	江苏	南通	南通
26	江苏	苏州	苏州
27	江苏	无锡	无锡、泰州、苏州（张家港市）
28	江苏	徐州	徐州、淮北*、宿州*（砀山县、萧县）
29	江苏	盐城	盐城

续表

序号	省份	省际中心	集散范围
30	江苏	扬州	扬州
31	浙江	杭州	杭州、绍兴、湖州（德清县）
32	浙江	湖州	湖州
33	浙江	嘉兴	嘉兴
34	浙江	金华	金华、丽水、衢州
35	浙江	宁波	宁波、舟山
36	浙江	台州	台州
37	浙江	温州	温州、丽水（青田县）
38	浙江	义乌	义乌、金华（浦江县、磐安县、东阳市）
39	安徽	合肥	合肥、六安、淮南、黄山、滁州（定远县）
40	安徽	安庆	安庆、池州（东至县）、铜陵（枞阳县）
41	安徽	蚌埠	蚌埠、阜阳、宿州（埇桥区、泗县、灵璧县）、滁州（凤阳县、明光市）、亳州（利辛县、蒙城县、涡阳县）
42	安徽	芜湖	芜湖、宣城、铜陵、池州
43	福建	福州	福州、南平、宁德、三明、莆田
44	福建	泉州	泉州
45	福建	厦门	厦门、龙岩、漳州
46	江西	南昌	南昌、吉安、九江、抚州、萍乡、新余、宜春
47	江西	鹰潭	鹰潭、上饶、景德镇
48	江西	赣州	赣州
49	山东	济南	济南、德州、滨州、聊城、泰安、淄博
50	山东	济宁	济宁、菏泽、泰安（东平县、宁阳县）
51	山东	临沂	临沂、枣庄、济宁（微山县）
52	山东	青岛	青岛、日照、潍坊（高密市、诸城市）、烟台（海阳市、莱阳市）、临沂（莒南县、沂南县、沂水县）
53	山东	潍坊	潍坊、东营、烟台（莱州市）
54	山东	烟台	烟台、威海
55	河南	郑州	郑州、鹤壁、开封、濮阳、新乡、安阳、许昌（禹州市、长葛市）、晋城*
56	河南	洛阳	洛阳、焦作、三门峡、济源
57	河南	漯河	漯河、平顶山、许昌、周口、驻马店、信阳、南阳
58	河南	商丘	商丘、周口（鹿邑县）、亳州*（谯城区）
59	湖北	武汉	武汉、黄冈、黄石、鄂州、咸宁、孝感、天门、仙桃、潜江
60	湖北	荆州	荆州、荆门、恩施、宜昌
61	湖北	襄阳	襄阳、随州、十堰、神农架
62	湖南	长沙	长沙、湘潭、益阳、岳阳、株洲、娄底
63	湖南	常德	常德、湘西、张家界、益阳（南县）、岳阳（华容县）、怀化（沅陵县）
64	湖南	衡阳	衡阳、郴州、邵阳、永州、怀化

续表

序号	省份	省际中心	集散范围
65	广东	广州	广州、清远、韶关、河源、惠州、汕尾、梧州*
66	广东	东莞	东莞
67	广东	深圳	深圳
68	广东	湛江	湛江、茂名
69	广东	中山	中山、阳江、江门、珠海
70	广东	揭阳	揭阳、梅州、汕头、潮州
71	广东	佛山	佛山、肇庆、云浮
72	广西	南宁	南宁、北海、崇左、防城港、贵港、百色、钦州、玉林、河池（凤山县、巴马瑶族自治县、都安瑶族自治县、大化瑶族自治县）
73	广西	柳州	柳州、贺州、来宾、桂林、河池、梧州（蒙山县）
74	海南	海口	海口、三沙、三亚
75	重庆	重庆	重庆
76	四川	成都	成都、绵阳、广元、阿坝、德阳、甘孜、凉山、眉山、雅安、资阳、乐山、攀枝花、昌都*
77	四川	南充	南充、达州、广安、巴中、遂宁
78	四川	内江	内江、泸州、宜宾、自贡、昭通*（水富市）
79	贵州	贵阳	贵阳、毕节、安顺、六盘水、黔东南、黔南、黔西南、铜仁、遵义
80	云南	昆明	昆明、红河、楚雄、临沧、普洱、曲靖、文山、西双版纳、玉溪、昭通
81	云南	大理	大理、保山、德宏、迪庆、丽江、怒江
82	西藏	拉萨	拉萨、阿里、林芝、那曲、日喀则、山南
83	陕西	西安	西安、汉中、商洛、铜川、渭南、安康、咸阳、延安、榆林
84	陕西	宝鸡	宝鸡、庆阳*、陇南*、平凉*、天水*、甘南*（舟曲县）
85	甘肃	兰州	兰州、定西、甘南、金昌、白银、临夏、武威、张掖、酒泉、嘉峪关、吐鲁番*、哈密*
86	青海	西宁	西宁、海北、海东、海南、海西、黄南、果洛、玉树
87	宁夏	银川	银川、固原、石嘴山、吴忠、中卫、乌海*、阿拉善*
88	新疆	乌鲁木齐	乌鲁木齐、巴州、博州、昌吉、克拉玛依、塔城、阿勒泰、伊犁、奎屯、石河子、阿克苏（库车市、沙雅县、新和县）
89	新疆	阿克苏	阿克苏、和田、喀什（泽普县、莎车县、叶城县、麦盖提县、巴楚县）、克州（阿合奇县）
90	新疆	喀什	喀什、克州

注：标注*的为打破行政区划，跨省集散地市。

2. 本地中心

本地中心是本地网的基本节点，能快速衔接干线网。

本地中心对覆盖范围内进出口邮件主要承担以下四大功能。

（1）出口集包和分拣。承担覆盖范围内收寄前端未集包邮件的集包分拣、大件（重件、异形件）的散件处理。

（2）进口分拣。承担将进口各类邮件分拣到揽投部和县乡。

（3）本地运输。承担覆盖范围内进出口各类邮件的本地运输。

（4）干线运输。承担覆盖范围内出口达到邮路组开标准的省际路向运输，对不够量路向邮件，按时限最优原则，灵活汇集至顺向省际中心发运。

本地中心以地市、县为基本单元，按业务量打破行政区划设置。对单个地市（县）未达到设置标准的，可打破行政区划合并设立本地中心。基于省际中心覆盖范围，应用智能模型辅助本地中心设置规划。对部分地市、县进行合并设置本地中心，压缩网络层级，减少邮件分拣次数，并对未设置本地中心的市级、县级生产场地因地制宜保留信函、报刊等普邮分拣功能，使场地功能由"分拣处理"向"总包中转+普邮处理"转变。

3. 网络架构

（1）省际网

省际网实施扁平化网络组织改革，打破行政区划、淡化行政级别，实行"够量直达+尾量集运"，构建省际"网状+星状"的复合型网路。

① 够量直达运输

省际运输突破省际中心、本地中心层级限制，各级节点够量直达、应开尽开，无法单点直达的，推行"一装两卸+两装一卸"串行模式，即在一个处理中心装载位于串行邮路上的两地邮件，在两地分别卸载，或者将串行邮路上不够量但发往同一地方的邮件，在两地分别装车，在目的地卸载，从而提高车辆装载率，降低运行成本。各省之间（西部偏远省份除外），原则上全部开通多频次直达邮路，构成容量大、时限稳的省际骨干网状网。

② 尾量汇集发运

本地中心、省际中心自身不能直达运输的邮件，以时限最优为原则，顺向汇集到其他省际中心集中发运。存在尾量汇集关系的本地中心、省际中心之间，必须组织多频次衔接邮路，保证尾量邮件当频次"发光赶净"。

（2）省内网

① 省内运输组织

省际中心对本邮区所辖本地中心，组开上下行直达邮路，每日不少于两个运输频次（个别偏远省份除外）。

省际中心对邮区外其他本地中心，以全程时限最优、顺向快速衔转为原则，按需组开跨邮区直达邮路。

② 本地网组织

以本地中心为节点，本地中心对覆盖范围内的城区揽投部、业务量大的县乡网点、重点乡镇组开上下行衔接邮路，组成星状集散网。

第二节　邮政业务运营信息平台

一、新一代寄递业务信息平台

（一）平台建设背景

中国邮政作为中国物流行业中的百年老店，正处于转型发展阶段。在"互联网+"的背景下，邮政要实现传统业务的发展更加需要转变思维和经营理念，适应新时期寄递市场的需求，满足客户个性化的服务需求。新一代寄递业务信息平台的建设，目的是以优化客户服务与体验为核心，面向邮件全周期，实现对电商类寄递业务、快递类寄递业务、跨境电商业务模式及传统寄递类业务模式的全面支撑。新一代寄递业务信息平台是新时代集团公司在信息化建设上的里程碑，充分体现了中国邮政的新作为和新担当。

新一代寄递业务信息平台是一套完整的寄递业务解决方案，具备迅速、安全、准确、方便等优势，秉承"以客户为中心"的理念，利用移动互联网、大数据、云计算、物联网等先进信息技术，开展全渠道寄递服务和一体化运营支持服务。

（二）平台功能

新一代寄递业务信息平台系统涵盖揽收、投递、处理中心、运输等 30 个子系统，1160 个功能模块，覆盖国内标准快递、快递包裹、普通包裹、函件、报刊、国际等邮政寄递类全产品；覆盖代收货款、一票多件、返单等增值业务服务；覆盖订单受理、上门揽收、收寄、分拣、运输、投递、仓储等业务全环节；覆盖渠道接入、客户服务、生产运营、生产管理及统计、生产财务管理等寄递类全业务功能。

（三）平台特点

1. 开放化

快速提供产品和服务，创新构建能不断提升服务能力的开放平台和寄递生态链。

2. 平台化

采用厚平台、薄应用的架构设计，支持多种业务模式、产品类型、组织层级。

3. 可视化

实现端到端无缝客户服务及体验，单个邮件全程可视、可预警、可干预和可进行质量控制，全网资源和运营状况可视化。

4. 自动化

运用信息技术、移动互联网技术、物联网技术自动化进行数据采集及业务判断，简化流程，提升效率，减少人工作业错误。

5. 智能化

基于实时运营状况的预警与预测大数据分析，辅助实现业务规划及风险防范。

二、新一代营业渠道系统

随着市场的发展和业务的变革，人工智能、生物识别、云计算、物联网等高端先进技术的发展，邮政的市场环境、经营理念、服务观念均发生了较大变化，邮政原有营业信息系统的业务功能及省集中的部署模式，统一使用 C/S（Client/Server，客户机和服务器）架构的字符终端方式、仅提供综合网的接入方式，逐渐暴露出缺陷和不足，这主要表现在以下几个方面。

（1）业务集中管控能力薄弱：数据省集中存放，稽核管理难度大、新业务开办烦琐复杂。

（2）客户服务能力薄弱：局限于营业网点现场服务，缺乏客户深度服务，如自助服务、多种支付服务等。

（3）渠道管控能力弱：大多邮政网点实现基本管控，但一些代办类网点缺乏有效管控。

（4）新技术应用能力薄弱：不能有效应用移动互联网、物联网、云平台等新技术促进业务发展。

为了充分发挥邮政营业及各类实体渠道对邮政企业战略规划的重要支撑作用、满足各类业务受理和数据统计分析的需要，以及支撑客户多元化的服务需求，中国邮政需要不断运用先进技术，改进服务手段、优化服务质量、提高服务效率，提高营业网点的效能，更好地服务客户。在此基础上，中国邮政将营业信息系统升级改造为新一代营业渠道系统。

新一代营业渠道系统建设工程于 2010 年 6 月正式启动，2012 年 11 月完成了全国（除港、澳、台）31 个省（自治区、直辖市）的推广上线工作。该系统主要采用省集中方式进行建设，功能包括寄递类业务处理、商品零售业务处理、大宗业务处理、内部生产作业、营业查验、营业管理等，并陆续和网运、投递、量收、邮资机等几十个系统完成互联互通。该系统的使用范围涵盖了全国 31 个省（自治区、直辖市）的 5 万多个邮政电子化网点。该系统满足了邮政营业生产全环节的信息化要求，对提高邮政管理水平，改善邮政客户服务质量，为各级管理部门的经营决策提供了有力的支持。

新一代营业渠道系统以智能化、综合型服务定位为基础，重新整合传统营业的业务办理和管理模式，依托邮政综合网、互联网，充分利用集团私有云平台和大数据、物联网、虚拟现实、人工智能、自助机具、机器人等技术和产品，以集中化、网络化为基础，以面向客户服务为目标，紧密联系中国邮政邮务类业务发展战略规划，集综合业务办理、智能客户服务、移动端服务、渠道管理、运行管控、经营分析于一体，实现邮务类业务的综合处理，为邮政企业保持较强的市场应变能力提供一个基础性平台。新一代营业渠道系统的结构如图 3-2 所示。

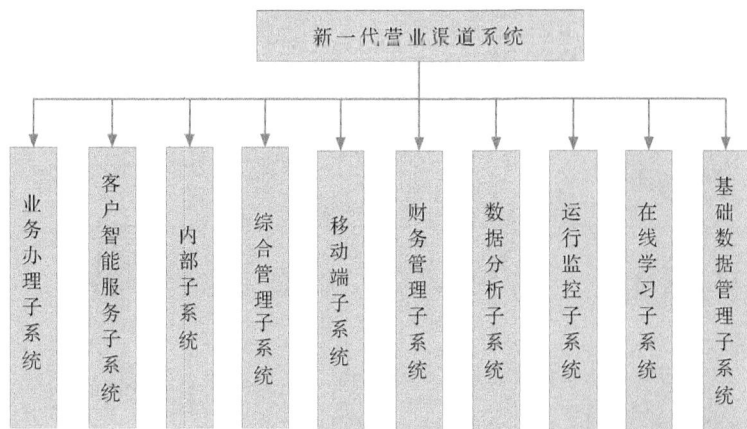

图 3-2　新一代营业渠道系统的结构

新一代营业渠道系统支持多种专业产品（收寄、报刊、商品、电商等业务）的协调处理和统一支付，总体业务流程如图 3-3 所示。

业务流程具体说明如下。

（1）采集客户用邮需求，不确认业务产品的通过业务产品推荐选择业务产品。

（2）确认业务产品的，采集客户信息，直接选择业务产品；客户信息可通过多种方式采集。

（3）支持同一个用邮客户切换使用不同专业产品，进行业务统一办理。

（4）业务受理遵循各专业业务处理流程进行办理。

（5）业务受理结束后支持统一支付结算，并生成发票。客户可选择不同的发票生成方式（电子发票和纸质发票）和打印方式（合并打印和逐份打印）。

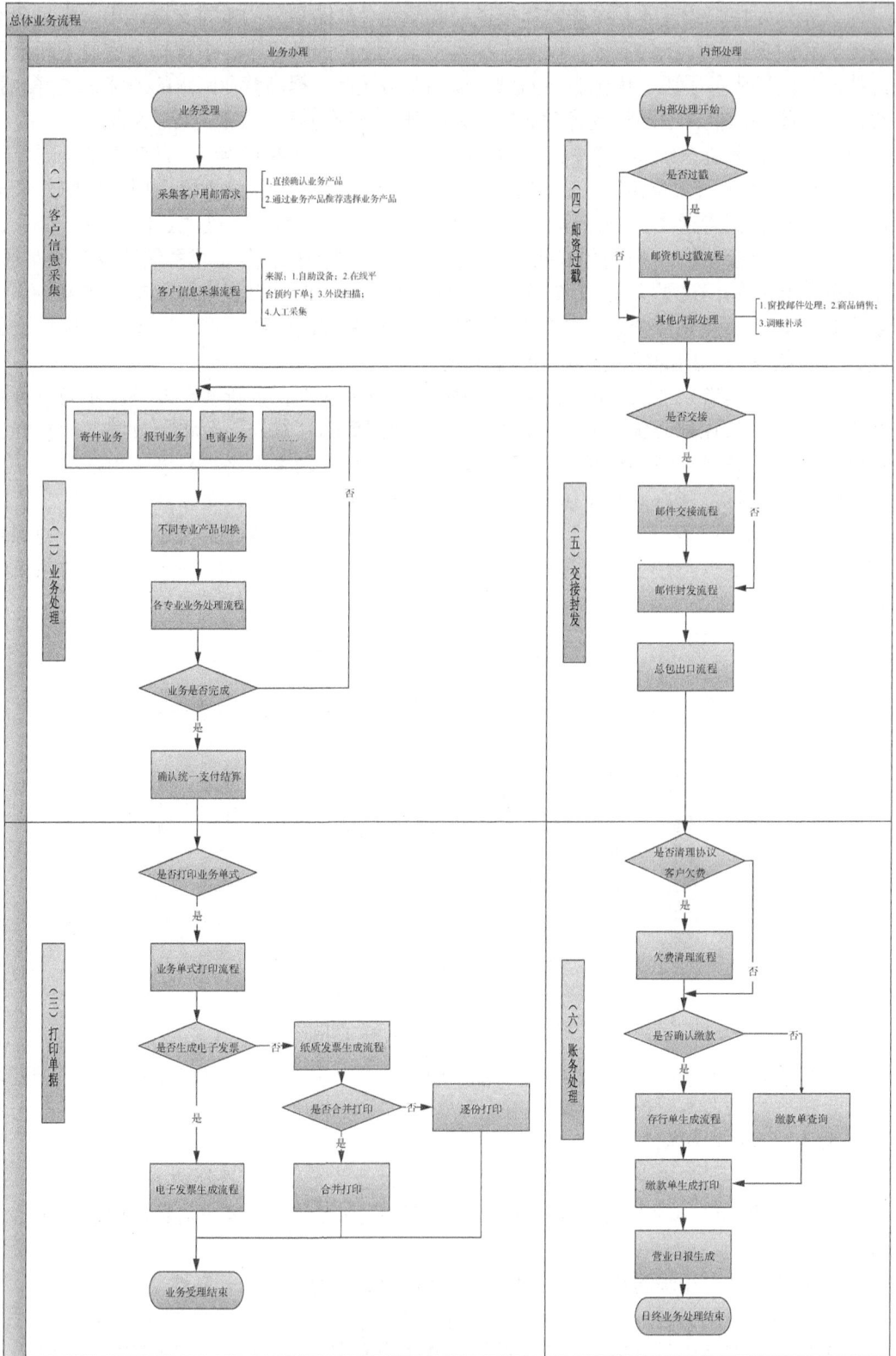

图 3-3　新一代营业渠道系统总体业务流程

（6）窗口业务受理结束后，根据业务产品判断是否要进行邮资机委托过戳登记处理。

（7）根据业务需要进行其他内部处理，如窗投邮件处理、商品销售、调账补录等。

（8）邮件根据支局作业计划按时进行邮件交接处理、封发处理、总包出口处理。

（9）根据欠费清理流程及时进行协议客户欠费清理。

（10）营业日终后生成个人缴款和班组缴款，生成当天存行单，核对当天账务，系统自动生成营业日报，日终业务处理结束。

第三节　邮政技术设备与设施

一、邮政技术设备分类

根据邮政生产过程可将邮政技术设备分为以下 4 类。

（1）营业服务设备，是指在邮局营业窗口直接服务于顾客的设备。

（2）内部处理设备，是指在邮局内部分发邮件所使用的设备。

（3）邮件运输设备，是指用来实现邮件空间场所变更所使用的设备。

（4）邮件投递设备，是指专为投递邮件所使用的设备。

除此之外，还包括一些邮政常用通用设备。

以上每类设备包含多种设备，常见邮政技术设备如表 3-2 所示。

表 3-2　　　　　　　　　　　常见邮政技术设备

类别	设备功用	设备名称
营业服务设备	营业厅自主服务设备	邮政编码查询机、自动取款机（ATM）、自动存取款机（CRS）、存折补登机、叫号机、自动收寄设备、邮品自动出售设备
	营业台席设备	邮资机、电子秤、POS 机、商易通（EPOS）、点验钞机、捆扎机、信息生成设备（标签打印机、条码打印机、电子标签生成器）、邮政日戳
内部处理设备	分拣辅助设备和系统	安检机、胶带传输设备、邮袋开拆设备、信盒输送设备、红框理信机、平刷辅助分拣设备、射频识别系统、信息系统
	分拣设备	函件分拣机、扁平件分拣机、包件分拣机、总包分拣机
	仓储设施设备	货架、拣选设备
	商函制作设备	邮简机、封装机、地址打印机
	基础设施设备	除尘机、通风机
邮件运输设备	装卸搬运	电动叉车、手动叉车、搬运车、伸缩胶带机、装卸过桥、升降平台、AGV小车
	集装	邮袋、信盒、集装箱/笼、火车邮厢、挂车
	运输	载货汽车、牵引汽车
邮件投递设备	移动数据终端	便携式 PDA
	投递处理	投递排序设备、分拣柜、捆扎机
	服务设备	智能投递柜
	投递车辆	汽车、电瓶车
邮政常用通用设备	信息采集和处理设备	激光条码阅读器、CCD 扫描器、数据采集器、条码阅读器、射频读写器
	专用打印机	信封打印机、袋牌打印机、账单打印机、条码打印机、标签打印机、大型单页纸打印机、大型连续纸打印机
	邮戳盖销机	落地邮戳盖销机

二、邮政技术设施配置

（一）营业网点主要设施配置要求

1. 消防设施配置要求

（1）营业网点应配备与其面积相适应的消防器材及设备，其中灭火器的类型和数量应符合《建筑灭火器配置设计规范》的要求，以 A 类（固体火灾）、民用建筑严重危险级为基准进行配备。

（2）营业网点应安装自动应急照明设备和烟雾报警器，烟雾报警器宜与安防监控（接处警）中心联网。

2. 隔离设施配置要求

（1）营业网点与外界相通的出入口应安装防盗安全门，防盗安全门应符合《防盗安全门通用技术条件》的规定。

（2）营业网点与外界相通的窗口、通风口应设置栅栏。窗口、通风口的单个栅栏空间最大面积应小于或等于 600mm×100mm，栅栏竖杆间距小于或等于 150mm。栅栏应牢固可靠，采用直径大于或等于 12mm 的膨胀螺丝固定。

3. 报警系统配置要求

（1）营业网点与外界相通的出入口，与外界地面、平台或走道高差 2m 以下的窗户等部位应安装入侵报警探测装置。

（2）系统布防、撤防、报警、故障等信息的存储时间应大于或等于 30 天。

（3）独立设防区域的入侵报警系统应与安防监控（接处警）中心联网。

（4）系统的其他要求应符合《入侵报警系统工程设计规范》的规定。

4. 视频监控系统配置要求

（1）视频监控主机设备应放置到独立区域，保证其安全稳定运行。

（2）视频监控系统布防要求如下。

① 营业网点与外界相通的各出入口应安装视频监控装置,监视和回放图像能清晰显示往来人员的体貌特征和活动情况。

② 营业网点内应安装视频监控装置,监视和回放图像应能清晰显示人员的体貌特征和实名收寄与验视邮件的过程。

③ 设有电动车充电区的场所应安装视频监控装置,监视和回放图像应能清晰显示往来人员的体貌特征和活动情况。

④ 营业网点邮件存储区域应安装视频监控装置,监视和回放图像应能清晰显示人员的体貌特征和操作过程。

5. 安防视频监控系统配置要求

（1）营业网点交寄、接收、验视、提取区域的图像信息保存时间应大于或等于 90 天。

（2）安防视频监控系统应预留与公共安全视频监控联网系统的接口，其传输、交换、控制协议应符合《安全防范视频监控联网系统信息传输、交换、控制技术要求》的相关规定。同时，应实时接入中国邮政集团有限公司远程集中监控系统。

（3）特定区域应按国家对邮政营业网点的要求配置安检设备。

（4）系统的其他要求应符合《视频安防监控系统工程设计规范》的相关规定。

（二）邮件处理中心设施配置要求

1. 基本原则

对包件、信函、报刊等邮件进行分拣时，需配置与自动分拣、手工分拣方式相匹配的分拣设备、手持智能终端（PDA）、扫描枪、信函分拣格架、报刊分拣格口等辅助设备，配置的具体标准应根据邮件日均处理量、业务处理流程的需要合理确定。

2. 装卸设备配置要求

笼车、叉车、平板车、装卸过桥、液压升降台等装卸设备的配置应根据同时接发车位数量、直发格口数量、封发关系、邮路和作业组织等的工艺需求合理确定。

3. 传输设备配置要求

伸缩胶带机、传输胶带机、载货电梯、电动牵引车等输送设备的配置应根据工艺需求合理确定。

4. 邮件分拣设备配置要求

邮件分拣设备的配置与邮件形状和规格相关，如表 3-3 所示。

表 3-3   不同邮件及其适用的分拣设备

邮件类别	邮件名称	邮件尺寸规格范围	适用分拣设备
符合上机标准的邮件	扁平件	5mm≤厚度≤32mm 最长边≤40mm，重量≤2kg	扁平件分拣机、小件分拣机、落格分拣机、智能分拣搁架等
	包状小件	最长边≤400mm，重量≤3kg	小件分拣机、落格分拣机、智能分拣搁架、单/双层分拣机等
	包状大件	400mm＜最长边≤800mm 3kg＜重量≤35kg	单/双层分拣机、矩阵人工/自动分拣线等
不符合上机标准的邮件		不允许上机的邮件，以及超长、圆环、球形等不符合上机规格的邮件	人工分拣线、矩阵人工/自动矩阵人工分拣线等

（三）投递场所主要设施配置要求

1. 消防设施配置要求

（1）投递场所应配备与其面积相适应的消防器材及设备，其中灭火器的类型和数量应符合《建筑灭火器配置设计规范》的要求，以 A 类（固体火灾）、民用建筑严重危险级为基准进行配备。

（2）投递场所应安装自动应急照明设备和烟雾报警器，烟雾报警器宜与安防监控（接处警）中心联网。

2. 隔离设施配置要求

（1）投递场所与外界相通的出入口应安装防盗安全门，防盗安全门应符合《防盗安全门通用技术条件》的规定。

（2）投递场所与外界相通的窗口、通风口应设置栅栏。窗口、通风口的单个栅栏空间最大面积应小于或等于 600mm×100mm，栅栏竖杆间距应小于或等于 150mm。栅栏应牢固可靠，采用直径大于或等于 12mm 的膨胀螺丝固定。

3. 报警系统配置要求

（1）投递场所与外界相通的出入口，与外界地面、平台或走道高差 5m 以下的窗户等部位应安装入侵报警探测装置。

（2）系统布防、撤防、报警、故障等信息的存储时间应大于或等于 30 天。

（3）独立设防区域的入侵报警系统应与安防监控（接处警）中心联网。

4. 视频监控系统配置要求

（1）视频监控主机设备被应放置在独立区域，保证其安全稳定运行。

（2）视频监控系统布防要求如下。

① 邮运车辆装卸区域应安装视频监控装置，监视和回放图像应能清晰显示整个区域内人员的活动情况和邮件装卸过程。

② 投递场所与外界相通的各出入口应安装视频监控装置，监视和回放图像能清晰显示往来人员的体貌特征和活动情况。

③ 投递场所内应安装视频监控装置，监视和回放图像应能清晰显示人员的体貌特征和操作过程。

④ 设有电动车充电区的场所应安装视频监控装置，监视和回放图像应能清晰显示往来人员的体貌特征和活动情况。

⑤ 投递场所邮件存储区域应安装视频监控装置，监视和回放图像应能清晰显示人员的体貌特征和操作过程。

5. 电动车充电区配置要求

（1）充电区域宜设置在建筑外部独立区域，配置醒目的安全标识，安装防雨雪装置，并与办公（生产）场所保持有效安全距离。

（2）充电区域受场地环境限制，必须附设在建筑内时，应与建筑内其他区域采取防火分隔措施。

（3）铅酸电池与锂电池充电区域应相对分开，并明确标识。

（4）充电区域应配备适用的消防器材和设施。

（5）充电区域的充电设备应具备定时充电、自动断电、过充保护等功能。设有电动车停车场地的，电动汽车充电装置应配备符合标准的专用充电桩（含落地式、壁挂式）。其他电动车应配备充电专用插座。

（6）充电线路充电负荷应与负载相适应，防止充电时电网负载过高，并安装短路和漏电保护装置。

（7）充电区域应设置由铁制或阻燃材料搭建的充电架。

（8）充电区域的防雷要求应符合《电动汽车充电站通用要求》的规定。

6. 投递车辆配置要求

（1）投递车辆安全生产设备配置应满足以下要求。

① 应为封闭车厢，避免邮件裸露在外。

② 应安装锁闭装置。

（2）电动三轮车或电动自行车应配备车载定位系统。

三、邮政技术设备发展趋势

随着科学技术的发展，应用自动控制技术、信息技术、网络技术来实现邮政技术设备的自动化、信息化和智能化，已成为现代邮政技术设备发展的新趋势，也必将大大推动和加快邮政技术设备现代化的进程。邮政技术设备发展趋势主要表现在以下几个方面。

1. 高速低耗

设备的高效和低成本运行直接影响到客户利益，在提高分拣效率上除加快设备运行线速度、增加准确度外，还应利用空间结构，增加格口分布的层数，从而提升一次到位率。另外，优化设备结构，减轻运行部件自重，降低功耗，也是邮政技术设备发展的一个关注重点。

2. 高适应性

适应主要指对分拣邮件的适应和对安装场地的适应。对分拣邮件的适应主要是通过合理优化结构，适应分拣邮件的规格范围；对安装场地的适应主要指设备便于安装和对场地、环境要求简单。另外，模块化的组合，使得设备更具灵活性和可拓展性。

3. 高自动化

现代分拣设备的自动化程度越来越高，如自动供件、自动卸载等，从而减少设备维护，提升设备自检能力。同时，通过信息化、网络化及传感技术，测量分拣邮件的几何形状、重量，自动分配运行单元，并自动进行邮件的跟踪、分拣纠错，实现智能化分拣。

4. 高智能化

智能化不同于自动化，自动化是指从现场获取信息，并依据现场信息代替人做出判断和选择，智能化是自动化、信息化的一种高层次应用，其作业过程中要进行大量的运筹和决策，如作业计划的制订，运输（搬运）路线的选择，自动导向车的运行轨迹和作业控制，自动分拣机的运行、投递或配送中管理的决策支持等。这种动态管控和自动选择，就是高智能化的特征。

除了智能化交通运输外，无人搬运车、机器人堆码、无人叉车、自动分类分拣系统等现代技术，都大大提高了分拣处理设备的智能化水平。

实践项目

项目　设计针对邮政网中某个省际中心的生产作业和管理状况的调查问卷

1．项目目标：通过对省际中心进行全方位的调查，了解省际中心的功能和重要性，加深对邮政网的认知。

2．项目内容：（1）设计问题时可对标主要竞争对手的现状。（2）结合生源地省际中心的经转关系进行设计。（3）主要围绕网络布局、省际中心的功能、业务处理量、设施设备配置、作业流程、生产岗位分布、关键岗位主要任务等进行设计。

3．项目实施及要求：（1）设计前首先根据要调查的内容拟定问题，拟定问题时要充分考虑应答者适合什么样的提问句式。（2）问卷要简明扼要，与调查内容无关的问题尽量不要出现，如姓名、性别等。（3）在设计好问题后要换位思考，站在应答者的角度回答问题，从而对问题是否清晰、逻辑是否合理有更清楚的认识。（4）根据换位思考的情况，对存在的不足进行修订。（5）将修订好的问卷提交给教师审核。（6）教师可帮助学生将问卷发放到具体生产单位。（7）学生可分成小组进行调查问卷设计。

拓展知识

邮政农村服务网络体系

知识巩固

1. 单选题

（1）以下属于邮政网收寄端的是（　　　）。

　　A．单位收发室　　　B．邮政专用信箱　　C．用户信报箱　　　　　D．邮政信简（箱）

（2）邮路是利用运邮工具或人力，按规定途径、班期在邮政网络节点之间运输邮件的（　　　）。

　　A．路线　　　　　　B．道路　　　　　　C．渠道　　　　　　　　D．路途

（3）按经营性质划分，邮路可以分为（　　　）邮路和委办邮路。

　　A．代办　　　　　　B．自办　　　　　　C．托办　　　　　　　　D．租用

（4）现行的邮政网改革了邮区中心的职责范围，按邮件经转范围构建了（　　　）的两级寄递网络。

　　A．"省际分拣+本地分拨"　　　　　　　B．"本地分拨+本地分拣"

　　C．"省际分拨+本地分拣"　　　　　　　D．"省际分拣+省际分拣"

（5）邮件处理中心、车站、机场、码头等邮件处理节点之间的邮路是（　　　）。

　　A．支线邮路　　　　B．市内转趟邮路　　C．盘驳邮路　　　　　　D．农村邮路

2. 多选题

（1）邮政网的组成要素有（　　　）。

　　A．收寄端　　　　　B．投递端　　　　　C．邮件处理中心　　　　D．邮路

（2）下列属于邮政技术设备发展趋势的有（　　　）。

　　A．高速低效　　　　B．高适应性　　　　C．高智能化　　　　　　D．高自动化

（3）邮路按经营性质划分，可以分为（　　　）。

　　A．一级干线邮路　　B．二级干线邮路　　C．自办邮路　　　　　　D．委办邮路

（4）省际中心作为干线网的核心节点，主要功能有（　　　）。

　　A．出口总包分拨和集包分拣　　　　　　B．进口总包分拨与散件分拣

　　C．干线运输　　　　　　　　　　　　　D．市趟运输

（5）下列属于营业网点必备的主要设施有（　　　）。

　　A．消防设施　　　　　　　　　　　　　B．隔离设施

　　C．视频监控系统　　　　　　　　　　　D．入侵和紧急报警系统

3. 判断题

（　　　）（1）邮政网按照其使用的运输工具不同还可以分为邮政陆运网和邮政航空网。

（　　　）（2）基于省际中心的功能定位，目前全网设置了80个省际中心。

（　　　）（3）在省内以行政区划组网，会影响邮件就近入网和缩短时限。

（　　　）（4）邮政网由三级架构（邮区中心+地市中心+县中心）调整为两级网络。

（　　　）（5）邮政网实际上是保障邮政通信任务得以完成的一个完整的系统，包括物理层、业务层、控制层。

4. 简答题

（1）邮区中心体制下邮政网存在的问题有哪些？

（2）邮区中心的基本功能是什么？

第四章

国内函件业务与管理

学习目标

【知识目标】

1. 学习函件业务的概念、特点与函件的分类等知识；
2. 学习函件业务基本规定；
3. 学习平常函件、挂号函件、约投挂号信函等函件的收寄处理手续；
4. 学习函件业务的特殊处理和函件的投递等相关知识；
5. 学习国内函件业务管理的基本知识。

【能力目标】

1. 具备根据国内主要函件业务的特点对业务进行分析的能力；
2. 具备对各类函件进行验视及封装的能力；
3. 具备熟练运用新一代营业渠道系统对国内各类函件进行收寄处理的能力；
4. 掌握各类国内函件业务特殊处理的要求。

【素养目标】

1. 培养爱岗敬业、勇于奉献、团结协作的职业道德；
2. 培养精通业务知识，严谨认真、精益求精的工作品质；
3. 培养勇于创新、追求卓越的工作精神；
4. 培养树立遵守邮政法律法规和业务规范、安全生产和防范风险的意识。

情境引入

2021 年 12 月 21 日，高铁移动主题邮局在京张高铁上正式亮相，这是中国邮政在高铁上开设的首家主题邮局。坐上京张高铁，旅客可以在列车上购买明信片、纪念封等邮品，并加盖纪念戳。同时高铁车厢的壁板上还设置了一个移动邮筒，浅蓝底色外加雪花漫天的外表，尽显冬奥特色，可以满足旅客邮寄的需要。高铁移动主题邮局，采取移动的高铁列车和固定的邮政营业网点相结合的形式，邮政营业网点开设在丰台区角门邮政支局服务厅内。高铁移动主题邮局正式营业后，推出了彩色邮资机戳、明信片、纪念封及多款精美邮品。同时，旅客可以通过扫描高铁移动主题邮局现场设置的二维码，享受邮政报刊预订、生活便民缴费等线上服务。开设在丰台区角门邮政支局内的高铁移动主题邮局，通过高铁火车头造型、从"现在"开往"未来"的复兴号站牌等特色场景元素，将主题邮局打造成"时空交错的穿梭隧道"。

同学们，除了主题邮局经营的这些函件业务之外，你知道邮政还有哪些函件业务吗？函件业务有哪些基本规定呢？带着这些问题，我们开始本章的学习。

思维导图

国内函件业务与管理
- 国内函件业务概述
  - 函件业务的概念与性质
  - 函件业务的特点
  - 函件业务的分类
  - 函件经营的主要业务
- 国内函件业务处理
  - 函件业务基本规定
  - 函件的收寄处理
  - 函件业务的特殊处理
  - 函件的投递
- 国内函件业务管理
  - 三项基本制度
  - 收寄工作的检查
  - 业务档案的管理
  - 专用邮政信箱的检查

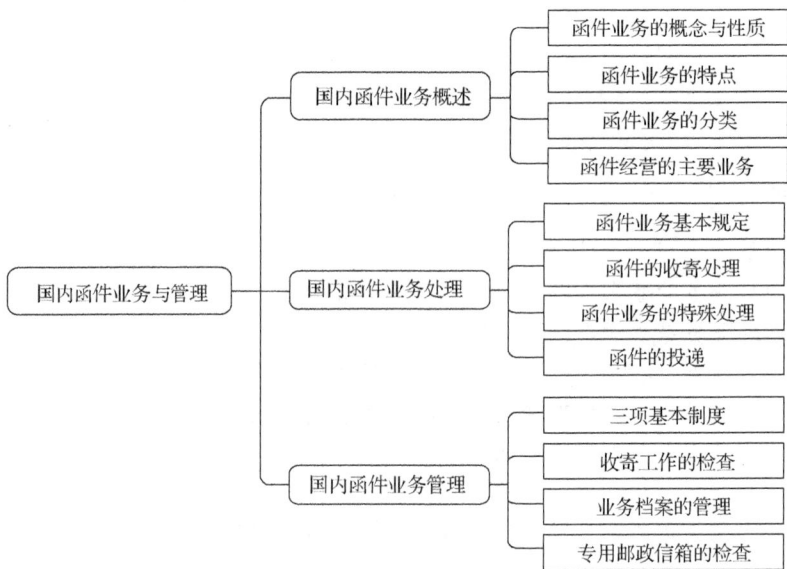

第一节　国内函件业务概述

一、函件业务的概念与性质

（一）函件业务的概念

从邮政的发展历史可以看出，函件业务是邮政起源的根本所在，是邮政的最基本业务。世界各国的邮政部门都经办函件业务，各国政府都对邮政经办的该项业务予以立法保护。

传递函件是国家设立邮政的主要目的，也是赋予邮政部门的根本任务。函件业务为用户传递书面信件、文件资料和书籍，为国民经济各个部门传递信息，成为社会生产和人民生活中不可缺少的通信手段。

国内函件业务，是指邮政部门提供的在国内（港、澳、台除外）寄递信函、明信片、印刷品、盲人读物等的一种服务。信函、明信片、印刷品和盲人读物统称为函件。国内邮件处理规则明确规定了信函、明信片、印刷品和盲人读物所包含的具体内容。

（二）函件业务的性质

从性质上讲，函件业务属于通信类业务。它所传递的实物含有信息，而且他传递实物的根本目的就是传递信息。函件业务属于通信市场的组成部分，正因如此，进入 21 世纪以后，以传递个人信函为主的传统的函件业务正受到现代化通信手段的强烈冲击，函件业务在通信市场的地位受到了影响。因此，函件业务转变为企业之间、企业与个人之间的商务通信，其商业用途被进一步开发。但是随着信息技术的快速发展，纸质的函件业务受到了一定冲击，因此又转向发展线上线下结合的传媒业务。

《邮政法》规定：国务院规定范围内的信件寄递业务，由邮政企业专营。这既是国家赋予邮政企业的一项特殊的经营权，又是赋予邮政企业的一项义务。邮政企业代表国家对规定范围内的信件业务实行专营，体现国家保护公民通信自由和通信秘密的权利。这一点在世界上具有普遍性。

二、函件业务的特点

根据函件业务的性质，我们可以看出函件业务具有以下特点。

（1）函件业务的本质是传递信息而不是传递物品，这是函件业务与其他邮政业务的根本区别。

（2）函件业务以传递实物的形式为用户传递信息，这是它与其他通信手段的根本区别。

（3）函件业务具有鲜明的普遍性和公用性，是许多国家提供普遍服务的基本内容。

三、函件业务的分类

我们在第二章介绍了邮件的分类，函件是邮件的一种，同理，函件可以根据其具有的不同的性质、处理手续、传递时限、运递方式、寄递区域、邮局应负赔偿责任等，分成不同的种类。

（1）按性质分类，可分为信函、明信片、邮简、印刷品、盲人读物等。

（2）按处理手续分类，可分为平常函件和给据函件两类。

平常函件是指邮政企业在收寄时不出具收据，投递时不要求收件人签收的函件。条码平信是平常函件的一种，是指附有条码的平常函件。用户按照平常函件资费标准和平常函件交寄方式寄递，收寄局附加特定条码并在系统中录入函件寄递信息，邮政内部各经转环节比照挂号函件处理，外部投递按照平常函件投递，不需要用户签收，不受理用户查询。

给据函件是指邮政企业在收寄时出具收据，投递时需要收件人签收的函件。给据函件包括挂号函件和保价信函。

（3）按传递时限分类，可分为普通函件和特快专递函件两类。

普通函件是按照一般传递时限规定传递处理的函件。特快专递函件是以最快速度传递处理的函件。

（4）按运递方式分类，可分为水陆路函件和航空函件两类。

（5）按寄递区域分类，可分为本埠函件和外埠函件两类。

（6）按邮局应负赔偿责任分类，可分为保价函件和非保价函件两类。

保价函件指交寄时报明保价金额，因邮局责任造成丢失、短少、损毁时，邮局按保价金额承担相应损失赔偿责任的给据函件；非保价函件指交寄时不报明保价金额，丢失、短少、损毁时，邮局只承担一定限度的损失赔偿责任或采取补救措施的给据函件。对于平常函件，邮局不承担赔偿责任。

四、函件经营的主要业务

（一）邮资封、片、卡

1. 邮资封

邮资封是指邮政部门发行的附带邮资的信封。邮政部门可在邮资封的指定位置印制企业标识、名称、地址、电话、邮编和少量其他文字，宣传政府形象、企业品牌、产品和服务。

2. 邮资明信片

邮资明信片是指邮政部门发行的附带邮资的明信片，目前多应用于商业领域。邮政部门可以在邮资明信片的正面及背面的规定位置印制企业形象、产品、服务等内容，借助邮政通信网络投递的优势，进行社会宣传。

3. 邮政贺卡

邮政贺卡是指由中国邮政发行的集贺年、抽奖、广告、集邮鉴赏和收藏等功能于一体的特殊的广告媒体，是由贺年有奖明信片、邮资封等发展而来的，也是普通邮资明信片的一种特定形式，主要应用于春节贺年市场。

（二）账单业务

账单业务是邮政将各类对账单、通知单、发票等以信函形式邮寄给用户的一种函件业务。邮政账单是传递用户消费信息的载体，是有效沟通用户的媒介，适用于各类收费单位，如交警、税务、工商、社保等政府部门，通信、电力、供水、煤气等公用部门，银行、证券、保险等金融部门。

账单函件能够保障消费者的知情权，必要时可以作为具有法律效力的诉讼凭证。同时，寄发账单体现了发送单位（企业或政府部门）对消费者的尊重，也是提醒消费者按时缴纳相关费用的有效方式，对于提倡信用消费，建立诚信社会有着积极的意义。

（三）媒体业务

媒体业务依托函件业务，结合邮政相关资源，能为用户提供信息传播、广告宣传、文化活动策划执行等综合性服务。

1. 线上媒体服务

提供微信、QQ、腾讯新闻、腾讯视频、今日头条、抖音、新浪微博、百度、凤凰新闻、搜狐新闻等 App 上，新浪网、搜狐网、新华网等网站上的广告发布服务。

2. 线下媒体服务

提供中邮速递易包裹柜柜贴及操作屏广告、楼宇电梯电视广告、地铁/公交车广告、智能电视广告、高铁站/机场广告等的投放服务。

3. 文化服务

与知名艺术团队建立合作，为用户提供定制演出服务，为商业企业提供会展会销、短信营销等商业推广服务。

4. 延伸服务

提供整合策划服务、视频拍摄、虚拟现实及 H5 制作、新闻公关传播、自媒体传播等服务。

（四）约投挂号

1. 约投挂号信函业务

约投挂号信函业务是中国邮政推出的针对文件型、轻小件物品的高端寄递服务产品，能为用户提供妥投率高、安全性好、时限稳定、查询方便的批量高品质的函件寄递服务，如对账单、催缴单、合同、发票、证件等高端凭证型信函寄递服务。

2. 服务特色

实行挂号寄递、全网优先处理、短信通知收件人、电话预约投递、按址上门投递签收。

3. 资费标准

普通信函资费+挂号费 3 元+约投服务费 2 元，分本外埠、按重量区间计费，单件最高限重 500g。其他个性化服务费用将根据与用户商议的情况确定。

4. 封装规格

封套使用中国邮政专门设计的约投挂号红白边信封，如图 4-1 所示。标准信封为 ZL（6 号）信封、C4（7 号）信封或 C5（9 号）信封（可采用透明窗口信封或非透明窗口信封）。邮政内部处理使用专用袋牌。

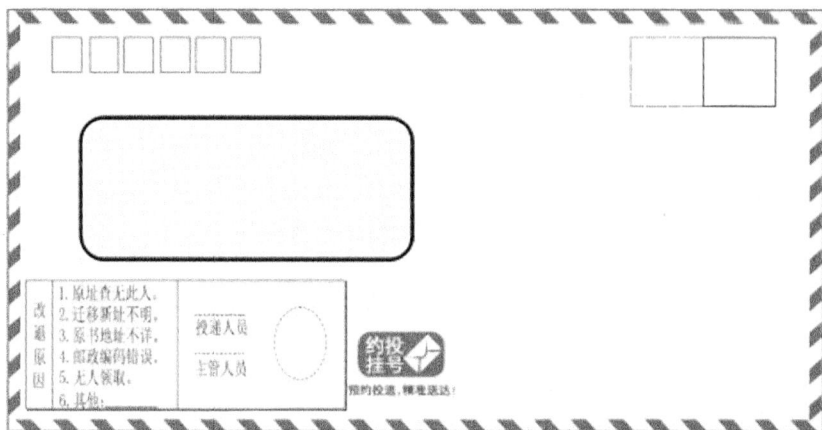

图 4-1　约投挂号信封样式

5. 寄递时限

省会城市点到点寄递，从收寄到第一次投递，平均时限为 2～7 天。省内其他地市的时限视运距增加 1～3 天，农村地区的时限另在省内其他地市的基础上增加 1～3 天。

第二节　国内函件业务处理

一、函件业务基本规定

（一）函件准寄范围

各类函件的准寄范围应符合国家法律法规的禁限寄规定，并符合邮政企业规定的重量、尺寸限度和封装要求。《国内邮件处理规则》明确提出了函件的准寄范围。第二章第三节已对函件的准寄范围进行了介绍，此外不再赘述。

（二）函件封装要求

对函件的封装提出要求，主要是为了保证函件在处理和传递过程中完整无损，避免破损丢失。各类函件的封装要求如表 4-1 所示。

表 4-1　　　　　　　　　　　　　　各类函件的封装要求

函件类别	封装要求
信函	应装入符合"国家信封标准"的信封内，并将封口粘固
明信片	不加封装。双页或折叠式的及不符合规定的，应装入封套按信函寄递
邮简	折叠后的规格、尺寸应符合规定，外形应方正、无明显倾斜
印刷品盲人读物	（1）印刷品均应经收寄人员验视内件后封装。 （2）印刷品必须平直封装。 （3）应视出版物品的数量、大小、轻重分别选用坚韧、牢固的封装材料封装。一般采用双层牛皮纸封装。不得使用质脆易裂的普通封装纸、报纸、旧布、老化的塑料袋封装。 （4）不是一个整件的，要先用绳子将内件捆牢，再加封装。 （5）薄片印刷品应套封交寄，并且不得用订书钉钉封口交寄。 （6）重量在 500g 以上的印刷品要用坚韧的封装材料封装，用绳子进行"井"字形捆扎，绳交叉处要打结固定。绳带要选用结实、不易断的材料。重量在 5kg 以上的，应根据实际情况选用合适的纸箱封装，箱内要垫衬牢固以防止内件晃动，箱外还应用绳子进行加固捆扎

（三）函件重量、尺寸限度

对各类函件的重量、尺寸做出一定限制性规定，主要是为了便于处理和封装传递，并为机械化处理提供便利。表 4-2 所示为国内函件重量、尺寸限度表。

表 4-2　　　　　　　　　　　　　国内函件重量、尺寸限度表

邮件类别	最大重量限度	尺寸限度		附注
		最大	最小	
信函	2kg	长、宽、厚三边合计90cm，最长边为60cm	长16.5cm 宽10.2cm	确需卷寄的，其尺寸如下： 最大：直径的2倍和长度合计100cm，长度不超过80cm 最小：直径的2倍和长度合计17cm，长度不短于10cm
明信片	—	长16.5cm 宽10.2cm	长14.8cm 宽10cm	明信片纸质：每平方米 200～250g 规格的米卡纸、B 等白卡纸、胶版印刷涂布纸 门票型明信片尺寸：12.5cm×7.8cm
邮简	—	长23cm 宽12cm	长17.6cm 宽11cm	—
印刷品、盲人读物	35kg	同普通包裹	同信函	对 5kg 以上的印刷品必须使用封装箱或坚韧封装材料妥善封装

（四）函件资费规定

1. 函件资费标准

我国现行函件资费标准如表 4-3 所示。

表 4-3　　　　　　　　　　　　我国现行函件资费标准

种类	计费标准	资费标准/元	
		本埠	外埠
基本资费			
信函	首重 100g 内，每重 20g（不足 20g 按 20g 计算）	0.80	1.20
	续重 101～2000g，每重 100g（不足 100g 按 100g 计算）	1.20	2.00
明信片	每件	0.80	
非基本资费			
印刷品	首重 100g（不足 100g 按 100g 计算）	0.80	1.20
	续重 101～35000g，每重 100g（不足 100g 按 100g 计算）	0.20	0.40
邮简	每件	0.80	1.20
挂号费	每件	3.00	
回执	每件	3.00	
盲人读物	按平常函件寄递	免费	
保价函件	每件最高保价金额	100000	
	每保 1 元（不足 1 元按 1 元计算）	0.01	
	每件最低保价费	1.00	
存局候领手续费	函件和汇兑业务每件	1.00	
	包裹每件	3.00	
撤回邮件或更改收件人名址手续费	每件	3.00	

2. 函件资费纳付方式

（1）函件资费一般使用邮资凭证交付。邮资凭证交付多适用于用户交寄零星信件和印刷品的情况。

（2）寄件人总付邮费。寄件人交寄大宗邮件，汇总向邮政营业场所交付邮费，不逐件粘贴邮票。寄件人总付邮费分整寄整付和整付零寄两种。个人交寄大宗邮件只限进行整寄整付。

整寄整付是指寄件人在每次交寄邮件时，当时付清所寄邮件的全部邮费。整付零寄是指寄件人先预付一个月约需的邮费，以后交寄邮件逐次扣抵，到月底再进行结算。

二、函件的收寄处理

（一）函件的收寄方式

函件的收寄方式主要有：营业网点收寄、信筒（箱）收寄、流动服务收寄等。营业网点收寄是通过营业网点或大宗收寄点完成收寄的服务方式。信筒（箱）收寄是通过邮政信筒（箱）收寄平常函件、明信片的服务方式。流动服务收寄是通过流动服务车（站）等形式完成函件收寄的服务方式。

（二）函件收寄的基本要求

邮政企业收寄各类函件时，应严格执行实名收寄制度，需请寄件人出示本人有效身份证件进行查验。如他人代理寄件人办理业务时，应同时请代寄人一并出示有效身份证件。用户拒绝出示的，则不予收寄。

用户有效身份证件包括：居民身份证、临时身份证、户口簿、军人身份证件、武装警察身份证件、港澳居民来往内地通行证、台湾居民来往大陆通行证、护照以及国家规定的其他有效身份证件。

邮政企业收寄给据函件时应通过信息系统及时、准确、完整地录入收（寄）件人名址、联系电话等信息，收寄给据印刷品时还应录入寄件人的有效身份证件信息。

（三）函件收寄的处理手续

1. 平常函件的收寄

平常函件主要采用信筒（箱）收寄和营业网点收寄。通过信筒（箱）、营业网点（含临时收寄点）收寄的平常信件均应按平信条码化规定进行处理，包括所有贴票平信和收件人总付邮资平信，以及义务兵免费信件、盲人读物等。由投递部门从信筒（箱）开取的平常信件应交指定的营业网点做收寄处理。邮政企业在进行平常函件收寄处理时，应注意以下事项。

（1）收寄处理条码平信时，平信的条码应牢固粘贴在平信左下角的空白处，如无法粘贴，可粘贴在中下部或其他空白处。条码平信应通过信息系统收寄，按要求扫描录入条码和收件人名址信息等。

（2）印刷品应在营业网点经收寄人员验视内件后封装交寄，收寄时应在邮件指定位置加盖"印刷品"戳记。

（3）从信筒（箱）开取的平常信件，应根据具体情况适当分类，查核邮费是否付足，并将信件理顺，盖销邮票。

（4）对应在营业网点交寄的符合规定的各类免费函件和按照规定准许寄件人不纳费交寄的函件应当在函件封面正面加盖收寄日戳。

从信筒（箱）开取的信件，如果发现不合规格，应当按照下列规定处理。

（1）寄往巡视类专用邮政信箱（以下简称"专用邮政信箱"）的，按照巡视类信件寄递要求处理。

（2）贴用假邮票的，按照邮票打假相关规定处理。

（3）收件人地址书写不详的，应盖销邮票，粘贴"改退批条"或加盖"改退戳记"，批注原因，退回寄件人。无法退回的，按无着函件处理。

（4）有"挂号""印刷品"标识的，划销相关标识后，按平常信件处理。

（5）开取信件中发现欠资信件的，如写有详细寄件人名址，应在信件正面粘贴"改退批条"，注明"欠资退回"及欠资金额，加盖收寄日戳，进行退回处理；如未写详细寄件人名址，一律加盖欠资戳记，注明欠资金额，按欠资信件收寄后发往前程。

（6）信件封面粘贴无效邮资凭证的，应退回寄件人；无法退回的，应在无效邮资凭证两旁加括弧（不可以盖销），作为欠资函件处理。

（7）封皮破损的，应会同主管人员用"代封纸（邮1222）"代封，并在骑缝处加盖日戳。

（8）印刷品、义务兵免费信件应到邮政营业网点交寄。信筒（箱）开取的印刷品应视为信件；开取的义务兵免费信件应退回交寄的部队处理，因封面地址不详无法退回时，划销三角形戳记，作欠资函件处理。

（9）使用保价信封的，应通知寄件人到营业部门办理相关手续。无法通知寄件人的，按平常信件处理。

（10）对无法发往前程也无法退回的，应按无着函件进行处理。

2. 挂号函件的收寄

信函、明信片、邮简、印刷品和盲人读物都可以按挂号函件寄递，挂号函件一律到营业网点交寄。

收寄挂号函件的流程如下。

接收、验视——称重、计费——录入信息、打印收据——销票、盖戳、贴签、给据——复核、封发。

具体手续如下。

（1）接收、验视挂号函件。收寄零星挂号函件时，应着重验视以下内容：验看封面书写、封装规格、尺寸、重量等是否符合规定。对印刷品、盲人读物应验视内件。遇到函件封皮破损或易损、使用已用过的信封或翻改重制的信封、使用非国家标准信封、有拆动痕迹、名址有涂改的等情况，应请寄件人加以更换。对用户交寄的函件，必要时可要求其开拆进行验视，但不得检查函件内容，如用户拒绝验视的，不予收寄。

（2）称重、计费（售票）。正确称重，根据所收函件的种类和要求准确计收应收的资费。

（3）录入信息，打印收据。采集函件数据信息，包括收（寄）件人的名址、电话，函件的号码、类别、重量等内容，确保系统录入信息与实物信息一致，之后打印挂号函件收据。

（4）销票、盖戳、贴签、给据。盖销邮票；使用邮资机处理的函件，可直接在函件封面上加盖邮资机符志戳记。在函件封面左下角粘贴（如无法粘贴的，可粘贴在中下部条码区或其他空白处）"国内挂号函件条形码标签"，在指定位置加盖业务戳记，并出具收据。

（5）复核、封发函件。收寄邮件后，应自我复核一遍，检查收寄过程中有无遗漏处理手续；存放保管好函件，等待封发；封发时，新一代营业渠道系统生成"封发挂号函件清单"。

各级邮政企业交寄的挂号邮政公事邮件，收寄手续除与一般挂号函件的规定相同外，还应在函件封面右上角和收据上加盖"邮政公事"戳记和收寄日戳。

3. 约投挂号函件的收寄

收寄约投挂号函件时，除了按挂号函件的处理手续收寄之外，还应遵循以下规定。

（1）使用专用的 ZL、C4 或 C5 标准信封，在信封正面书写、打印、粘贴或在开窗位置露出收寄件人详细名址、电话号码等信息。

（2）详细录入收（寄）件人信息，打印约投挂号收据，在信封正面粘贴约投挂号专用条码签。

（3）全部使用邮资机做过资处理，逐件打印资费。

4. 存局候领函件的收寄

凡在邮件封面上（包裹及包裹详情单上）写明收件人的姓名，指定存留的邮局名称和寄件人的名址，并注明"××邮局存局候领"字样的普通函件都可以作为存局候领函件交寄。对注明收件人详细地址的邮件，不得按存局候领函件交寄。

存局候领函件的处理手续与不要求存局候领的同类函件相同，但验视其封面书写时应注意是否符合相关特殊规定，应在函件封面指定位置和相关函件收据或存根上加盖"存局候领"戳记，并在信息系统中注明"存局候领"备注信息。

5. 专用邮政信箱函件的收寄

收寄专用邮政信箱函件,应按以下规定处理。

(1)收寄人员熟练掌握并严格执行专用邮政信箱函件收寄要求。对寄给专用邮政信箱的信件(含邮政特快专递信函),不要求寄件人提供有效身份证件,无须进行实名登记,不得附加回执、保价、收件人付费等服务。

(2)对用户寄给专用邮政信箱的光盘、U盘等信息载体,一律比照信件要求处理。

(3)对收件人地址只书写专用邮政信箱号码、未写明详细地址和寄件人名址的函件,均应正常收寄。对收件人地址只书写"某某巡视组"等名称、未书写专用邮政信箱号码,但与开展中的巡视等工作能对应的,视同专用邮政信箱邮件处理。

(4)从信筒(箱)开取的寄给专用邮政信箱的欠资信件,一律发往前程。

(5)对函件,特别是可能夹寄物品的较厚、较大、较重函件,必要时可要求用户开拆,检查其是否夹带禁寄物品,但不得检查函件内容。其他函件严格执行实名交寄和收寄验视制度。

(6)收寄专用邮政信箱函件时应通过新一代营业渠道系统巡视邮件专用业务种类进行操作。

6. 附回执的函件的收寄

收寄附回执的函件(专用邮政信箱函件除外)时,除收取正常邮费外,还应逐件加收回执费,回执的重量不计入计费重量。

收寄附回执的函件时,应按以下规定处理。

(1)寄件人应清晰、完整书写"国内邮政回执(邮1117)"中寄件人邮编、寄件人名址,营业人员验看回执正面填写的名址与函件上所写寄件人的名址是否相符。

(2)回执上不粘贴邮票。各类给据函件的回执费连同其他资费一并使用邮票粘贴在邮件封面上;各类包裹的回执费,按照各局收取包裹邮费的办法,连同其他邮费一并收取。

(3)如果是给据函件,应将回执牢固粘贴在相关邮件背面(在回执正面左边规定处沿线抹上胶水或糨糊贴上),如果是保价函件,回执应装入信封内,不贴在信封上。

(4)在回执正面右上角粘贴国内挂号函件条码签,作为回寄时的邮件号码。收寄局应填写收寄局名、寄达局名、函件号码和邮件种类,并在指定位置加盖收寄日戳。

(5)在函件封面指定位置和相关函件收据或存根上加盖"回执"戳记。

(6)在信息系统中应注明"回执"并备注信息。

三、函件业务的特殊处理

用户在交寄邮件以后,往往会因为情况的变化产生特殊需求,邮政部门应根据用户的特殊需求,办理特殊处理手续,并应制定特殊处理的有关规定。函件业务的特殊处理的内容有撤回和更改收件人名址、函件改寄和退回、函件查询、函件赔偿、无法投递函件和无着函件处理等。

函件业务的特殊处理规定适用于大多数邮件的特殊处理,以下部分规定中的"邮件"包括但不限于"函件"。

(一)撤回和更改收件人名址

1. 受理范围

收寄邮件后,寄件人如有需要,可向收寄局申请办理撤回或者同城名址更改业务,具体内容如下。

（1）个人寄给党和国家领导人、县级以上（含县级）党政机关的信函以及已由收寄局发出的平常邮件不接受撤回或更改收件人名址申请。

（2）约投挂号、司法专递邮件只接受撤回申请。

（3）存局候领邮件只接受更改为其他局所存局候领的申请。

2.处理规定

（1）寄件人在营业网点申请撤回或改址时，营业人员应审核寄件人的有效身份证件和相关收据，代办的应提供代办人有效身份证件，单位交寄的还需提供单位证明。营业人员查询邮件状态为未妥投，应进行撤回或更改处理。

（2）寄件人填写预制或打印的"邮件撤回、更改、查询申请书（邮1614）"，并签章交营业网点办理。

（3）营业网点受理撤回和更改申请时，应收取撤回和更改申请手续费，所收费用可用邮票贴在"邮件撤回、更改、查询申请书"上盖销。

（4）如果相关邮件尚未从收寄局发出。对申请撤回的，应将邮件退交，寄件人在受理书上签收。对于给据邮件，应将收据收回并批注"撤回"字样，加盖日戳，粘贴在相关存根或收寄清单上。各类函件的资费（包括已由邮资机生成邮资符志的）一律不退，但所粘贴邮票未盖销的，可不盖销。

对申请改址的，将邮件交申请人更改。

（5）如果相关邮件已经从收寄的营业网点发出，各类邮件已收取的邮费一律不退。受理后，营业人员填写"撤回或更改通知书（邮1607）"，通过传真或信息系统等方式发往投递局或经转局、验关局。

（二）函件改寄和退回

因收件人迁移新址、原址无此人、收件人拒收、寄件人申请更改收件人名址等，投递局应酌情办理改寄或退回。约投挂号不受理改寄。

1.邮件改寄处理规定

（1）在邮件封面粘贴（加盖）"改退批条（邮1407）"，并进行信息反馈。邮件封面或详情单上预印改退批条的，可直接在相应位置进行批注。

（2）在改退批条首栏中单线划销"退回"字样，并在该栏中写明改寄的详细通信地址，同时勾选改寄原因，在批条规定位置清晰加盖投递日戳和经手人员名章，送主管人员审核。

（3）将邮件上原书写的收件人地址、邮编双线划销，不得划销收件人姓名，且划销部分的文字仍应清晰可辨。

（4）为普通给据邮件办理改寄时，应在投递清单对应栏批注或加盖"改寄"戳记，批注改寄地址及改寄原因。

2.邮件退回处理规定

（1）在邮件封面粘贴（加盖）"改退批条（邮1407）"，并进行信息反馈。邮件封面或详情单上预印改退批条的，可直接在相应位置进行批注。

（2）在改退批条首栏中单线划销"改寄"字样，并在该栏中写明退回寄件人所在地的省、市（县）名称，省会城市可直接写城市名称，省、市名称可用国家规范简称标注。

（3）根据邮件退回原因在改退批条上进行对应原因勾选，在批条规定位置清晰加盖当班投递日戳和经手人员名章，送主管人员审核。

（4）将邮件上原书写的收件人地址、邮编双线划销，不得划销收件人姓名，且划销部分的文字仍应清晰可辨。

（5）保价邮件不贴改退批条，直接在邮件封面上批注并送交主管人员检查盖章后予以退回。

（6）为普通给据邮件办理退回时，应在投递清单对应栏批注"退"字或加盖"退回"戳记，批注退回原因。

（三）函件查询

寄件人不知道其交寄的各类给据邮件是否妥投，或得知收件人在一定时期内尚未收到邮件时，可向收寄局提出查询申请。

1. 受理查询有效期

给据邮件的受理查询的有效期为自交寄之日起 1 年内，自交寄之日起即可查询。

2. 查询方式

给据邮件的查询方式主要有营业网点查询、11185 电话查询、中国邮政网上营业厅查询、中国邮政-给据邮件跟踪查询系统查询等。

3. 查询处理规定

（1）营业网点受理查询时，受理人应根据查询人提供的邮件号码通过系统查询邮件的状态，并当场答复邮件查询结果，如信息存在异常或查询人对查询信息有质疑的，再通过查单查询。

（2）11185 电话受理查询时，受理人应根据查询人提供的邮件号码通过系统查询邮件的状态，告知查询人邮件查询结果。如果信息存在异常或查询人对查询信息有质疑，受理人应请查询人到营业网点办理查单查询。

（3）查询人可登录中国邮政官网（如中国邮政网上营业厅或中国邮政-给据邮件跟踪查询系统等）查询函件的状态。

4. 查询答复时限

用户查询时，邮政企业应即时提供给据函件信息。不能即时提供的，自用户查询之日起，邮政企业应在下列期限内将查询结果告知用户。

（1）国际及台港澳邮件、边远地区邮件宜为 30 日内，最长不超过 60 日。

（2）其他地区邮件宜为 5 日内，最长不超过 30 日。

（3）邮政汇款邮件宜为 5 日内，最长不超过 20 日。

（四）函件赔偿

各类给据邮件在寄递过程中因邮局过失造成丢失、全部损毁、内件短少或部分损毁时，邮局应负赔偿责任，并按规定给予赔偿或采取补救措施。函件的现行赔偿标准如下。

（1）挂号邮件丢失、损毁或者内件短少的，应按实际损失赔偿，但最高赔偿金额不超过所收资费的 3 倍；挂号信件丢失、损毁的，按照所收取资费的 3 倍予以赔偿。

（2）保价邮件丢失或全部损毁的，按保价金额赔偿；部分损毁或短少的，按照保价金额与邮件全部价值的比例对邮件的实际损失予以赔偿。

（3）各类给据邮件丢失或全部损毁的，应退还已收的各项费用（保价费除外）。

（五）无法投递邮件与无着邮件处理

1. 无法投递邮件

有下列情况之一的，作为无法投递邮件处理。（1）收件人地址书写不详或错误。（2）原书地址无此单位或收件人。（3）收件人迁移新址不明。（4）收件人是已经撤销的单位，且无代收单位或者个人。（5）收件人死亡，且无继承人或代收人。（6）收件人拒收邮件或拒付应付的费用。（7）邮件保管期满收件人仍未领取。（8）因其他原因无法投递。

对于无法投递的各类函件（除另有规定外）一律退回寄件人，退回手续参照第77页中的邮件退回处理规定。

2. 无着邮件

邮件无法投递，且具有下列情形之一的，作为无着邮件处理。（1）寄件人地址不详。（2）寄件人声明抛弃。（3）邮件退回后，寄件人拒收或者拒绝支付有关费用。（4）邮件保管期满寄件人仍未领取。（5）无法复活的裸包邮件。

无着邮件必须由各省指定部门管理，直辖市、省会市邮件处理中心应设立无着邮件工作台，对无着邮件进行集中管理。

无着邮件的保管期限：从无着邮件工作台登记保管之日起算：平常函件不少于6个月，印刷品不少于10日，各类给据邮件不少于1年。

省无着邮件工作台应按季度对保管期满的无着邮件进行双人开拆、销毁处理，对开拆全程进行监控，对包裹、特快专递邮件的外包装和内件物品进行拍照留档，并对内件物品的名称、性质、重量、特征等进行详细登记。

四、函件的投递

函件投递是函件传递处理全过程的最后一个环节，它的目的是将经过进口处理发交本局投递的各类函件按规定的投递方式和有关要求妥投给收件人。

（一）函件投递方式

函件投递方式主要包括按址投递、用户领取和与用户协商。

1. 按址投递

按址投递即按照函件封面书写的地址将函件送交收件人。按址投递的函件包括信函和印刷品。

2. 用户领取

用户领取指由邮政企业向收件人发领取邮件通知单，收件人持单到指定地点领取函件。用户领取的函件包括：保价函件、存局候领函件、无法投入信报箱的印刷品、有补收资费等其他原因需要收件人办理手续的函件等。

3. 与用户协商

对于有特殊需求的用户，邮政企业可与其协商，采取多种方式投递函件。与用户协商的投递方式有存局自取、代投自提等。

（1）存局自取。用户与邮政企业约定将其进口邮件存放在营业或投递网点，由其定期自行领取。

存局自取方式一般适用于以下情况：邮政投递人员无法按址投递的，如军政保密单位等；企业事业单位不肯接收的；单位或个人因临时搬迁尚未固定通信地址的；由于客观原因未申请到地方主管部门核发的门牌号码、采用临时地址通信的，如施工现场等；物业或安保管理单位拒绝邮政投递人员入内正常投递作业的。

（2）代投自提。代投自提是邮政企业与用户协商后将邮件送达到最靠近收件人地址的智能包裹柜、自有或加盟的代投自提网点，由收件人自行到智能包裹柜、相关代投自提网点提取邮件的一种方式。

（二）函件投递频次和投递深度

1. 投递频次

（1）城市每天不应少于1次。

（2）乡、镇人民政府所在地每周不应少于5次。

（3）农村地区每周不应少于3次。

（4）交通不便的边远地区，应按照国务院邮政管理部门制定的标准执行。

（5）收件人有特殊需要时，应在签订书面协议后，按双方约定时间投递。

（6）约投挂号、同城大宗账单等的投递频次应符合集团公司相关规定。

2. 投递深度

（1）信件

① 城市。收件人地址为单位地址的，按下列情况投递。投交到单位设在地面层、院门口的收发室或指定的邮件接收人员。多单位同在一幢楼或一个院内的，投交到地面层入口处指定的统一收发室，或投交到单位分设在地面层的指定的邮件接收处。多单位同在一幢楼或一个院内，并已在地面层入口处设有指定的统一收发室，但其中有要求分户投递的单位，应到相关投递部门办理分户投递手续，之后方可投交到地面层约定地点。

收件人地址为住宅楼房的，按下列情况投递。设有收发室或物业代收的，投交到收发室或物业。设有信报箱（群、间），对平常函件实行插箱投递。无收发室、物业等机构代收且未设信报箱（群、间）的，对平常函件按与用户协商的指定位置进行投递。无收发室、物业等机构代收的给据信件，按与用户协商的指定位置进行投递。

收件人地址为平房、院落的，按下列情况投递。按门牌号码投递到户。设有收发室的，投交到收发室。设有信报箱（群、间）的，对平常函件实行插箱投递。

寄交船舶的邮件，投递到船舶隶属单位的收发室。

用户有停投、存局自取等特殊需求的，双方签订书面协议，按照约定投递。

约投挂号邮件按邮件封面书写的收件人具体地址投递；对符合集团公司相关规定且收件人要求自取、投放智能柜的，可按用户要求进行投递。

② 农村。乡、镇人民政府所在地邮件的投递深度，应等同于城市的投递深度。农村地区邮件应投递到村邮站或其他接收邮件的场所。农村约投挂号邮件的投递深度按照集团公司的相关规定执行。

（2）印刷品

印刷品的投递深度按函件的投递深度规定执行。无法插入信报箱或重量超过5kg的住宅用户的印刷品，改为用户领取。

第三节　国内函件业务管理

邮政业务管理是邮政部门为了满足社会用邮需要，保障业务经营和生产活动正常运行，而进行的一系列关于邮政业务方面的计划、组织、开发、协调等活动。邮政部门向社会提供的各种服务，是通过开办各项业务来实现的。因此，邮政部门在其经营和生产全过程中，必须通过业务管理对所经营的各项业务加以规范，确保其使用价值，达到迅速、准确、安全、方便的通信效果，以满足社会的通信需要。

函件业务管理是邮政业务管理的重要组成部分，其管理内容也适用于其他邮政业务，主要有以下几个方面。

一、三项基本制度

交接验收、勾挑核对、平衡合拢是邮件传递工作方面应该严格执行的三项基本制度，是邮政长期开办业务的经验总结。为满足信息化、条码化、自动化生产模式的高效运转和质量管控需要，在确保邮件信息与实物一致的基础上，邮政企业要进一步对交接验收、勾挑核对、平衡合拢三项基本制度进行优化，推行"扫描跟踪、责任交接、动态平衡"制度。

（一）扫描跟踪

在处理邮件的过程中，邮政企业在生产各环节办理交接时，应严格执行扫描跟踪制度，明确责任，确保邮件处理质量。

1. 邮件轨迹跟踪点（段落）规定

（1）给据邮件。每个邮件均进行全程跟踪，传递全程需要邮件收寄、离开收寄网点、到达出口处理中心、出口封发、离开出口处理中心、到达进口处理中心、进口封发、离开进口处理中心、到达投递网点、邮件妥投等轨迹跟踪点。如邮件全程需多次散件或总包经转，需相应增加轨迹跟踪点。

（2）平常邮件。以每个总包为单元分段跟踪，跟踪段落为：总包离开收寄网点—总包到达出口处理中心，总包离开出口处理中心—总包到达进口处理中心—总包离开进口处理中心—总包到达投递网点。如总包全程需多次经转，需相应增加轨迹跟踪段落。

2. 邮件轨迹跟踪点的时间采集要求

对邮件轨迹跟踪点的时间一定要按要求来采集，不得使用邮件清单、路单信息的发送、下载或勾选操作时间作为邮件轨迹跟踪点的时间。邮件轨迹跟踪点的时间采集要求如下。

（1）给据邮件收寄时间：在信息系统中完成收寄操作的时间。

（2）给据邮件及平常邮件总包离开收寄网点时间：所在上行市趟邮路的封车操作时间。

（3）给据邮件及平常邮件总包到达出口处理中心时间：所在上行市趟邮路的解车操作时间。

（4）给据邮件出口封发时间：所在出口总包封发清单信息的生成时间。

（5）给据邮件及平常邮件总包离开出口处理中心时间：带运邮路的封车操作时间。

（6）给据邮件及平常邮件总包到达进口处理中心时间：接卸邮路的解车操作时间。

（7）给据邮件进口封发时间：所在进口总包封发清单信息的生成时间。

（8）给据邮件及平常邮件总包离开进口处理中心时间：下行市趟邮路的封车操作时间。

（9）给据邮件及平常邮件总包到达投递网点时间：下行市趟邮路的解车操作时间。

（10）给据邮件妥投时间：信息系统中反馈的妥投时间。

（二）责任交接

1. 责任段落的划分

责任交接分为收寄、网运出口（含上行市趟）、网运进口（含下行市趟）、投递4个责任段落。

2. 交接的基本内容

（1）邮件信息与实物是否相符。

（2）邮件袋（容器）的封装是否符合规格标准。

（3）散件、总包的发运路向是否正确。

3. 不合规格标准情况

交接时有下列情况之一的，应视为不合规格标准。

（1）散件：装有禁寄物品或超过限寄范围的物品。不符合封面书写、重量及尺寸要求和封装规格。条码标签、收寄单位名称不清晰，以致不能辨别邮件种类或影响扫描抄登。邮费交付不足，漏付邮资。未按各类邮件的准寄范围或相关业务种类收寄的邮件。改退邮件未加盖改退戳记、未粘贴"改退批条（邮1407）"或改退批条手续不全。

（2）总包：袋牌不能辨别接收局名、号码，条码无法识读。封志模糊，不能辨别封发局名；封志不固，袋绳可以抽出；封志有撬动、锤砸等痕迹。使用手携扎袋器封袋，夹印在塑料袋上，无封发局名或封发局名无法辨别的。扎绳有结头，捆扎不紧，能将袋绳捋下，封袋后绳头长度超过1cm。邮袋反用，邮袋袋身有2cm以上破洞、裂口，破洞非机器缝补或破洞用绳捆扎后，内件有取出可能的；袋皮水湿、油污，推断是内件破造成且总包超过限重的。信盒未双边封盒及信盒、集装箱（笼）破损且内件有取出可能的。

（3）散件外走邮件总包：外走邮件尺寸不符合外走要求。外走邮件的外包装上未书写收（寄）件人详细地址。外走邮件形状不规则（如三角形、梯形、锥形）或是组合可拆卸物品的邮件、"红杯"和"红杯水"、贵重包裹。

（三）动态平衡

在邮件的传递全程和各责任段落内，邮政企业应以每个邮件为核心，实现生产数据的自动平衡和动态平衡。

在生产过程中应利用动态平衡合拢数据，推行生产现场看板管理，随时发布业务量预告、工作完成进度、时限完成进度，并对邮件有进无出、即将逾限和已经逾限等异常情况进行告警。

平衡时，如果总数不平衡或结存数与实存数不符，应立即采取措施查明。如复查无结果，应立即向主管人员如实汇报，并进行详细记录，以备后续检查。

二、收寄工作的检查

收寄环节是邮政网的入口，收寄质量的高低直接影响着邮件在邮政网中的传递。同时，各级邮政通信管理局也会对邮政企业的收寄工作进行检查。因此，各级邮政企业应增强收寄工作质量意识，开展定期和不定期的收寄工作检查，以提升收寄工作质量。

收寄工作的检查项目主要包括以下内容。

（1）收寄服务规范是否执行。

（2）营业网点是否对外公示服务种类、资费标准、邮件和汇款的时限标准、查询及损失赔偿办法、禁止寄递或者限制寄递物品的规定等。

（3）是否执行收寄验视制度和实名收寄制度。

（4）各类邮件业务的资费标准、收寄封装规格标准、封面书写、全名址信息录入、日戳加盖和邮件封发质量执行情况是否规范。

（5）邮资机是否按规定使用。

（6）有价空白单据、票据、服务设施、业务章戳、用品用具等的管理是否规范。

（7）营收款和出售品管理是否规范。

（8）窗投、催领和逾期退回是否规范。

（9）收寄邮件是否按规定封发，总包是否按计划发运。

（10）邮件错收资费是否按规定处理。

（11）信筒（箱）是否按规定频次开取，是否按规范处理。

（12）各类设备的使用是否安全规范，运行是否正常；各类衡器磅秤是否安检合格、度量准确。

三、业务档案的管理

普通邮件业务档案主要包括：涉及普通邮件查询和记载内部处理手续、交接责任、邮费的各种业务单据和凭证，以及有关的登记簿、清单、通知单、邮件结算平衡表等。

信息系统已生成的档案，可保存电子单式或纸质单式至邮政企业业务档案室。业务档案室应具备纸质档案保管、电子档案存档等所需的条件，有条件的邮政地市分公司要做到集中统一管理业务档案。

1. 业务档案的寄递与送交

（1）业务档案应及时寄递与送交，按月寄送的为次月 5 日前，按日送交的为次日 11 时前，分拣封发和运输部门可以保留电子版的业务单式。

（2）进行业务档案寄递与送交前应分类分项理订，按要求装订封皮，在封面上注明单位、档案种类、日期、张数等内容，并加盖章戳，不得散张或打捆上交。

（3）业务档案可按邮政公事邮件寄送，寄送时必须填写清单，并做到单物相符，项目填写齐全、规范。

（4）接收业务档案时，档案人员应认真核对清单与实物是否相符，理订质量是否符合标准。对业务档案上交不及时、理订质量差的，应通知寄送单位整改。

（5）业务档案接收核对无误后，档案人员应及时登入台账，入架格存放。

2. 业务档案的查阅与调阅

（1）邮政企业内部因工作需要查阅、调阅档案时，应经主管部门批准。查阅时应在接待查询登记簿上注明查阅人单位、姓名、日期、查阅内容和数量，查阅人员应保持纸质档案完整无损（不得将档案拆开、划销或涂改），并不得私自将档案携带出室；查阅人员查阅完毕后应保持电子档案完整、无删减篡改。调阅时应办理相关调阅和交接手续，被调阅的业务档案相关部门应留存副份备查。

（2）公安机关、国家安全机关、检察机关、人民法院依据法律规定需要调阅业务档案时，必须凭被调阅单位所在地的县以上（含县级）公安机关、国家安全机关、检察机关、人民法院出具的书面证明，并写明邮件具体节目、调阅时间，向相关县或者县级以上的邮政企业办理调阅和交接手续。与被调阅的业务档案相关的邮政企业应留存副份备查。

（3）公安机关、国家安全机关、检察机关、人民法院和其他单位因案件需要查阅业务档案时，必须按照上述程序经当地县以上（含县级）公安机关、国家安全机关、检察机关、人民法院批准出具证明，办理查阅手续。查阅工作由档案人员办理，档案人员应告知查阅结果，但不签署意见。查阅人如需要对相关业务档案内容进行摘录、复制、拍照等，档案人员应予同意，但对摘录、复制件和电子版不签署意见表和盖章证明。除公安机关、国家安全机关、检察机关、人民法院外，其他单位不得将有关档案调走，但可以加盖用于证明材料来源的戳记。

（4）军队师以上（含师级）保卫部门、军事检察院、军事法院和县以上（含县级）的铁路公安、检察院、人民法院出具书面证明，调阅、查阅业务档案时，可按上述有关规定办理档案调阅、查阅手续。

3. 业务档案的销毁

（1）从单据填制之日起计算，纸质业务档案保管2年，有特殊保管周期要求的单式，应按相关部门规定的周期进行保管。纸质业务档案保管期满后，档案室要保留各类纸质业务档案的电子版存档备份。

（2）对尚未结案的业务档案或有其他特殊需要的业务档案应在销毁前取出另行保管。保管期满的业务档案，应提出销毁报告，登列销毁清单报请主管部门批准。

（3）业务档案的销毁应由档案人员主办，业务主管部门派人监督，保证业务档案销毁彻底。

（4）档案人员对业务档案的销毁情况应当做好记录，记明档案种类、时期、处理方法和日期。销毁手续应完整、规范，销毁记录保管1年。

四、专用邮政信箱的检查

为中央和地方重大专项工作提供专用邮政信箱服务，是党和国家交给邮政企业的一项重要政治任务，也是邮政企业政治责任和政治担当的重要体现。因此，各级邮政企业业务必强化政治责任和履职担当，确保专用邮政信箱寄递渠道绝对安全、畅通。

（一）检查要求

各级邮政企业要加强督导和培训，确保基层业务操作人员包括委代办人员熟练掌握专用邮政信箱的收寄要求和处理规定，层层签订保障专用邮政信箱寄递服务质量责任书。

各级邮政企业应将设置的巡视、督察、督导等专用邮政信箱，作为邮政企业各环节服务、管理和检查的重点，对所有专用邮政信箱凡设必查。各级邮政企业要将专用邮政信箱的寄递服务工作纳入日常管理和监督检查范围。

各级邮政企业要积极配合邮政管理部门的监督检查，对服务工作中出现的问题要主动向当地有关管理部门汇报沟通。

（二）检查内容

检查内容主要包括有无专用邮政信箱管理制度，明确职责和分工；是否组织开展专用邮政信箱各环节处理规范的业务培训；是否层层签订保障专用邮政信箱寄递服务质量责任书；专用邮政信箱的设置和报备是否符合流程和要求；相关人员是否熟悉收寄环节、严格执行收寄要求；分拣处理环节是否操作规范；是否按要求及时准确妥投；专用邮政信箱邮件投递业务量情况。

实践项目

项目一　操作实训

1．项目目标：熟悉和掌握函件的准寄范围，重量、尺寸限度、资费标准等业务规定，能够利用新一代营业渠道系统熟练完成国内函件的收寄操作，为参加职业技能鉴定实操考试打下基础。

2．项目内容：国内挂号信函、国内挂号印刷品和国内附回执的挂号信函的收寄。

3．项目实施及要求：（1）课前要求学生熟练掌握函件业务基本规定，能够计算本、外埠函件资费。（2）引导学生到邮政营业技能实训室，为每位学生分配一个台席，让学生学会使用新一代营业渠道系统、电子秤和打印机。（3）让学生认识收寄所用到的各类业务戳记和业务单式。（4）任课教师边演示，学生边操作，完成给据函件的收寄，并通过布置练习题，让学生熟练掌握相关知识。（5）下课后，要求每个学生撰写一份实践报告，总结收寄给据函件的流程和注意事项。

项目二 实地调研与访谈

1．项目目标：了解邮政营业网点业务开办、业务营销、用户服务和网点管理等内容，熟悉网点负责人或支局（所）长岗位职责，提升学生对该岗位的认知水平。

2．项目内容：组织学生到当地邮政营业网点调研，并对网点负责人或支局（所）长进行访谈。

3．项目实施及要求：（1）任课教师需提前与邮政营业网点负责人或支局（所）长联系，安排好时间和地点。（2）任课教师要求学生以班为单位，提前列出访谈提纲。（3）学生在实地调研与访谈期间，要遵守企业生产安全规定，听从安排，多提问，并做好记录。（4）实地调研后，学生以5～6人为一组，每组撰写一份针对网点负责人或支局（所）长岗位认知的实践报告。

拓展知识

主题邮局，独特的"邮政绿"

知识巩固

1．单选题

（1）一件寄往外埠的平常信函重741g，其资费是（　　）元。

A．11.2　　　　　B．14.2　　　　　C．20　　　　　D．21.2

（2）印刷品的最大重量限度是（　　）。

A．5kg　　　　　B．10kg　　　　　C．25kg　　　　　D．35kg

（3）函件按（　　）分类，可分为平常函件和给据函件。

A．性质　　　　　B．处理手续　　　C．传递时限　　　D．运递方式

（4）给据信函受理查询的有效期为自交寄之日起（　　）。

A．4个月内　　　B．半年内　　　　C．1年内　　　　D．一年半内

（5）印刷品如果有投入信筒（箱）的，应视为（　　）收寄。

A．印刷品　　　　B．包裹　　　　　C．信函　　　　　D．特快专递

2. 多选题

（1）下列属于用户领取的函件有（　　　）。

    A．信件　　　　　　　　　　　　　B．保价信函

    C．印刷品（单件重量不超过 5kg）　D．存局候领函件

（2）下列可作挂号函件在营业网点交寄的有（　　　）。

    A．信函　　　　　　B．邮简　　　　　C．印刷品　　　　　D．盲人读物

（3）下列属于函件业务特点的是（　　　）。

    A．本质是传递信息而不是传递物品　　B．以传递实物的形式为用户传递信息

    C．属于专营业务　　　　　　　　　　D．具有鲜明的普遍性和公用性

（4）邮政传递工作方面应该严格执行的三项基本制度包括（　　　）。

    A．交接验收　　　　B．勾挑核对　　　C．验收勾核　　　　D．平衡合拢

（5）收寄局不接受撤回或更改申请的情况包括（　　　）。

    A．个人寄给党和国家领导人、县级以上（含县级）党政机关的信函

    B．已由收寄局发出的平常信函

    C．特快专递邮件

    D．约投挂号邮件

3. 判断题

（　　）（1）国内印刷品交寄时必须经收寄人员验视后才进行封装。

（　　）（2）非保价函件指交寄时不报明保价金额，丢失、短少、损毁时，邮局不承担赔偿责任的函件。

（　　）（3）已由收寄局发出的平常信函，不接受撤回或更改申请。

（　　）（4）从性质上，函件业务属于物品流通性质的运输业务。

（　　）（5）挂号函件的收寄流程是称重、计费——接收、验视——录入信息、打印收据——销票、盖戳、贴签、给据——复核、封发。

4. 简答题

（1）用户的有效身份证件包括哪些？

（2）无着邮件包括哪些？

第五章

邮政报刊发行业务与管理

学习目标

【知识目标】

1. 掌握报刊发行业务常用术语；
2. 掌握报刊发行业务组织机构设置；
3. 熟悉并掌握报刊订阅业务处理流程。

【能力目标】

1. 初步具备利用互联网平台订阅报刊的能力；
2. 初步具备组织发行畅销报刊的能力；
3. 具备管理报刊发行业务资金的基础能力。

【素养目标】

1. 培养学生爱岗敬业、刻苦钻研专业知识的品质；
2. 培养学生树立风险防范意识，掌握科学的风险应对方法；
3. 培养学生树立引领意识，具备站在行业角度思考业务发展的职业意识。

情境引入

　　邮政企业为报刊社、出版社和广大读者提供报刊发行服务。报刊发行业务的基本方式为订阅和零售。随着新媒体的快速发展，传统报刊发行业务也在进行积极转型，拓展出了数媒发行业务、图书发行业务，也拓展出了网上订阅、微信订阅、手机订阅等多种电子化发行渠道。

近年来，邮政企业攻坚克难、融合创新，实现报刊业务规模持续稳步增长。2021年度报刊大收订实现流转额236.8亿元，同比增长3.7%，完成计划100.6%。31个省级分公司完成计划，各项工作成效明显，高质量完成了党和国家交给邮政的传递党的声音的任务，有力支撑了党和国家新闻传媒事业的发展。

同学们，报刊发行业务是邮政经办的传统业务之一。你了解报刊发行业务的性质、特点，以及报刊发行业务的相关处理流程吗？带着这些问题，我们进入本章的学习。

思维导图

```
                                         ┌─ 报刊产品概述
                                         ├─ 报刊发行业务的性质和特点
                         报刊发行业务概述 ─┼─ 报刊发行体制沿革
                                         ├─ 报刊发行业务重点市场
                                         └─ 报刊发行业务常用术语

                                         ┌─ 报刊发行业务组织机构
邮政报刊发行业务与管理 ── 报刊发行业务处理 ─┼─ 报刊订阅业务处理流程
                                         ├─ 报刊零售业务处理流程
                                         └─ 报刊数字发行业务模式

                                         ┌─ 报刊发行手续管理
                                         ├─ 统一接办管理
                         报刊发行业务管理 ─┼─ 邮发合同管理
                                         ├─ 报刊发行资金管理
                                         └─ 报刊投递质量管理
```

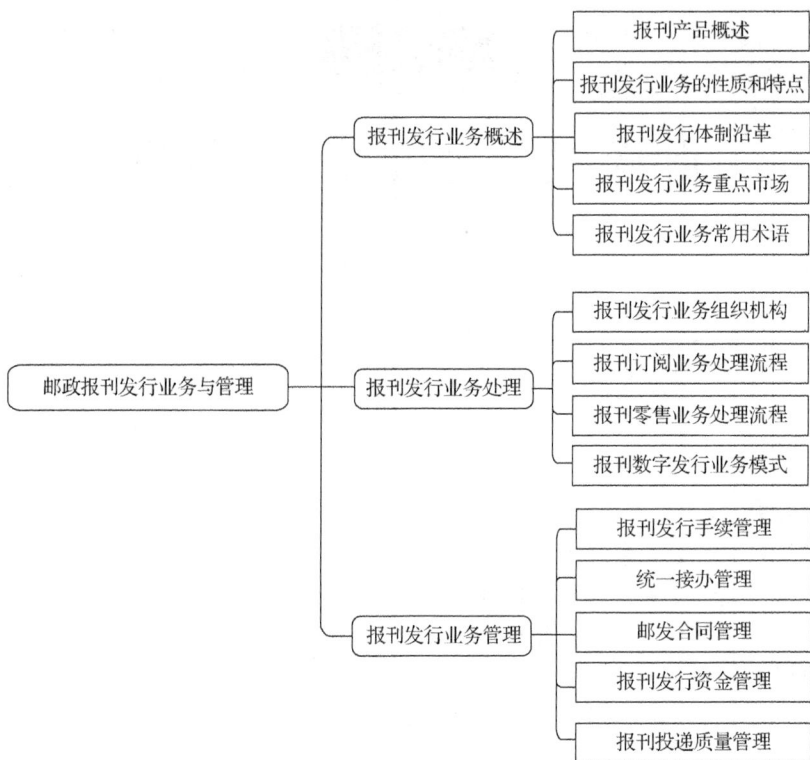

第一节 报刊发行业务概述

中国最早的报纸只在封建统治机构内部发行，读者对象是分封在各地的皇族、官吏和封建王朝的上层人士，由政府设置的邮驿传送。后来在北京出现了一些报馆联合开办的报纸发行市场，市场通过报贩层层批发零售，有的直接投送预订户，有的设摊零售或沿街叫卖。杂志一般由书店经销。这种发行方式一直延续到中华人民共和国成立初期。在中国革命根据地，报纸主要通过赤色邮政（交通局）传递。抗日战争和解放战争时期，各解放区先后成立邮、交、发三位一体的战时邮政，由其承担报刊的发行传送工作。因此，报刊发行业务一直是邮政的传统业务。

一、报刊产品概述

（一）什么是报刊

报刊是报纸和期刊的合称。

报纸是指有固定名称、刊期、开版，以新闻报道为主要内容的散页连续出版物。

期刊又称杂志，是指有固定名称，用卷、期或者年、季、月顺序编号，按照一定周期出版的成册连续出版物。由于我国的出版管理实行许可制，因此，并不是所有符合期刊形态的出版物都是合法期刊，即必须依法取得出版许可，方为合法期刊。合法期刊由依法设立的期刊出版单位出版。期刊出版单位出版期刊，必须经国家新闻出版署批准，持有国内统一连续出版物号，并领取《期刊出版许可证》。对于非法期刊，则按照打击非法出版物的有关规定予以取缔、处罚，邮政不予发行。

（二）报刊的分类

报刊可按出版地区、报刊内容和读者对象、刊期、文字 4 种标准进行分类。

1. 按出版地区划分

在国内出版的本国报刊，如本地出版的称"本埠报刊"，外地出版的称"外埠报刊"。外国出版的外文报刊，称为"进口报刊"。外国出版的中文版报刊，称"进口中文版报刊"。

2. 按报刊内容和读者对象划分

按报刊内容和读者对象划分，报刊可分为报纸和杂志。

3. 按报刊的刊期划分

（1）报纸可分为：日报、周六报、周五报、周四报、周三报、周二报、周报、旬报、半月报、月报。

（2）杂志可分为：周刊、旬刊、半月刊、月刊、双月刊、季刊、半年刊和年刊。

4. 按文字划分

按文字划分，报刊可分为中文版、外文版、少数民族版。

（三）报刊代号

1. 国内统一连续出版物号

国内统一连续出版物号是国家出版管理部门批准注册的出版者所出版的每一种连续出版物的代码标识。前面部分由前缀 CN 和 6 位数字组成。6 位数字由国家出版管理部门负责分配给连续出版物。CN 与 6 位数字之间空半个字符。6 位数字的前 2 位与后 4 位之间用半字线"-"隔开。其结构形式为：CN 报刊登记号／分类号[CN XX（2 位数字）-XXXX（4 位数字）/X（大写英文字母）]。分类号为中图分类号，具体分类代码如表 5-1 所示。

表 5-1　　　　　　　　　　　　中图分类号

分类号	分类名称	分类号	分类名称
A	马克思主义、列宁主义、毛泽东思想、邓小平理论	E	军事
B	哲学、宗教	F	经济
C	社会科学总论	G	文化、科学、教育、体育
D	政治、法律	H	语言、文字

分类号	分类名称	分类号	分类名称
I	文学	R	医药、卫生
J	艺术	S	农业科学
K	历史、地理	T	工业技术
N	自然科学总论	U	交通运输
O	数理科学和化学	V	航空、航天
P	天文学、地球科学	X	环境科学、安全科学
Q	生物科学	Z	综合性图书

国内统一连续出版物号的具体规定如下。

（1）国内统一连续出版物号的 6 位数字中，前 2 位为地区号，依据《中华人民共和国行政区划代码》中的数字码前 2 位给出，如天津为 12，河北为 13，山西为 14。连续出版物较多的北京地区，当地区代码"11"使用完毕后，使用"10"作为扩充代码。

（2）国内统一连续出版物号的 6 位数字中，后 4 位为地区连续出版物的序号。各省、自治区、直辖市的国内连续出版物序号范围一律为"0001～9999"，其中"0001～0999"为报纸的序号，"1000～5999"为印刷版连续出版物的序号，"6000～8999"为网络连续出版物的序号，"9000～9999"为有形的电子连续出版物（如光盘等）的序号。

示例：CN 11-5640/N，CN 为中国国别代码，11 为地区号，代表北京，5640 为北京地区连续出版物的序号。

需要特别指出的是，只有申请获批编入了国内统一刊号的正式报纸才能公开征订、发行、陈列或销售，刊登广告和刊出定价。

需要明确的是，国内正式期刊的刊号由国内统一刊号和国际刊号两部分组成，国内统一刊号是国内统一连续出版物号的简称，即"CN 号"，"CN"是中国国别代码，是新闻出版行政部门分配给连续出版物的代号。国际刊号是国际标准连续出版物号的简称，即"ISSN号"，由国际连续出版物数据系统设在各个国家、地区的机构负责分配。一般获得国内统一刊号的期刊同时配有国际刊号，只有国际刊号而无国内统一刊号的期刊不允许在国内公开发行。

2. 邮发报刊代号

委托邮政企业发行的报刊，除使用国家规定的国内统一刊号外，还应由邮政企业编列邮发报刊代号（或称为"邮发代号"）。邮发报刊代号是确保邮政发行系统内部作业科学的有效工具。通过编列邮发报刊代号把发行作业的内部处理有序地组织起来，对加强管理、提高质量、提高效率，规范化地进行内部作业等方面有着十分重要的作用。

邮发报刊代号由两部分组成，前一部分号码代表报刊出版地所属的省、自治区、直辖市。报纸用单号，杂志用双号。后一部分号码代表报刊序号。两部分号码排在一起，中间用横线隔开。如《人民日报》为 1-1，《求是》杂志为 2-371。报纸、杂志均由各省、自治区、直辖市公司分别从 1 号起顺编。对中止邮发的邮发报刊代号，一年内不得重用，恢复邮发时，可使用原编列的邮发报刊代号或重新编列。分地发行的报刊，仍用原接办局编列的邮发报刊代号，不另编新代号。各省、自治区、直辖市的邮发报刊代号如表 5-2 所示。

表 5-2　　　　　　　　　　　　各省、自治区、直辖市的邮发报刊代号

省、区、市	代号		省、区、市	代号		省、区、市	代号		省、区、市	代号		省、区、市	代号	
	报	刊		报	刊		报	刊		报	刊		报	刊
北京	1	2	内蒙古	15	16	福建	33	34	陕西	51	52	西藏	67	68
	79	80	河北	17	18	河南	35	36	甘肃	53	54	宁夏	73	74
	81	82												
上海	3	4	山西	21	22	湖北	37	38	青海	55	56	重庆	77	78
天津	5	6	山东	23	24	湖南	41	42	新疆	57	58	海南	83	84
辽宁	7	8	安徽	25	26	江西	43	44	四川	61	62	香港	待定	待定
吉林	11	12	江苏	27	28	广东	45	46	云南	63	64	澳门	待定	待定
黑龙江	13	14	浙江	31	32	广西	47	48	贵州	65	66	台湾	待定	待定

二、报刊发行业务的性质和特点

报刊发行业务是邮政部门利用遍布全国的邮政网，以及用户广泛、传递迅速等特点，将报刊出版单位出版的报纸、杂志以订阅或零售的方式发送给读者的业务。

（一）报刊发行业务的性质

邮政部门经办的报刊发行业务与其他邮政业务相比有一定的特殊性。

（1）具有严肃的政治性。报纸和杂志是宣传党和国家方针政策、进行思想政治教育最普及和最有效的工具之一。报刊发行业务是社会主义精神文明建设的重要组成部分，发展报刊发行业务对提高全民素质具有重要意义。报刊发行业务是邮政部门的一项主要业务，报刊发行工作同时也是邮政部门的一项政治任务。

（2）传播信息的通信性。各类报刊既宣传党和国家的方针政策，又传播丰富的知识和大量的信息。尤其是随着社会主义市场经济体制的建立和商品经济的发展，报刊发行业务在传播信息，促进经济发展和国家物质文明建设等方面发挥着越来越重要的作用。

（3）业务活动的商业性。报刊本身就是商品，且是可供出售的实物商品。不论是订阅还是零售，报刊发行都属于实物商品交换行为。

总之，报刊发行是党和国家的宣传工作的组成部分，也是一项经济工作，还是邮政企业的一项主要业务，具有邮政通信的一般性质。所以邮政企业在开展报刊发行业务时既要遵循邮政通信的一般规律，又要遵循商品流通的特性。

（二）报刊发行业务的特点

报刊发行业务与其他邮件业务相比，具有以下特点。

1. 种类多

邮政作为社会公用的发行渠道，全国出版的报刊绝大多数交邮政发行，目前邮发报刊约有1万多种，几乎涵盖了所有的报刊种类。

2. 变动大

受多种因素的影响，报刊在出版过程中会发生变动，如报刊名称、刊期、出版日期、版面等的变动。每种变动都可能涉及全网作业组织的变化。

3. 时限要求高

把控时限是做好报刊发行工作的核心。时限要求贯穿于整个报刊发行过程，有开始收订和截止收订时间，内部处理时限，要数时限，订单寄发时限，分发、交运、投递时限等，从而确保报刊发行及时、迅速。

4. 连续性强

报刊是连续出版物,具有服务、生产的连续性。一是表现在为报刊社和读者服务的时间上,当读者办理订阅手续后,邮政部门将依据与读者约定的服务内容与时间,连续不断地为读者服务到订阅期满为止。二是邮政部门与报刊社的要数、结算等工作也是连续不断的。三是表现在各发行局之间、各工种之间,各环节、各部门和各单位要环环相扣,紧密衔接不断,直至完成最后一份报刊的投送,才算终结业务联系。

5. 牵涉面广

报刊发行部门对外既要面对千家万户,又要面对众多报刊社,同时还要面对很多社会发行站、收投点、批销户等,共同完成收订和销售工作;对内则涉及营业、封发、分拣、运输、投递、财务等各部门和相关环节。同时,报刊发行是党和国家宣传工作的一部分,报刊发行部门必须经常向当地党委和政府部门请示、汇报工作。

三、报刊发行体制沿革

中国的报刊发行体制的发展大体经历了以下 3 个阶段。

第一个阶段为中华人民共和国成立初期到 20 世纪 80 年代前期,为"邮发合一"体制。"邮发合一"是我国从苏联学来的一种发行体制,这是指把报纸发行工作交给邮局来做,把报纸的生产(编辑、印刷)和流通(发行)截然分开,把送信与送报捆在一起,把多家报刊捆在一起,把报刊的征订、发运和投递捆在一起,把批发和零售捆在一起。

中华人民共和国成立以后,根据全国报纸经理会议和第一次全国人民邮政会议决议,经中央批准,1950 年 2 月,邮电部和国家新闻总署制定了《关于邮电局发行报纸暂行办法》,确定了我国的报纸交邮局发行的"邮发合一"方针。1950 年 2 月 13 日,《人民日报》社率先与邮政总局签订协议,自同年 3 月 1 日起《人民日报》交邮局发行。1953 年 1 月,在对报纸实行"邮发合一"取得成效的基础上,中央又决定将新华书店和中国图书发行公司发行的定期出版的杂志全部交邮局发行。从此我国正式采用"邮发合一"的报刊发行体制,由此确定了邮政发行报刊的主渠道地位。自中华人民共和国成立到 20 世纪 70 年代,邮政一直是我国报刊发行的唯一力量。

第二个阶段从 1985 年洛阳日报退出"邮发",自办发行开始,"邮发"和"自发"两种体制平分秋色,并存竞争。

第三个阶段大约从 20 世纪 90 年代中期开始,出现了专业化的民营和外资发行公司,自此,报刊发行呈现出多渠道态势。如今,随着文化体制改革的不断深入,市场经济的成熟和完善,我国的报刊体制越来越呈现出多元化态势。中国邮政从 20 世纪 50 年代开始承担报刊发行业务,经过几十年的发展,成为我国报刊发行的主渠道。

四、报刊发行业务重点市场

报刊发行业务发展至今,依然在下列重点市场实现了持续稳定增长。

(一)党报党刊市场

党报党刊发行是党和国家交给邮政企业的一项政治任务。党报党刊是指中国共产党各级组织的机关报和刊物,是中国共产党的纲领、路线和政策的宣传工具。党报党刊主要有《人民日报》《光明日报》《经济日报》《新华每日电讯》《解放军报》《求是》《党建》《人民论坛》《马克思主义研究》等。邮政企业要积极对接宣传部、组织部,以及机关工委、教育工委和国资委,积极推动非公企业订阅,确保党报党刊发行稳定。

（二）行业报刊市场

行业报刊是邮政企业进行报刊年度收订的重要抓手。针对行业报刊市场，邮政企业应聚合行业主管部门的行政力量、报刊社的通联宣传力量、邮政企业的服务力量，三位一体地建立协同发行机制。省、市、县三级发挥齿轮效应，逐级推进，明确目标，层层压实责任。邮政企业还应强化服务创新，提供多样、便捷的订阅方式，如阅读学习单、集订分送、大客户专用二维码等，大力发展机构客户订阅、系统垂直订阅市场。

（三）中央直属报刊市场

目前，邮政企业接办的中央直属期刊共有 15 种。针对《中办通讯》《秘书工作》《中国纪检监察》等系统组织能力强、征订力度大的报刊，邮政企业要主动协调召开发行会、下发文件布置征订工作，对上门收订、集中收订、名址整理及票据等方面的需求，安排要妥当，服务要及时。对《中国老年》《中国消防》《当代党员》等系统组织力度较为薄弱的中央直属期刊，邮政企业要对照交邮初期发行数据，梳理流失客户，挽回老客户，拓展新客户，切实履行好邮政发行责任，兑现对报刊社的承诺。

（四）畅销报刊市场

畅销报刊是邮政企业在上万种邮发报刊中，根据发行量、市场认可程度和发展潜力等因素，通过推荐省数、期发量、上年增幅、流转额等 4 项指标计算分数，经过反复研究、精心筛选而产生的，是邮政企业与中国主流大众媒体强强联合、共同打造的文化服务品牌。针对畅销报刊市场，邮政企业要积极做大业务规模，打造精品期刊，不断更新迭代报刊产品，开展分类营销，加强科技赋能，打造邮政企业畅销报刊发行品牌，扩充基础客户群体。

（五）校园报刊市场

校园报刊市场是邮政报刊发行的重要的专项市场和主要的业务增长点，目前全国约有400 亿元的校园报刊市场，邮政只占 23 亿元，市场空间巨大。邮政企业要发挥主渠道优势，针对不同学生群体在其不同成长阶段进行精准营销，不断提高自身在校园报刊市场中的占比。

（六）军营市场

军营市场订阅基数大、覆盖范围广，涵盖现役军人、退役军人、警察、民兵、军事迷等细分人群，具有旺盛的文化需求，市场前景广阔。邮政企业要主动联系省级军营主管部门和省级军人退役事务厅，商洽报刊订阅事宜，争取统一推荐订阅，通过开展座谈会、联谊会、阅读分享会等活动营销模式，搭建沟通平台，促成报刊订阅。同时，还要发动社会各界开展向军人或军属赠阅报刊等公益活动，实现规模获客。另外，还可以联合报刊社开展记录军旅生活的活动，增加基层官兵自费订阅量。

（七）数媒产品市场

邮政企业要以企业文化建设、党建学习、员工培训、在线教育等市场需求为切入点，加强数媒产品研究，大力推进以复合发行、组合订阅、知识付费、有声图书墙、智能硬件等为主的邮政数媒产品发行。如"党建有声图书墙"的落地实施，就借助创新机制，实现了数媒发行模式的快速推广。邮政企业还应发挥"纸媒+数媒"的联动作用，做好品牌报刊的复合发行和组合订阅，如"财新周刊+财新通""农村百事通+今日三农"等产品组合；继续做大学娱通、混沌学园、喜马拉雅等知识付费阅读产品的规模，进一步扩大邮政在数字发行领域的影响力。

五、报刊发行业务常用术语

1. 邮发合同

邮发合同是邮政企业办理报刊发行业务时，与报刊社之间设立、变更、终止民事权利义务关系的协议，是明确双方权利、义务，约束双方经济行为的法律文件。

省（自治区、直辖市）分公司是邮政企业邮发合同的签约主体。邮发合同的承办和签约单位必须经中国邮政集团有限公司授权。

2. 刊期和订期

刊期是指报纸、杂志的出版周期。每天都出版和每周出版 6 期的报纸称为日报。除日报以外的其他报纸统称为期报。每周出版 4 期的报纸称为周四报，每两个月出一期的杂志称为双月刊。

订期是订阅报刊的起止期限。

3. 整订和破订

整订是指读者订阅报纸、杂志按整月、整季、半年或全年预订的办法，相关规定如下。

（1）报纸按月整订。

（2）周刊、旬刊、半月刊、月刊杂志按季整订。

（3）双月刊、季刊、半年刊杂志按半年整订。

（4）年刊和不定期刊杂志按年收订。

（5）长期订阅，年底截止。

破订是指读者订阅报刊的订期，对于报纸和杂志中的周刊、旬刊、半月刊不满一个月，月刊不满一季，双月刊、季刊不满半年的订阅方式，相关规定如下。

（1）对于错过整订期的订户，邮局应随时办理报刊破订。

（2）破订从来得及要数的当期起接受订阅。

（3）会议等特殊需要的报纸可以中途止订。

（4）报纸出版地邮局对本地出版的日报、周六报、周五报应做到次日起订。

4. 报刊流转额

报刊流转额是指各订销局在报告期内订阅和零售的各种报刊按定价计算的合计款额，计量单位为"元"。

第二节 报刊发行业务处理

报刊发行业务作为邮政的传统业务，有着相对成熟和专业化的处理流程。报刊社委托邮政企业发行报刊的，应提供国家新闻出版署批准报刊出版的批文和省、自治区、直辖市新闻出版局核发的出版许可证和报纸、期刊登记表。报刊社一般应在出版地邮政企业办理发行，需要在出版地以外地区的邮政企业办理发行的，应报中国邮政集团有限公司审批。接办单位将报纸按月、杂志按季向报刊社提供该报刊在发行范围内的发行数量分布情况。邮政企业发行的报刊，除使用国家规定的国内统一刊号外，邮政企业还需编列邮发报刊代号。

报刊接办工作是报刊邮发的起始环节，是代表邮政部门与报刊社、出版社联系协作的窗口。报刊接办后，就正式进入邮发渠道。

一、报刊发行业务组织机构

邮政报刊发行业务由中国邮政集团有限公司、省（自治区、直辖市）分公司、市分公司、县（区）分公司按照相应职责实行分级管理。

中国邮政集团有限公司负责全国邮政接办报刊目录的审批，省际直封关系维护，分印、区域代理审批，起草和确定邮发合同文本等业务管理工作，以及协调省际报刊资金清缴工作。

省（自治区、直辖市）分公司负责报刊邮发合同的签订、报刊款的集中管理、直封单位及分拣封发关系维护，可授权下属相关部门负责处理上述事项。

报刊发行业务组织机构按照它们在报刊生产过程中所处的地位、责任和业务角色的不同，分为网点、订销局、省报刊发行局、发报刊局和邮区中心。

（一）网点

网点是指办理报刊收订、退订、改寄、补退款、零售要数、缴款、验单、分发和投递的邮政网点，包括收订网点、投递网点和零售网点，其业务管理部门是订销局。

（二）订销局

各级市、县邮政分公司均承担办理发行报刊的收订、投递及零售任务，所以在报刊发行业务处理过程中称作订销局。订销局的主要职责包括报刊业务宣传、订阅审核、网点收订日结处理、账款管理、对账、结算、查验、报刊分发和订销管理，同时负责集中网点缴款，向省报刊发行局缴款结算和对网点的业务进行管理等工作。

（三）省报刊发行局

省报刊发行局（以下简称"省局"）主要完成业务审核、经营管理、会计结算管理等功能，其主要职责如下。

（1）要数审核，对全国数据处理中心计算的要数结果进行审核确认。

（2）完成省局与订销局、省局与发报刊局及省际的报刊款结算。

（3）对省局负责的报刊目录的变动进行审核处理。

（4）集中管理长期报刊款。

目前，各省报刊发行业务部门与集邮业务部门、函件业务部门整合为集邮与文化传媒部，主要负责集邮、函件传媒、报刊发行和产品管理，提供解决方案、业务培训、产品服务、售后服务等方面的营销支撑。

集邮与文化传媒部统一内设业务管理室、创意研发室。集邮、函件或报刊年业务收入达到1.5亿元的，分设集邮业务室、函件业务室或报刊业务室，不再单设业务管理室。

（四）发报刊局

报刊发行业务是邮发工作的重要组成部分，在全程全网业务处理过程中，既是订销数字集中转移的终点，又是由数字转化成实物并将报刊（实物）分散转移的起点，是从集中过渡到分散的枢纽部位，同时是邮政和报刊社之间进行数字与实物转化的窗口，所以其在整个邮政报刊发行过程中占有重要的地位。

发报刊局是各省局根据各省报刊出版实际情况和发行需要，在报刊出版地设置的办理报刊发行的专门机构。发报刊局的主要职责包括以下几个方面。

（1）具体负责与报刊社签订发行合同，接办报刊发行任务。

（2）负责各省订单要数的审核，并进行变数处理和制签。

（3）向报刊社通知印数。

（4）向邮区中心或订销局分发报刊。

（5）与省局及报刊社办理报刊款结算。

（五）邮区中心

在邮政报刊发行系统中，邮区中心负责出口报刊的制签、进出口报刊分发、运输和查验等工作。

二、报刊订阅业务处理流程

报刊订阅是报刊发行业务的基本方式之一。报刊订阅执行定期预订预收制度。市、县邮政营业网点、投递局均办理报刊订阅业务，邮政营业厅内常年设立收订窗口，办理日常报刊订阅业务。邮政报刊发行业务处理总流程如图 5-1 所示。

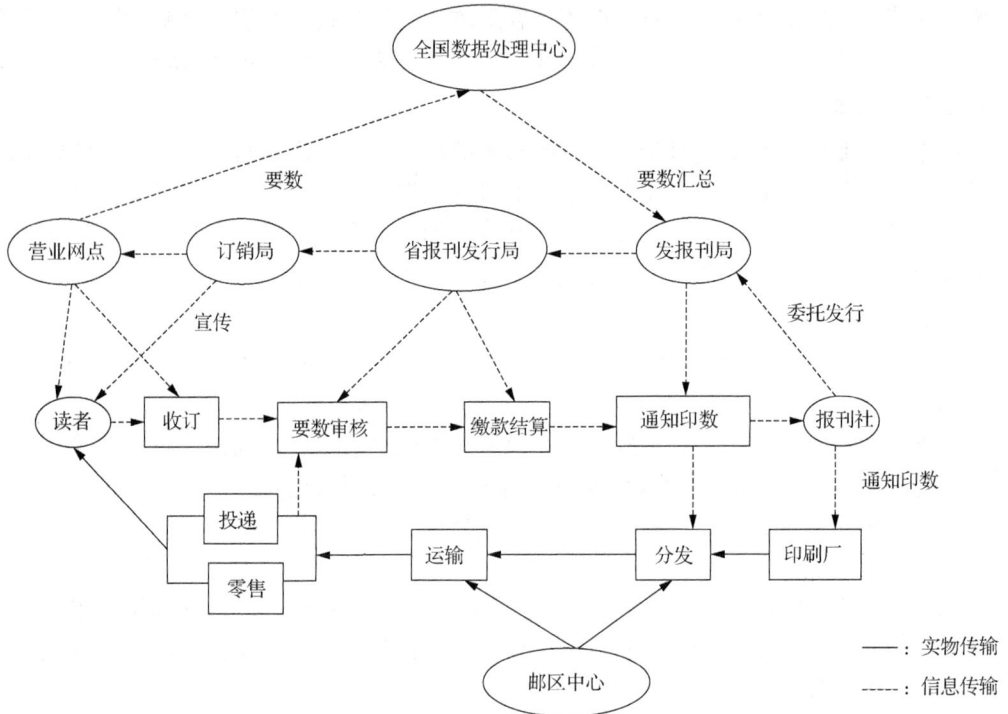

图 5-1　邮政报刊发行业务处理总流程

（一）收订

除采取窗口收订、上门收订、报刊发行站（员）收订、线上订阅、电话收订 5 种方式外，邮政企业还可根据需要委托社会其他单位或个人代为收订报刊。所有邮政收订窗口均可办理全省范围内通订业务，且在订户地址在地址库中明确的情况下，可办理全国省际异地订阅业务。网上可受理全国范围内的订阅业务。

常用收订方式的一般手续如下。

1. 窗口收订

（1）订户订阅报刊时，零星订户应填写报刊订阅单，大宗订户应填写报刊订阅清单。

（2）收订人员需按目录审核订户填写内容，审核无误后，将订阅信息直接录入报刊订阅系统或按规定进行代录入操作。对零星订户，收订人员应开具中国邮政报刊费收据或发票；对大宗订户，还需将报刊订阅清单经订户审核后加盖章戳，作为报刊费收据或发票的附件，与收据或发票联一起交订户。

2. 上门收订

收订人员携带报刊费收据上门为订户办理报刊订阅手续，当班收订结束后将所收信息及时录入报刊订阅系统，并缴款。

3. 报刊发行站（员）收订

报刊发行站（员）是指在机关、团体、企业、学校、部队、街道、乡村等单位和社区，建立的社会委办力量，负责办理本单位和社区的报刊宣传、收订、分送业务。报刊发行站（员）的活动费，按发行站订阅报刊款的 3%～5% 列支。

报刊发行站（员）收订报刊，应根据邮政部门的要求，对订户开写或打印发行站报刊费收据。

报刊发行站（员）根据发行站报刊费收据底联，汇总填写或打印报刊订阅清单，向邮政部门办理订阅手续。发行人员审核无误后，填写或打印总报刊费收据，为订阅清单加盖章戳后，退发行站经办人员留存。

4. 线上订阅

随着互联网尤其是移动互联网的发展，传统的邮政报刊订阅业务面临着阅读电子化、报刊发行多样化等多种挑战，因此，邮政报刊订阅需要顺应时代发展潮流，积极探索线上订阅，为广大读者提供更为便捷、优质的订阅服务。而在线报刊订阅就是以中国邮政报刊发行信息系统（NPS）为基础，依托网站、App 和微信 3 个在线渠道，拓展纸质报刊收订服务的"互联网+"项目，其主要面向终端读者客户，提供报刊的搜索查询、订阅、退订、在线试读等服务。

在线报刊现已构建网站、App 和微信三位一体的互联网收订体系，3 个互联网渠道统一对接 NPS 核心部分，由 NPS 核心部分通过 API 接口向互联网渠道输出报刊目录、进行价格查询和要数处理。在线报刊各互联网渠道的基础功能及特色服务如表 5-3 所示。

表 5-3　　　　　　　　　在线报刊各互联网渠道的基础功能及特色服务

互联网渠道	基础功能	特色服务
中国邮政报刊订阅网	报刊目录查询、展示、订阅、退订、订阅券兑换	报刊简介录入完善、改址、目录设置、投递卡片查询、报刊社服务
中国邮政 App	报刊目录查询、展示、订阅、订阅券兑换	—
"中国邮政微邮局"微信公众号	报刊目录查询、展示、订阅、退订、订阅券兑换	在线试读、促销活动、营销管理

（1）网站订阅

网站订阅作为一种新兴渠道，正逐渐成为一种新的订阅手段，已经受到了越来越多订阅客户的欢迎，得到了报刊社的重视。它方便订阅客户在网上快速地查找自己感兴趣的报刊，并能够实现快速订阅，极大地减少了收订人员上门营销的工作量，提高了报刊社的经营效益。

中国邮政报刊订阅网是以报刊在线订阅为核心，服务于邮政、报刊社、订阅客户三方的信息平台。网站提供报刊目录查询、展示、订阅、退订、订阅券兑换等业务，一报多址、一址多报和集订分送功能是中国邮政报刊订阅网的特色功能。建立该网站是提高报刊发行服务质量、优化邮政报刊发行服务手段的重要举措。

（2）App 订阅

App 订阅的互动性强，能够使邮政企业与广大订阅客户进行有效的沟通，而且费用较少。邮政企业只要根据客户的需求，开发一个适合本品牌的 App 即可。App 的营销效果，是电视、报纸和网络所不能代替的。

App 订阅的服务主要包括：为客户提供"自邮一族"会员管理、报刊订阅、交通违法非现场代缴、手机充值、年票购买、邮件查询等多项邮政便民业务功能，并实现对客户进行产品营销信息的定向推送。

（3）微信订阅

微信营销是网络经济时代企业营销模式的创新形式，是伴随着微信的火热产生的一种网络营销方式。客户注册微信后，订阅自己所需的信息，商家通过提供客户需要的信息，能以点对点的营销方式推广自己的产品。

"中国邮政微邮局"微信公众号，是中国邮政组织开发的报刊线上订阅平台。该平台通过运用移动互联网思维，以多种形式吸引订阅客户，在一定的客户基础上，对报刊产品进行归类和介绍，不断完善和优化产品展示页面和订阅流程，打造"客户至上"的体验，通过多方位调集资源，开展线上订阅优惠、推荐有礼、积分换礼等活动，鼓励客户在互联网社交平台上进行分享、跟帖评论，开展互联网的口碑营销活动。同时，该平台借助网络数据存储和捕捉技术，及时收集和整理客户线上活动的数据，包括客户上线浏览信息的时间、点击的产品、每次停留的时间等信息，开展数据营销活动，提高营销成功率。

（二）要数汇总

全国统版邮政报刊发行系统运行后，报刊要数关系也进行了相应的调整。

目前，报刊收订（含邮发零售订货）数据实行全国数据处理中心集中存储和统一处理。发生变动时，全国数据处理中心对集中存储的数据进行统一处理，生成变动处理信息备查。遇变价、停刊、休刊时，全国数据处理中心还需对集中存储未要数的数据，分别生成报刊差价单、报刊补退款清单，通知有关单位办理结算，向订户办理补退款。

发报刊局负责按本地出版报刊的要数时间，接收全国数据处理中心的要数汇总。

（三）缴款

邮政局所收订的报刊款，必须当日全部上缴，不得积压、挪用。上门收订的报刊款，必须于回班当日缴清，不得滞留挪用。

1. 窗口收订缴款

（1）计算应缴款并与实缴款进行核对。

（2）填写、打印订阅报刊缴款单。

（3）向出纳员缴款。

（4）将订户卡、投递卡和出纳员签退的订阅报刊缴款单，一并送发行员签收处理。

2. 邮政支局所缴款

（1）支局所当地设有银行机构的，将报刊款存入银行。

（2）支局所当地无银行机构的，每班向领导局缴款。

（3）管理订户卡的支局，每 5 天分报纸、杂志和整订、破订计算应缴款与实缴款，填制总订户卡和订阅报刊缴款单，向市县局缴款。

（4）集中向市县局管理的支局缴款时，将订户卡、总订户卡一并上缴市县局。

3. 报刊费收据填制

（1）报刊费收据三联一次复写，顺号连续使用，各项款额不许涂改，开错、打印有错则作废，并注销备查，再另开写、打印新收据。

（2）报刊费收据要保证章戳齐全。

（3）跨月/跨季/跨半年的整订和破订报刊一般分别计算、开写、打印收据。

4. 空白报刊费收据管理

（1）视同有价证券，由市县局指定专人管理。

（2）收据交接、领用、下发、注销、使用等都要登记在报刊费收据交接簿上。

（四）报刊款结算

（1）订销局与发报刊局按照一定比例各自列收。

（2）订销局与网点结算。

（3）省局与订销局结算。

① 订阅报刊款结算。

② 邮发零售报刊款结算。

（4）省局与发报刊局结算。

（5）发报刊局与报刊社结算。

（6）异地订阅结算。

（7）集订分送报刊结算。

① 省际的集订分送业务结算。

② 省内的集订分送业务结算。

（8）零售扩大加发报刊和特发零售报刊结算。

（五）通知印数

发报刊局负责按本地出版报刊的要数时间，接收全国数据处理中心的要数汇总，对每种报刊的省别、期别是否属于本局发行和分印供货范围进行审核。汇总印数的时限为一天。

（1）汇总生成本次总应发份数：包括订阅、零售、赠阅、贴报、零售加印等份数和报刊印数通知单，向报刊社通知印数。

（2）向报刊社通知印数的时间：报纸一般为出版前一天，日报、周六报、周五报为开印前，期刊的印数通知时间按邮发报刊出版详情登记表中签定的印数通知时间制定。

（六）分发

报刊出版后，由出版单位或印刷厂将报刊送到发报刊局指定地点（或印刷地），经核对验收后，按订销局（邮区中心）所要份数进行点数分发，封装后交邮区中心。

（七）运输

邮区中心按照报刊发运时限要求、发运车序，将报刊发运到各订销局。

（八）投递

订销局收到报刊后，经过进口分拣，投递人员按报刊投递卡上的户名、地址，将报刊准确地投递给订户。

（九）特殊处理

1. 退订

订户可对预订的报刊办理退订。退订的原则如下。

（1）邮政报刊网点均可办理退订，订户凭报刊费收据在省内可办理通退。

（2）订户退订报刊的日期，应根据来得及减数的一期确定。

（3）报刊整订的退订按整订的月价、季价、半年价计算退款。退订不满整订期的报刊，用整订价减去报纸、杂志已发期数款额，计算退款。对按期计价报刊，根据实际退订期数乘每期单价，计算退款。

（4）退订时，若报刊减价，差价已退给订户的，按新定价退款。报刊加价的按原定价退款，其差额按其他收入处理。

（5）集订分送由原办理单位凭报刊费收据办理退订，相关款项退至报刊费收据持有人。差额集订分送不退订、不退款。

（6）优惠订阅、专用单订阅等事先约定不退订的报刊不办理退订。

退订的处理手续如下。

（1）订户须提交报刊费收据或相关证明到窗口办理。

（2）窗口人员根据报刊退款单从当日所收报刊款内垫付退款（当天未收报刊款时，向出纳员办理借款手续），订户在报刊退款单上签收。

（3）手工网点办理退订业务的，先受理，由代录入网点录入，系统生成报刊退款单，通知订户退款。

（4）报刊退订手续费。办理退订时，按每次每种收取手续费2元，开具报刊退订手续费收据。缴款时，在订阅报刊缴款单的手续费栏列出。

（5）订户退订一种报刊同时改订另一种报刊时，免收退订手续费。

2．改址

（1）报刊改址的原则

① 订户所订报刊，本省范围内可根据订户要求办理改址，省际间、部队及保密单位等特殊地址不办理改址。

② 邮政报刊网点均可办理改址，订户凭报刊费收据或相关证明（单位订户凭单位证明，个人订户凭本人身份证）在投递省范围内可办理改址。

③ 办理报刊改址时，从来得及调整的一期起，已要数的可以根据订户需要投递原址或改寄新址。

④ 办理报刊改址时，按每次每种收取手续费2元，在本投递局范围内办理改址不收手续费。

（2）报刊改址处理手续

① 窗口收订人员根据订户交来的报刊费收据或相关证明（单位订户凭单位证明，个人订户凭本人身份证），以及报刊改址单，核对订户信息，相符后确认改址起期。

② 手工网点办理改址业务的，先受理，由代录入网点录入，经系统确认后改址。

③ 集订分送不办理省际间改址业务，集订分送订户必须持报刊费收据或报刊投递通知单办理省内改址。

三、报刊零售业务处理流程

各级邮政分公司及其分支机构根据需要，可委托本地区的社会单位或个人代办零售，扩大邮政报刊零售的覆盖面。

（一）报刊零售经营方式

报刊零售分为包销和代销两种经营方式。

1. 包销

按实际订货款额结算，未销售报刊不退货。

2. 代销

由供销双方协商确定报刊代销份数、期限、销售信息反馈及结算方式，逾期供货单位要求退货的，由销货方按照协定将代销报刊售剩部分封退供货单位；供货单位不要求退货的，代销报刊售剩部分由销货方自行处理。

（二）报刊零售销售方式

报刊零售有以下几种销售方式。

1. 报刊自销

这是指通过邮政自办网点销售报刊。

2. 委办批销

邮政零售部门可以与本地持有合法经营执照的零售经营单位，签订批销报刊合同，包销不退货。各发行局不得向本地区以外的非邮政单位批销邮发报刊。

3. 预约零售

读者预约订购报刊，并到零售网点自取。邮政部门不得将预约零售按批销处理。

4. 函购

读者通过来函汇款索购报刊，邮政部门按址寄发。

5. 特发零售

对公开发行的正式报刊，邮政部门可进行特种零售发行（以下简称"特发零售"），只零售，不订阅。

（1）特发报刊接办单位的确定，由省局审核，报国家邮政局审批。

（2）接办的特发零售报刊必须出版手续齐全，由报刊社填具报刊出版情况登记表。

（3）双方商定发行范围、销售期限、发行费率、补损份数、付款期限、经营方式、付印日期、出版日期、交货日期、交货地点、封装规格和结算方法等事项，签订特发零售报刊发行协议书，并报省局备案。

（三）报刊零售作业流程

报刊出版后，订销局通过自办或委办零售点，将报刊销售给读者。

1. 订货处理

（1）邮发零售报刊的一般订货时限：报纸按月订货；杂志中的周二刊、周刊、旬刊、半月刊、月刊按月订货，双月刊、季刊、半年刊按期订货，年刊和不定期刊按年订货，根据需要，可按报刊破订时间增减订货数量。

零售扩大加发报刊，按月订货。在时间允许的情况下，可按期增减。

特发零售报刊，根据特发接办单位寄来的特发零售报刊征订单，确定订货时间。一般为报纸按月订货，杂志按期订货。

（2）订货后，汇总填写全局零售报刊订货单，加盖公章后，向征订单位要数。

2. 到货处理

（1）市县邮政分公司收到零售报刊袋捆，逐件验明无误并核点份数后，填写零售报刊到货单，作为到货依据和会计记账凭证。

（2）根据零售报刊到货单在零售报刊在途登记簿的到货栏登记到货，并减少余额。

（3）货到付款的零售单位之间，为减少补报刊、退款手续，对到货报刊整数内短少、残缺、破损的，填制验单，凭验单在付款中扣除，由供货单位进行发报刊损失处理。对整件短少、款额较大的，待查明责任后，由责任单位赔款。

3. 销货处理

（1）零售报刊按当期报刊刊印的定价出售。零售报刊按定价出售的一般期限：报纸于出版日后可继续销售半个月，杂志于出版期后可继续销售两个月，特殊情况由县以上零售单位自行决定。

（2）零售单位和人员根据其他零售报刊款填写零售报刊缴款单，并在当日向出纳员缴清。若为预约零售，读者预缴的零售报刊款应在当日的零售报刊缴款单中的空白栏内填写，并一次缴清。

（3）市县邮政分公司根据零售报刊缴款单乙填写零售报刊款日报单，送会计审核办理后，根据零售报刊款日报单和零售报刊缴款单分别在零售报刊登记簿总账、分户账登记销货并减少余额。

4. 批销处理

（1）邮政部门确定零售报刊订货时限，根据委办批销单位或个人的零售报刊订货单，确定批销报刊的品种和数量。

（2）收到零售报刊，零售管理人员根据订货单填制零售报刊发单，交委办批销单位或个人签收。

（3）零售经营批销报刊原则上取货时即缴款，确保货款两清。对于某些特殊情况，缴款期限为报纸不超过三天，杂志不超过一周。缴款时填写委办零售报刊缴款单，批销酬金在缴款时坐扣，缴款单作为支付酬金的依据。

（4）批销报刊的进销平均折扣差不得低于8%。

5. 退货处理

（1）允许退货的报刊，在规定时限内，相关单位或个人填制零售报刊发单，批注"退货"字样，向市县邮政分公司退货，并在零售报刊登记簿上登记退货、减少余额。

对报刊社因故要求停售、撤回的报刊，相关单位或个人在账务上进行退货处理，实物按要求处理。

（2）市县邮政分公司收到退货，核对相符后根据零售退货单在相关零售报刊登记簿分户账上登记退货并减少余额。

（3）退回的报刊可继续出售的，市县邮政分公司应发给其他单位继续出售，并根据零售报刊发单在相关零售报刊登记簿分户账上登记到货、增加余额。

（4）退回报刊不能继续出售的，市县邮政分公司根据零售报刊退货单将其登入零售报刊登记簿库存账并增加余额。

（5）代销或因故退回的报刊退至供货单位后，供货单位在相关零售报刊登记簿上登记退货并减少余额。

四、报刊数字发行业务模式

随着互联网技术和数字出版发行技术的快速发展，全球文化市场发生了巨大变化，新闻出版产业掀起了数字出版和数字发行的全球化浪潮。传统出版机构为了顺应市场的发展以及人们的要求，也相继构建了自己的数字出版和数字发行平台。所谓数字发行是指传统的正规出版物经过数字化处理后通过网络进行传播销售的发行模式。这种发行模式强调出版物形式的电子化、发行渠道的网络化以及阅读终端的数字化，成为现代出版业适应大众信息消费需求的发展趋势。

邮政虽然有着其他竞争者不可比拟的网络优势，但在数字发行领域的劣势也很明显，如缺乏数字出版资源、数字发行的互联网市场运营经验和相关技术业务人才。为了积极响应中央关于"加快推进媒体深度融合发展"的号召，邮政应做强邮政数字发行渠道，加强与报刊社在数字发行上的合作，发挥报刊发行渠道、客户资源优势，全面介入数字发行领域。

（一）探索数字发行模式

1. 构建整体运营流程平台

邮政进入数字发行领域并非仅为销售数字报刊或建立一个平台，而是以数字报刊为中心搭建一个具有内容组织、控制、收费等功能的整体运营流程平台，从整体架构、运营模式、盈利考核等方面进行全方位考量。邮政企业要利用与报刊社的良好合作关系，整合上万种报刊，做数字发行的集成商，并形成一定的行业标准，打造开放平台，整合产业链上下游，实现"报刊社—邮政企业—读者"的无缝关联，满足读者的各种长尾需求，做到对海量报刊、海量读者的全覆盖，提高供应链的效率，增加供应链的价值。

2. 实现平台的二次价值开发

邮政数字发行平台不应简单提供有限的数字内容，或只提供网上订阅、实物寄送等服务，而应根据读者的消费习惯，提供丰富的数字内容、方便的移动阅读或付费阅读服务，通过广告、会员注册等实现平台的一次价值；同时通过挖掘、分析平台上的读者行为与需求数据，进行新报刊推广、读者行为分析等商业服务开发，实现平台的二次价值。邮政数字发行平台的整体发展方向是为供应链上下游客户提供更理想的消费体验和数据服务，增强客户黏性，提升平台竞争力。

（二）创新邮发数字业务

截至 2021 年年底，邮政数字发行业务有序推进并加速拓展，已成功引进樊登读书、混沌学园等知识服务商，邮发数字产品达到 107 种，机构客户突破 1700 家，初步形成复合发行、有声图书墙、知识付费、在线教育、智能硬件五大产品体系，全国共计建成有声图书墙 5537 面。

随着互联网经济的高速发展，数字发行业务的核心重点还是在渠道环节。中国邮政有着显著的线上线下渠道优势，应以阅读终端产品为阵地，实现线上线下融合，探索业务发展新路径。

第三节　报刊发行业务管理

一、报刊发行手续管理

（一）委托邮政企业发行的报刊应具备的基本条件

（1）经国家新闻出版管理部门批准在国内出版，在当地（省、自治区、直辖市）新闻出版管理部门登记并领取出版许可证，且在有效期内通过年审的出版物。

（2）有固定的出版日期，刊期符合下列规定。

报纸：日报、周六报、周五报、周四报、周三报、周二报、周报、旬报、半月报、月报。

期刊：周刊、旬刊、半月刊、月刊、双月刊、季刊、半年刊、年刊。

（3）报刊社不得随意变更基础信息，报刊名称、刊期、国内统一刊号变动必须出示新闻出版管理部门批准的变更手续，出版物定价（包括单价、月价、季价、年价）及刊期原则上在一年内保持相对稳定。

（二）报刊社委托邮政企业发行报刊应办理的必要手续

（1）报刊社应提供省、自治区、直辖市新闻出版管理部门核发的出版许可证、税务登记证、企业营业执照（事业单位为法人资格证书）和报刊核验表。企业营业执照上的法人单位应与出版许可证上的主办单位一致或有委托关系。邮政企业应将其复印件存档备查。

（2）邮发报刊双方必须签订邮发合同。合同有效期不应超过新闻出版管理部门颁发的许可证的有效期，合同期满后经双方协商需延长有效期的，发报刊局须与报刊社重新签订邮发合同。合同期内报刊社提交次年的出版情况详情登记表（邮发 001）及报刊出版日期期数对照表（邮发 002），即可视为次年继续邮发的依据。发报刊局留存上述资料后按规定时间和程序上报备案。

（3）接办局原则上只办理本地出版的报刊。如需接办出版地以外的报刊，需由报刊社提供当地新闻出版管理部门审批的"图书、期刊印刷委托书"，并报集团公司审批。

（4）全国发行的报刊不得在省内另设邮发代号，同一报刊不得多地多代号发行。

（5）接办局在每年 6 月可办理下一年度的报刊接办。年度内交邮发行的报刊，应在出版要数前 2 个月向邮政部门提出申请。

（6）对继续交邮发行的报刊，接办局应审核报刊社本年度履行邮发合同的情况。对于严重违反合同约定的报刊社，接办局应向集团公司报备，经审批同意后，可停止办理其报刊下年度继续邮发的事宜。

（7）发报刊局在办理报刊社的继续交邮发行手续时，应审核报刊社本年度履行邮发合同的情况。对于出现严重违反合同约定的报刊社，可不再办理其报刊下年度继续邮发的事宜。

（8）接办局办理报刊跨出版年度发行业务，必须由报刊社确定报刊跨出版年度期间的发行情况。所跨出版年度只允许是一个自然年。

（三）邮发报刊上应刊登的有关内容

报刊社在委托邮政企业发行报刊时，应在当期报刊的固定位置刊印如下内容。

（1）报纸应在每期报头下端刊印邮发代号、国内统一刊号、出版日期、出版期数、当日版面数和本期定价或零售价。日报、周六报应在当日报纸的最后一版的最下端，刊印报纸上期开印和印完时间。

（2）期刊应在每期封面或封底的显著位置刊印邮发代号、国内统一刊号、出版日期、出版期数、本期定价或零售价，并刊印承担发行任务的邮政企业名称。

（四）邮发报刊变动的有关规定

报刊出版情况发生变动，报刊社须在规定时间内通知发报刊局（含分地发行点），同时支付变动手续费。发报刊局不得对已过要数期的报刊办理出版情况变动。

1. 变动通知时间

报纸中的日报、周六报的增版、减版、报捆规格应在开印前 12 小时通知发报刊局，期刊应在开印前 24 小时通知发报刊局。报刊名称、刊期、出版日期、定价等出版情况变动时，报刊社整月受理，并在要数前 10 个工作日向发报刊局发变动通知函。报刊临时休刊、合刊、停刊，报刊社须在要数前 5 个工作日向发报刊局发变动通知函。供货区域调整时，报刊社应按整月调整，并须在要数前 1 个月向发报刊局发变动通知函。

2. 价格调整

报刊涨价，发报刊局按新价向报刊社收取发行费。已收订部分不向订户补收差价，差额由报刊社承担。

报刊停刊、降价时，发报刊局要向订户退款，并按照退款总额的 15%向报刊社收取退款手续费。

3. 合刊

报刊合刊必须合价。合刊之前，对于已订其中一期的订户，发报刊局均向订户发合刊号，差额部分由报刊社承担。

报纸可在月内合刊或整月合刊，不得破月或跨月合刊。

期刊合刊不合期，报纸合刊必须合期。

4. 增版、增页、增刊

（1）对报纸在固定周期增版但不加价的，发报刊局向报刊社收取固定增版发行费。

（2）对报纸在非固定周期增版的，发报刊局向报刊社收取临时增版发行费和增页费。

（3）对于期刊增页，发报刊局按规定标准向报刊社收取增页费。

（4）分地发行的报纸增版时，报刊社直接通知各相关分地发行点的发报刊局。

（5）发报刊局向报刊社收取相应增刊发行费时，不得另设邮发代号单独收订。

5. 临时休刊

临时休刊时，报刊社应在休期前后两期明显位置刊登休刊启事。

期刊原则上休刊即休期，报纸休刊不休期。报刊社不再印发的，邮政企业应向订户退款，并按照退款总额的 15%向报刊社收取退款手续费。

6. 停刊、延误

（1）对于报刊社的正常停刊变动，发报刊局应及时发送报刊变动通知。

（2）报纸交报时间延期 24 小时，周刊、旬刊延期 1 周，其他期刊交刊时间延期 20 天，分发部门应及时通知相关发报刊局，发报刊局按邮发合同规定以当期报刊订销流转额的 2% 的标准收取违约金。

（3）期刊拖期 2 期、报纸拖期 2 个月未交货且未给任何通知的报刊，发报刊局应及时联系报刊社，拖期严重且协商未果时可按停刊处理。

7. 停发、停售、收回

报刊送交发报刊局后，因故要求停发、停售、收回时，报刊社应正式书面通知发报刊局。发报刊局按下列方式办理，并计收报刊变动手续费。

（1）对尚在出版地邮政企业的待发报刊，立即停发，由报刊社处理。

（2）对已经发出但未投递、售出的报刊，邮政企业负责停发、停送、停售。特殊情况按上级通知要求处理。

（3）对已经投递和售出的报刊，邮政企业原则上不负责收回。特殊情况按上级通知要求处理。

（4）收回、停送、停售的报刊，报刊社应在下期出版前重印补发的报刊，发报刊局应按增刊标准向报刊社收取发行费，不能重印补发的，向订户退款。邮政企业按退款总额的 15%向报刊社收取退款手续费。

（五）报刊夹带物规定

报刊社交付的报刊中夹带赠品，应经发报刊局同意并按合同规定收取费用。对国家法律法规明文规定禁止邮寄的以及液体状、食物、粉状、易碎品等容易造成报刊污染的赠品，不允许夹带。夹带物品的重量和体积均不得超过原报刊。

（六）报刊起点费

报刊起点费由主发报刊局按发行总量统一收取。起点费计收标准：期刊不到 1 万份的按 1 万份收费，报纸不到 3 万份的按 3 万份收费，但所收起点费最多不得超过该报刊结算期内实际发行份数全部定价款额的 80%。中央级科技、教育类报刊和各级少数民族文字版报刊不收起点费。

（七）其他规定

发报刊局按报刊社要求提供本报刊供货范围内的发行数量分布情况，不得向报刊社提供非本报刊的发行情况，禁止向报刊社提供订户名址等信息。

二、统一接办管理

（1）集团公司负责部分重点畅销报刊的接办、结算及运营管理。

（2）统一接办报刊品种由集团公司与报刊社签订邮发合同确定，由集团公司维护报刊目录，相关发报刊局进行核对，经集团公司审批生效。

（3）统一接办报刊的发行费率是各发报刊局的基础标准，各发报刊局的发行费率可高于统一接办报刊的发行费率。

（4）集团公司统一接办的报刊，各省不得再行接办，包括不允许另设邮发报刊代号。

（5）统一接办的邮发合同生效后，接办部门要及时下发统一接办报刊的通知，以便各发报刊局安排生产及调整结算方式。

三、邮发合同管理

邮发合同是指报刊社与邮政企业就报刊发行事宜签订的具有法律效力的书面协议。

邮政企业须根据《邮政发行报纸合同》《邮政发行杂志合同》文本与报刊社签订邮发合同。遇特殊情况，双方可对邮发合同的内容进行补充。邮发合同副本应在签订合同的一个月内上报集团公司备案。

（一）邮发合同的签订

（1）省（自治区、直辖市）分公司是邮政企业签订邮发合同的主体，签字人为省（自治区、直辖市）分公司法人代表或其授权的代表。

（2）具有独立法人资格的报刊社（或其主办单位）是签订邮发合同的主体，签字人为报刊社（或其主办单位）的法人代表或其授权的代表。

（3）邮政企业在邮发合同上使用合同专用章。报刊社的签章为报刊社（或其主办单位）合同专用章或单位公章，报刊社应在邮发合同上加盖骑缝章。签订邮发合同时须用蓝色、黑色钢笔或签字笔。邮发合同文本应保持整洁，如有修改，双方应在修改处签字盖章。

（二）邮政企业对邮发合同实行分级管理

（1）集团有限公司是全国邮发合同的管理部门，统一负责组织制订和修改邮发合同格式文本，邮发合同组织协调和管理工作，保管各省上报的邮发合同副本，并据此监督检查邮发合同执行情况。

（2）省（自治区、直辖市）分公司是本省邮发合同的管理部门，负责本省邮发合同的组织协调、管理和监督检查工作，对本省接办（含分地发行）报刊的邮发合同的签订进行审批或授权相关单位进行审批，指导被授权单位办理邮发合同的签约、审查工作。

（3）对采取隐瞒、欺骗等手段签订的邮发合同，上级管理部门一经发现即可要求签约单位终止履行邮发合同。

（三）邮发合同的修改

邮发合同承办单位收到审批部门有异议的批复意见后，应及时与报刊社协商修改相应内容，再将修改后的邮发合同上报审批。

（四）邮发合同的有效期与续签

（1）邮发合同的有效期应与新闻出版管理部门颁发的报刊许可证的有效期保持一致。

（2）合同期满后经双方协商需延长有效期的，双方须重新签订邮发合同。

（3）邮发合同在有效期内，报刊社只需将新年度报刊出版详情登记表和出版日期、期数对照表以及报刊年检文件提交发报刊局，即可视为次年继续邮发的依据。

（五）邮发合同档案管理规定

（1）发报刊局对已经批准接办的邮发报刊（包括分地发行的报刊），应填列邮发报刊出版发行情况登记簿，并由专人登记管理。

（2）合同文本及配套文件（包括法人代表营业执照副本或法人证书复印件、委托授权书、分管领导批复、邮发合同审批表等）应指定专人妥善保管，防止丢失损毁。

（3）已经履行完毕的合同，次年造册移交邮政企业档案管理部门。

四、报刊发行资金管理

邮政部门经营报刊发行业务而形成的资金，称为报刊发行资金，来源于向订户收取的报刊款。报刊发行资金的运转是与报刊发行业务同步进行的，报刊发行业务的处理过程也是报刊发行资金的运转过程，因而报刊发行业务的特点，决定了报刊发行资金的特点。

（一）报刊发行资金的特点

（1）周期性。报刊发行资金核算具有周期性，即按出版年度划分，1个出版年度为1个周期，不同出版年度之间的报刊款必须严格分开列账。同一时期发生的2个出版年度的核算工作，必须分别在2个相关出版年度的单、簿、账上反映。

（2）延续性。延续性主要表现在核算时间上，每一个年度的报刊发行资金核算工作始于上一年度的9～12月，而全部结结则要在下一年度的2月或3月，跨越3个年度。也就是说，当年的报刊款不可能等待进入当年后才结算，也不可能在当年内结算完毕。

（3）变动性。在报刊发行业务中，随着报刊定价调整、停刊、退订等特殊事项的发生，报刊发行资金核算不可能在完成后永远不变，而是要随着特殊事项的发生进行相应的变动和调整。

（4）商业性。报刊零售业务类似于商品零售活动，其资金流动、周转和核算，均与商品零售资金运转相似。因此，报刊零售资金核算，就具有商业经营核算的性质。

（二）报刊发行资金管理制度

（1）专款专用，专户存储。订销局对于收订的报刊款，必须在当地银行开设报刊发行资金账户，按日送存，按期解缴。除按规定计提的发行收入可以转入企业收入外，其他报刊款只能用于要数缴款和退订退款等指定用途，不准挪用和外借。

（2）预订预收，货款两清。订阅报刊时，实行预收预订报刊款制度；零售报刊时，实行货款两清制度。批销报刊时，实行见款发货或定期结算制度，不准赊订、赊销。

（3）要数带款，批批结清（或分批要数，一次结清）。订销局订阅报刊要数时，实行要数带款、批批结清（或分批要数、一次结清）制度，确保"三单"（订单、缴款通知单、汇款通知单）齐走。实行分批要数、一次结清的，在接到省局结算单后，及时汇拨应缴款。零售报刊实行核拨流动资金制度，要数时必须带款订货。

（4）长期报刊款集中省局管理。订销局收订的长期报刊款，应在要数时全部上缴省局集中管理。不经过省局汇总的本省地、市级报刊长期款，直接汇交发报刊局管理。

（5）钱账分管，钱据分管。订销局必须严格执行两个"分管"。订阅业务员、零售管理员只负责有关单、簿、卡的登记和管理，不得接触现金。报刊费收据由专人保管，开据人不收款，收款人不开据。量小的分支机构也要按此原则调整分工、合理兼职。

（6）凭证退款，退款报账。各项报刊退款，均由发行员根据原始卡、单开具报刊退款单，由订户凭单签章在出纳员处领取，发行员不经手现款。

（7）监督审核，按月对账。财会人员要按规定时间和频次对发行报刊款的收、缴、存、退、结，认真地进行监督和审核。凡必须经过会计员审核签章的单、簿未经核签，不能生效。每月月终，业务人员和财会人员双方必须完结各自掌握的账簿，互相核对余额。

（三）报刊发行业务资费

报刊发行费、手续费是邮政企业办理报刊发行业务所收取的劳务费用，是邮政企业的主要业务收入之一。发行费率是指报刊发行费占报刊定价的比例。委代办手续费是邮政企业支付给委办单位或人员的酬金。报刊发行业务资费如表5-4所示。

表 5-4　　　　　　　　　　　　　　报刊发行业务资费

收费项目	收费对象	收费标准
报刊发行费	报刊社	按照报刊流转额乘发行费率计收基本发行费。 （1）邮发报刊本埠发行费率由省（自治区、直辖市）分公司确定；外埠费率不低于35%。 （2）邮发报刊零售扩大加发的发行费率，不得低于正常邮发报刊零售发行费率。 （3）特发零售报刊发行费率，由双方协商确定，一般不低于35%
报刊变动手续费	报刊社	（1）全国（非本省）发行的每次收费1250元，省内发行的每次收费250元。 （2）加急发送，全国（非本省）收费3500元，省内350元
报刊增版发行费	报刊社	1. 临时增版 （1）报纸增版部分按照比例折算报刊定价后，按照35%～40%发行费率计收。 （2）期刊装订成册的一律按照正刊定价发行费率计收，单页或未装订成册的单张对开的，每张8分，大于或小于对开的按照对开比例计收，但每张不少于4分。 2．固定增版 增版部分按照同比例折算定价后，按照原发行费率标准增收发行费
赠阅发行费	报刊社	按照本报刊的原发行费率计收发行费
停刊、降价退款手续费	报刊社	按照报刊停刊、降价退款总额的15%计收手续费

续表

收费项目	收费对象	收费标准
退订、改寄手续费	订户	每次每种 2 元
报刊延期出版损失补偿费	报刊社	由发报刊局与相关报刊社商定
报刊发行起点发行费	报刊社	报刊起点发行费标准和数量按合同执行，但最高不得超过结算期内全部实际发行份数的全部定价款额的 80%
报刊社另辟发行渠道违约金	报刊社	按全部邮发报刊流转额的 30% 计收

五、报刊投递质量管理

报纸投递参照普通信函的投递质量标准，期刊投递参照挂号信函的投递质量标准。邮政企业如和订户有妥投协议约定，按协议约定投递；对于竞争性报纸的投递，要采取相应的投递措施。对于缺报短刊的订户，本埠 3 日内补送，如不能补送，15 日内退款；外埠 15 日内补偿。但由于自然灾害或非人力所能防范的事故致报刊损毁时，邮政企业不负补偿责任。

对于因特殊情况确实投递不出去的报刊，邮政企业应批注原因，交专人保管待取。待取报刊时间为一个月。期满订户未领取的，由市县局处理。因印刷模糊、倒装、缺页、污染等情况被订户拒收的报刊，邮政企业应退分发部门向发报刊局调换。

对于接受赠阅、集订分送等特殊的订户，投递部门在首次投递时，应向订户提供报刊投递通知单。邮政企业因报刊短缺暂时无法向订户投送的，要向订户投报刊短缺通知单，并向订户说明原因，承诺进行报刊补送或退款。

实践项目

项目一　邮政报刊窗口收订操作

1．项目目标：通过运用新一代营业渠道系统，掌握报刊收订的操作技能。

2．项目内容：（1）熟悉新一代营业渠道系统的收订功能。（2）了解系统中的各项术语，如整订、破订、邮发代号等。（3）在系统中完成收订操作。（4）接受客户的缴款申请。

3．项目实施及要求：（1）需在营业实训室完成上述操作。（2）可通过情景模拟法，由学生分别扮演客户和收订人员，完成收订任务。

项目二　针对本校的报刊市场设计校园报刊的组合收订方案

1．项目目标：通过设计组合收订方案，加深对校园报刊的种类、特点的认知，以及对校园报刊市场的了解。

2．项目内容：（1）查阅适应本校报刊市场的产品；（2）设计产品组合收订方案；（3）分析方案的可行性；（4）分析方案的创新点。

3．项目实施及要求：（1）方案要条理清晰、具有一定的可实施性，校园客户的画像要准确。（2）方案设计完成后，提交教师进行审核，通过后可在同学中进行试推广，判定是否可行，并进行调整完善。（3）分小组完成。

拓展知识

数媒时代如何拓宽报刊发行渠道

知识巩固

1. 单选题

（1）报刊发行业务的基本方式为订阅和（　　）。

　　A．特发零售　　　　B．代收代投　　　　C．专项营销　　　　D．零售

（2）报刊订阅业务的订期分为整订和（　　）。

　　A．破订　　　　　　B．零订　　　　　　C．散订　　　　　　D．分订

（3）下列不属于报刊发行业务性质的是（　　）。

　　A．严肃的政治性　　　　　　　　　B．传播信息的通信性

　　C．业务活动的商业性　　　　　　　D．物品流通的运输性

（4）下列不属于报刊发行业务重点市场的是（　　）。

　　A．党报党刊市场　　　　　　　　　B．校园报刊市场

　　C．旅游报刊市场　　　　　　　　　D．行业报刊市场

（5）下列不属于订销局的职责的是（　　）。

　　A．报刊业务宣传　　　　　　　　　B．接办报刊发行任务

　　C．向省报刊发行局缴款结算　　　　D．报刊分发和订销管理

2. 多选题

（1）对于报刊发行业务，邮政网点负责的业务范围包括（　　）。

　　A．零售要数　　　B．分发和投递　　　C．缴款　　　　D．退订

（2）对集团公司统一接办报刊的描述正确的有（　　）。

　　A．品种由集团公司与报刊社签订邮发合同确定

　　B．由集团公司维护报刊目录

　　C．相关发报刊局进行核对

　　D．经各省（自治区、直辖市）分公司审批生效

（3）邮发数媒产品主要有复合发行和（　　）。

　　A．有声图书墙　　B．知识付费　　　C．在线教育　　　D．智能硬件

（4）在线报刊现已构建（　　）三位一体的互联网收订体系。

　　A．微信　　　　　B．网站　　　　　C．App　　　　　D．小程序

（5）下列属于报刊零售销售方式的有（　　）。

　　A．委办批销　　　B．报刊自销　　　C．函购　　　　D．预约零售

3．判断题

（　　）（1）中国邮政集团有限公司负责全国邮政接办报刊目录的审批。

（　　）（2）邮发报刊必须签订邮发合同。合同的有效期不应超过新闻出版管理部门颁发的报刊许可证的有效期。

（　　）（3）邮发报刊代号前一部分号码代表报刊出版地所属的省、自治区、直辖市。

（　　）（4）发行费率是各订销局在报告期内订阅和零售的各种报刊按定价计算的合计款额。

（　　）（5）报刊零售分为包销和代销两种经营方式。

4．简答题

（1）简述报刊订阅业务处理流程。

（2）简述报刊发行业务资金管理制度。

第六章

集邮业务与管理

学习目标

【知识目标】

1. 学习有关邮票的定义、要素、属性、功能、种类等知识；
2. 学习集邮品的定义及分类等知识；
3. 学习集邮业务管理体制和集邮业务网点布局、营业管理等的规定。

【能力目标】

1. 掌握判别邮票和集邮品种类的技能；
2. 具备对邮票和集邮品进行收集、整理、鉴赏等的能力；
3. 掌握邮政网点集邮业务管理的相关要求。

【素养目标】

1. 培养爱岗敬业、刻苦钻研专业知识的品质；
2. 培养动手实践、学以致用、勇于尝试的精神；
3. 培养锐意创新、站在企业角度思考业务发展的职业意识。

情境引入

2021 年 7 月 1 日，《中国共产党成立 100 周年》纪念邮票正式发行。该套邮票的发行，既是庆祝中国共产党成立 100 周年系列活动的重要内容之一，也是中国邮政向党的百年华诞的特别献礼。这份献礼，创下了建党周年系列邮票中发行枚数最多、表现内容最广、发行规格最高 3 项历史纪录，充分体现了邮政作为行业"国家队"的责任担当，寄托了人们对党的无限热爱和美好祝愿。透过这套饱含深情、内涵丰富、设计严谨的纪念邮票，人们再一次重温了一代又一代中国共产党人通过顽强拼搏、不懈奋斗所取得的历史性成就，回顾了中国共产党 100 年来为人民谋幸福、为民族谋复兴的光辉奋斗历程。

《中国共产党成立 100 周年》纪念邮票 1 套 20 枚，以中国共产党波澜壮阔的百年征程为主线，从新民主主义革命时期、社会主义革命和建设时期、改革开放和社会主义现代化建设新时期到中国特色社会主义新时代，真实地展现了中国共产党立志于中华民族千秋伟业，在历史洪流中的奋进历程。邮票作为"国家名片"，于方寸间反映了一个国家、一个民族、一个时代的历史文化、发展成就和精神风貌，是历史的忠实记录者、传承者和守护者。同学们，你们对邮票有哪些了解？你们知道中国邮政发行过哪些邮票和集邮品吗？带着这些问题，我们开始本章的学习。

思维导图

```
                                    ┌─ 邮票的定义、要素和有关知识
                                    ├─ 邮票的属性和功能
                      邮票基础知识 ──┼─ 邮票的种类
                                    ├─ 邮票的变化
                                    ├─ 新中国不同时期的邮票
                                    └─ 邮票的计量单位

集邮业务与管理 ──┬─ 集邮品的定义及分类 ──┬─ 集邮品的定义
                │                      └─ 集邮品的分类
                │
                │                      ┌─ 集邮业务概述
                └─ 集邮业务管理 ────────┼─ 集邮业务经营管理体制
                                       └─ 关于集邮业务管理的若干
                                          规定
```

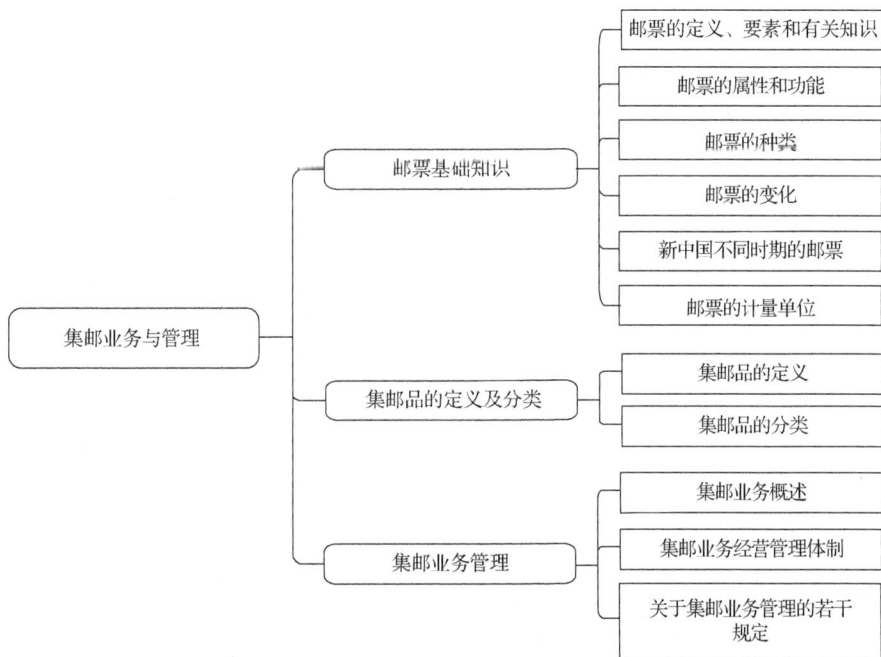

第一节 邮票基础知识

一、邮票的定义、要素和有关知识

（一）邮票的定义

邮票是由国家（或地区）邮政部门发行的，供寄递邮件贴用的邮资凭证，属有价票证。1840 年 5 月，英国发行了世界上最早的邮票——黑便士邮票。此后，世界各国（或地区）

相继发行邮票。到目前为止，已有 200 多个国家和地区印制和发行了邮票。中国在 1878 年（清光绪四年）开始发行邮票，即大龙邮票。辛亥革命以后，中华邮政开始发行邮票，这一时期共发行邮票 400 多套、2000 多种。中国人民革命战争时期，包括土地革命战争时期、抗日战争时期和解放战争时期，各革命根据地发行的邮票，通称解放区邮票，约为 2400 多种。中华人民共和国成立后发行了邮票 1000 多套、3000 多种，中国的台湾、香港和澳门地区也发行了仅限于本地区使用的各种邮票。

邮票在中国历史上的书面用语和民间口语中，曾有各种称谓，如信票、图记纸、印票、印图、国印、信印、信资图记、信资印票、邮券、邮花、信花、印花、官信票、印纸、士担、士担纸、印头等。1888 年，刘铭传在台湾地区的官方文告及同时发行的邮票上，首先使用"邮票"一词。而后，"邮票"一词逐渐被国人广泛接受和使用。

（二）邮票的要素

邮票的基本构成要素有邮政铭记、面值和邮票图案。

1. 邮政铭记

邮政铭记是邮票票面上用来表示发行国家（或地区）和发行机构的标识。中华人民共和国成立以后，邮政铭记曾先后使用过"中华人民邮政"和"中国人民邮政"，从 1992 年开始，使用现行的邮政铭记"中国邮政 CHINA"。

不同国家（或地区）发行的邮票几乎都有自己的邮政铭记，万国邮联对此有明确要求，但也有例外，如英国邮票不印国名，以英国女王头像代表。因为该国是邮票的发明国，所以这种做法已被世界各国（或地区）公认。

2. 面值

面值是邮票票面上的邮资数值，以表示用邮公众所纳付的邮资数。世界各国（或地区）邮票的货币单位多为该国（或地区）的法定本币或辅币，面值数额多为常用邮资资费。我国邮票面值的标注单位是人民币"元"和"分"。邮票的面值是根据邮政业务资费而确定的，随着邮政资费的调整而变化。

3. 邮票图案

邮票图案是指邮票票面上的图文，泛指票面上的全部印刷内容。其中主要有主图、边饰和边框，邮政铭记，邮票的面值，反映邮票发行目的的文字及志号等。

邮票志号是印在邮票图案下方的编号，表示票种、套号、图号、年份。我国从 1949 年 10 月起，在纪念邮票和特种邮票上都有这种编号，为邮票检索、分类、收集、整理带来了方便。如《中华人民共和国开国纪念》邮票的志号为"纪 4.4-1（23）"，其中"纪"表示票种是纪念邮票，"4"是纪念邮票的总序号，"4-1"表示此套邮票全套共 4 枚，这一枚是第 1 枚，"（23）"表示这枚邮票是新中国成立以来所发行纪念邮票的第 23 枚。

（三）邮票的有关知识

除了 3 个基本的构成要素外，我们还要了解邮票水印、邮票齿孔、邮票背胶等知识。

邮票水印，即邮票中的潜影图文。其制作原理是，在造纸过程中，用钢制水印辊滚压初步脱水的纸张，水印辊上的图文在未完全干的纸张上压出纹印。干燥后迎光透视，可见纸中的潜影图文。邮票水印主要是为了防止伪造邮票并方便鉴别邮票的真伪。

邮票齿孔，即邮票边沿上的孔洞。单枚邮票边沿凸出的部分称为齿，凹进去的部分称为孔，合称齿孔。有齿孔的邮票于 1854 年首先在英国发行。此后，在邮票上打齿孔的方法被世界各国（或地区）广泛使用。邮票齿孔的密度用齿孔度数衡量，以 20mm 内的齿孔个数表示。表示方法一般为，同度齿用一个数字表示，如齿孔度数 12.5；异度齿，如横、直是异度的，按先横后直表示，中间加 "×" 符号，如 11.5×11。

邮票背胶，即涂刷在邮票背面的胶层。背胶使邮票容易贴在邮件上。世界上第一枚邮票——黑便士邮票即刷有背胶。背胶要求黏性好、无毒，邮票叠放时不易粘连。

二、邮票的属性和功能

（一）邮票的属性

邮票有两种属性。首先，在通信领域，邮票是邮资凭证，这是邮票最重要的属性，无论从任何角度去认识邮票，都不应忽视邮票的这一基本属性。其次，在集邮领域，邮票是特殊商品。

1. 邮票的第一属性是邮资凭证

世界上有了邮政才有了邮票，有了邮票才有了集邮，邮票的发明是为了供人们使用。中华人民共和国成立后，邮电部赋予邮票发行局的首要任务一直是 "保证供应全国邮政通信部门需要的各种面值的邮资凭证"。近几十年来随着世界集邮事业的普遍开展，邮票在种类、形式等各个方面都有了许多变化，但也没有脱离邮资凭证这一属性。为了使各邮政主体发行邮票有规范要求，1989 年，第 20 届万国邮联大会通过了适用于万国邮联成员国的集邮公德准则。一些邮政主体会发行违背该准则的集邮品，而这些违背邮政正常作业程序的有害集邮品正阻碍着集邮的进一步发展，并且危及现代集邮的生存，所以，国际集邮联合会、国际邮票商联合会和国际邮票目录及集邮出版物编辑者联合会将定期公布 "有害集邮品名单"，将不允许这些有害集邮品参加国际集邮联合会赞助的世界（国际）邮展，也不在主要的邮票目录中予以刊载。

2. 邮票的第二属性是特殊商品

邮票进入集邮领域后，就成为人们购买、欣赏、收藏的集邮品，是一种商品。但它不是一般的商品，而是一种特殊商品，其特殊性表现在以下几个方面。

（1）邮票是由邮政主体统一生产发行的，不同于一般商品可以由各个工厂或企业自由地生产。

（2）邮票（纪念邮票和特种邮票）只能被一次性生产。

（3）邮票是一种 "精神" 产品，不是用来满足人们的物质生活需要的，而是用来满足人们的文化生活需要的。

（4）邮票的价格脱离价值。邮票发行时以邮票的面值作为价格，即按面值出售。而邮票的面值只体现邮政资费，同样一枚邮票，其纸质、大小、生产成本几乎一样，但面值可以相差很大。印 60 分就卖 60 分，印 80 分就卖 80 分，所以邮票的价格是脱离价值的，这和一般商品不一样。随着时间的推移、市场供求关系的变化，邮票的价格还会发生变化。通常情况下，邮票在集邮市场上的价格取决于 3 个基本因素，即存世量的多少、公众的需求程度和邮票本身的品相。一般来说，邮票发行的时间越久，人们的需求程度越高，市场需求越大，存世量越少，这种邮票的价格就越高。

（二）邮票的功能

1. 邮票是一种传播很广的宣传品

邮票贴在邮件上，能够到达世界的各个角落。特别是集邮事业兴起以后，世界上许多人购买邮票、收藏邮票，和邮票接触的人越来越多。邮票虽小，其宣传作用却很大。世界上第一枚邮票，就是用英国维多利亚女王的头像作为图案，用来宣传皇室的权威。我国的大龙邮票，其主图采用象征天子的龙的图案，用意也是如此。

我国解放区邮票的图案多是镰刀、斧头、红旗、地球、革命领袖、战士冲锋场景、群众欢呼场景等。人们除把邮票作为邮资凭证外，也把其宣传作用放在了重要地位，用邮票宣传人民邮政、革命领袖、革命斗争、英雄战士和革命群众。

新中国邮票更加注重邮票的宣传性。宣传中国共产党的领导，我国社会主义建设的伟大成就，我国传统文化，以及我国的名胜古迹、名山大川、珍禽异兽、奇花异草等，都是邮票的光荣使命。

2. 邮票是供人们鉴赏的艺术品

每一枚邮票都经过设计者、雕刻者、印刷工人等无数劳动者的精心创造，都是一件令人赏心悦目的艺术品。

一览我国邮票，我们可以看到《韩熙载夜宴图》《簪花仕女图》《马王堆帛画》等古代艺术家的精品，也可以看到齐白石、徐悲鸿、李可染等近现代大师的名作，宛如步入名家画苑，令人心旷神怡。邮票设计家的创作更别具风采，能为我们带来艺术享受。

3. 邮票有传播科学文化知识的作用

把邮票说成是形象的小型百科全书，或容纳知识的形象博物馆，这毫不夸张。邮票的题材广泛、内容丰富，可以为集邮者提供历史、地理、天文、体育、卫生、动物、植物、文物考古等多方面的知识。

4. 邮票是传播友谊的使者

我国邮票每年出口几百万套、上千万枚，大量的中国邮票被送到世界各国（或地区）集邮者手中，使他们从邮票上了解中国的面貌；大量国际信件被传送到世界各国（或地区），信件上的邮票被送到各国（或地区）人民手中，起到了传播友谊的作用。

5. 邮票具有储蓄功能

邮票是一种特殊商品，一般会随着时间的推移、存世量的减少和需求的增加而增值，只不过增值速度有快慢之分。邮票即使不增值，也可被用作邮资凭证。因此，邮票的储蓄功能是人们所公认的。欧美国家有一种流行的说法："邮票是小市民的股票。"我国不过分强调集邮的经济价值，特别是青少年要从集邮的知识性、艺术性、思想性着眼，自觉地在集邮过程中培养爱国主义精神和高尚的邮德。

总之，邮票的功能是多方面的，除了上面讲的以外，邮票在社会历史研究中还具有一定的史料价值，有的邮票还是珍贵的历史文物。

三、邮票的种类

邮票最初只是一种邮资预付的凭证，但随着时间的推移，它有了新的用途，也就有了新的种类。现在世界上的邮票种类繁多，下面只介绍其中 9 种。

（一）普通邮票

普通邮票，简称普票，又称常用邮票，面值种类齐全，供邮寄各类邮件贴用，是邮票的主要类别。普通邮票多次印刷，发行量大，发售时间长，票幅较小，图案比较固定，有多种版别。近年来，传统的普票模式有了改进和突破。

世界上较早出现的邮票都是普通邮票，问世伊始只作为纳付邮资的凭证，人们还未来得及赋予它们更多的含义。如黑便士邮票和大龙邮票等都是如此。大龙邮票如图 6-1 所示。

图 6-1　大龙邮票

1949 年 10 月 1 日，中华人民共和国成立。为了满足人民群众对各种邮政业务日益增长的需求，邮电部陆续发行了多套普通邮票。新中国第一套普通邮票由著名的邮票设计家孙传哲设计，主图案为雄伟的天安门城楼，左边的华表巍然矗立，天安门上空蓝天白云层次分明。此套邮票亦称为天安门图案（第一版）普通邮票，俗称"普 1"，如图 6-2 所示。

图 6-2　新中国第一套普通邮票

普通邮票是集邮品中最重要的品种之一，应引起集邮者的重视。并且，普通邮票最能反映邮政史实的变化，其收集难度较大。再者，由于普通邮票可以多次印刷，每版之间均有细小的差别，因此，普通邮票的微观研究也有较深较广的空间。

（二）纪念邮票

纪念邮票简称纪票，是为纪念重大事件或重要人物而专门发行的邮票。纪念邮票通常票幅较大，图案内容较丰富，设计印刷精美，大多有特定的纪念文字、特定的发行日期和规定的出售期限，公布发行量后便不再重印。我国现规定纪念邮票的出售期限为半年，有的国家

（或地区）只出售几个月甚至半个月。

世界上第一套纪念邮票是秘鲁于 1871 年发行的纪念南美最早的铁路通车 20 周年的邮票；我国历史上第一套纪念邮票是 1894 年发行的《慈禧太后六十寿辰》邮票；新中国第一套纪念邮票是 1949 年 10 月 8 日发行的"纪 1"《庆祝中国人民政治协商会议第一届全体会议》邮票，如图 6-3 所示。

图 6-3　新中国第一套纪念邮票

（三）特种邮票

特种邮票简称特票，是为宣传特定事物而专门发行的邮票，其题材广泛，内容丰富，涉及古今中外、历史地理、科技发明、文化艺术、著名人物、名山大川、土特产品、名胜古迹、珍禽异兽、奇花异草以及建设成就等。特种邮票的发行特点与纪念邮票相仿，有固定的发行日期，在邮局限期出售，公布发行量后便不再重印。

在集邮活动中，特种邮票是专题邮集的主要选材。新中国第一套特种邮票是 1951 年 10 月 1 日发行的"特 1"《国徽》邮票，如图 6-4 所示。

图 6-4　新中国第一套特种邮票

（四）附捐邮票

附捐邮票是为福利、健康、赈灾、慈善等事业筹款而在邮资外另加附捐金额的邮票，又称福利邮票、慈善邮票。其面值与附加金额的表示方法有以下几种：一是印有邮资和附捐金额，二是印有邮资和售价，三是不印附捐金额，四是正票之外的附票上印有附捐金额。附捐金额不能作为邮资使用。

世界上最早发行附捐邮票的是新南威尔士（现为澳大利亚的一个州），时间是 1879 年。后来，世界上许多国家（或地区）都发行附捐邮票，如联邦德国从 1949 年起，几乎每年都发行一套附捐邮票。

中华邮政曾在 1920 年发行过我国历史上第一套附捐邮票《附收赈捐》，如图 6-5 所示。这套邮票共 3 枚，其附收款项用于救济灾民。

图 6-5　我国历史上第一套附捐邮票

新中国在 1984 年 2 月 16 日发行了第一套附捐邮票，即"T.92"《儿童》——共 2 枚，面值为"8＋2"分，8 分为邮资，2 分为捐资，如图 6-6 所示。此套邮票共筹集资金 60 万元，用于中国儿童和少年基金会发展儿童福利。此外，中国邮政在 1985 年 3 月 15 日发行的"T.105"《中国残疾人》、1989 年 6 月 1 日发行的 "T.137"《儿童生活》也是附捐邮票。

图 6-6　新中国第一套附捐邮票

（五）个性化邮票

个性化邮票是为开展邮票个性化服务业务而发行的，属于普通邮票的范畴。该邮票由具有邮资凭证属性的邮票主图和可供用户制作个性化内容的空白附票两部分组成。邮票个性化服务业务主要是指用户以中国邮政集团有限公司发行的带有空白附票的个性化服务专用邮票为载体，根据自身的正当需求和有关规定，在空白附票上印制个性化的内容，赋予空白附票个性化特征，向社会提供邮票个性化服务的业务。

我国第一套个性化邮票是发行于 2002 年的《如意》，如图 6-7 所示。我国接着还发行了《鲜花》《同心结》《天安门》《一帆风顺》《花开富贵》《吉祥如意》《长城》等个性化邮票。

图 6-7　我国第一套个性化邮票

（六）特别发行邮票

特别发行邮票是中国邮票中一个新的种类，是为纪念特别重大的事件或活动而发行的邮票，邮票志号在编年后以汉字"特"为首字，如"2000-特1M（2-2）"，不定期发行，从2000年1月1日发行《港澳回归 世纪盛世》邮票时启用。

（七）欠资邮票

欠资邮票是邮局补收所欠邮资的凭证，由邮局在一些未贴邮票或所贴邮资不足的邮件上贴用，凭此向收件人补收所欠的邮资。这种邮票不对外出售，也没有预付邮资的功能，但集邮者有时可以通过一些渠道买来收藏。

新中国在1950年9月1日发行的第一套欠资邮票共9枚，面值为100～10000元（旧币），凸版印刷，均为蓝色。1954年8月18日发行的第二套欠资邮票共5枚，面值为100～1600元（旧币），均为红色。我国自1956年起停止使用一切旧币邮票，因此这两套旧币欠资邮票也同时停止使用。按照原邮政管理部门的规定，对欠资邮件加盖欠资戳或加贴改退批条，由邮局填写欠资金额后收取所欠或退回寄件人贴足邮资。因此，从1956年起，我国再也没有发行过欠资邮票。

（八）加字改值邮票

加字改值邮票是一种在其他邮票上加盖文字、改变面值后作为一种新邮票使用的邮资凭证。使用这种邮票，多半是因为新邮票印制不及时而采用的一种应急措施。例如，1896年大清邮政正式开办之际，将邮资改银两为洋银（银元）计算，又新开办了包裹、汇兑等业务，由于新邮票印制不及时，于是先将库存的"小龙""万寿"等邮票加盖洋银面值后使用。我国解放区邮票和中华邮政邮票也有多种加字改值邮票。

新中国成立后，一方面由于印制新的全国统一使用的邮票数量不足，另一方面由于大量库存的中华邮政邮票弃之可惜，因此选择了中华邮政邮票中部分孙中山头像邮票和以飞雁、火车、轮船、宝塔等为图案的邮票，以及部分解放区邮票，加印"中国人民邮政"文字及新面值后，作为新中国邮票使用。这样的加字改值邮票，从1950年发行的"改1"到1951年发行的"改10"，一共发行了10套、53枚。

（九）军人贴用邮票

军人贴用邮票称"军邮"，是一种专供现役军人免费或减费交寄邮件而发行的邮票。世界上许多国家和我国解放区邮政、中华邮政都发行过这种邮票。

新中国成立后，邮电部于1953年曾拟发行一套军人贴用邮票——共3枚，均以"八一"军徽为主图，面值为旧币800元，分黄、紫、蓝三色。这套邮票原定于1953年8月1日发行，后决定停止发行，但仍有少部分流入社会，其中以"蓝军邮"最为昂贵。1995年8月10日发行的"义务兵贴用"邮票，只限在原沈阳军区试行，自1997年4月15日起停止使用。

四、邮票的变化

（一）小全张邮票和小型张邮票

将某一套（或几套）邮票的每一枚都汇集印制在一张较大的纸上，其邮票枚数、图案、刷色、面值等都不改变，这种邮票称为小全张邮票。若从某套邮票中选取一枚，或另绘与邮票题材密切相关的其他图案，印制在一张较大的纸上，或将每枚邮票都印成较大的小单张，这种邮票称为小型张邮票。在小全张邮票和小型张邮票的空白位置上，一般有精美图案或文字说明，供集邮爱好者欣赏。

发行小全（型）张邮票在集邮事业发达的今天十分盛行。中华邮政和解放区邮政都发行过小全（型）张邮票。新中国第一枚小全张邮票是 1958 年 5 月 30 日发行的"纪 47"《人民英雄纪念碑》，新中国第一枚小型张邮票是 1956 年 1 月 1 日发行的"纪 33"《中国古代科学家》（第一组）。随后我国又发行了"纪 94"《梅兰芳舞台艺术》、"特 61"《牡丹》等小型张邮票，一般我国每年要发行小型张邮票 3～5 枚。

（二）小本票

最初，邮政部门为了方便群众携带、使用邮票，将若干枚同套邮票装订成小本发售，这就是小本票。现在，小本票已发展成为一个颇受欢迎的集邮品种。小本票中的邮票枚数不等，有的是同种面值的票一起连印，有的是不同面值的票 2 枚连印、4 枚连印。每本小本票的封面、装帧都经过精心设计，十分惹人喜爱。

世界上最早发行小本票的是卢森堡，时间是 1895 年。中华邮政也发行过小本票，新中国第一套小本票是 1980 年 6 月 1 日发行的"T.51"《童话——"咕咚"》。1981—1992 年，我国每年都发行生肖小本票。

（三）小张票

小张票也称小版张邮票，是专门印制的一种印张较小、枚数较少的邮票。我国在 1980 年 9 月 13 日发行了"J.59"《中华人民共和国展览会（美国）》，整张 50 枚。为了适应展览会的需要，邮政部门另特别印制了小张票，印张比整张小，每一张为 12 枚。因发行量较少，小张票已成为众多集邮者追求的对象。

（四）无齿票

无齿票指打孔机和有齿邮票普及后，为了增加集邮者的集邮兴趣，丰富集邮者的集邮品种，邮政部门特意发行的无齿的邮票。我国发行过多套无齿票，如 1988 年发行的"T.132"《麋鹿》。

（五）连印票

将 2 枚或 2 枚以上不同图案的邮票连在一起印刷产生的邮票，叫作连印票。连印可以有不同的形式，如四方连，指将 4 枚不同图案的邮票排成"田"字形印刷。"特 4"《广播体操》、"纪 60"《1958 年农业大丰收》、"纪 112"《第 28 届世界乒乓球锦标赛》、"J.47"《中华人民共和国成立三十周年》等都是四方连邮票。至于从整张邮票上撕下图案相同的 4 枚邮票，习惯上也叫四方连，如猴票四方连，但含义与此处说的四方连不同。

（六）电子邮票

电子邮票是近年来兴起的"自动化集邮"的主要收集对象，是由机器打印出的具有简单图案的一种邮资凭证，其地位已逐渐被人们承认，并成为许多年轻人收集的热点。我国香港特别行政区每年在发行生肖邮票的同时发行生肖电子邮票。国外许多国家如美国、加拿大等也都发行电子邮票。

五、新中国不同时期的邮票

（一）"纪、特"邮票

"纪、特"邮票是志号为汉字"纪"和"特"字打头的邮票的合称。我国于 1949 年 10 月至 1967 年 4 月使用"纪"字为志号所发行的纪念邮票，共计 153 套；1951 年 10 月至 1966

年 5 月使用"特"字为志号所发行的特种邮票，共计 78 套。民间将这一时期的邮票统称为"老纪特"邮票。

（二）"文"字邮票

"文"字邮票主要指 1967 年 4 月至 1970 年 1 月邮政部门发行的邮票。这一时期发行的纪念邮票和特种邮票，不分票种，票面没有任何志号信息，仅在邮票包装上印有"文"字及编号，故称"文"字邮票。此种邮票共正式发行 19 套（即"文 1"至"文 19"）、80 枚。

（三）"编号"邮票

"编号"邮票也称连续编号邮票，是我国于 1970 年 8 月至 1974 年 12 月发行的不分类别、不分套别、连续编号的邮票。相较于"文"字邮票，"编号"邮票的题材更多样，设计风格也趋向回归传统。"编号"邮票的编号在每一枚邮票的左下角用阿拉伯数字标注。我国共发行 95 枚"编号"邮票，从 1 号至 95 号连续编号。

（四）"J、T"邮票

"J、T"邮票是我国于 1974 年 1 月至 1991 年 11 月发行的纪念邮票和特种邮票的简称。这一时期，纪念邮票和特种邮票恢复了分别编列志号的方式，但志号的首字不再采用汉字的"纪"和"特"。

纪念邮票用其汉语拼音的第一个字母"J"来表示志号，俗称为"J"票。这一时期先后发行"J"字头邮票 185 套，包括小型张邮票、小全张邮票和小张票。

特种邮票用其汉语拼音的第一个字母"T"来表示志号，俗称为"T"票。这一时期共发行"T"字头邮票 168 套，包括小型张邮票、小全张邮票及无齿票。

（五）编年邮票

编年邮票又称按年编号邮票。我国自 1992 年起，将纪念邮票和特种邮票按年份统一顺序并编号，同时仍注明"J"或"T"。如 2013 年 6 月 1 日发行的特种邮票《小蝌蚪找妈妈》的志号为"2013-13（5-1）T"，表示 2013 年第 13 套邮票，全套共 5 枚，这是第一枚。

除了纪念邮票和特种邮票之外，我国从 1950 年 2 月至 2006 年 11 月，还发行了有编号普通邮票 33 套，无编号普通邮票 1 套，以及东北贴用、旅大贴用普通邮票 3 套。邮票图案包括各地的革命纪念地、风光、科普、环保、建设成就等。此外，我国还发行了加字改值邮票 10 套，航空、欠资、包裹和军人贴用邮票各 2 套。

六、邮票的计量单位

（1）枚。邮票的最小计量单位，是从全张邮票上分撕下来，不可再分撕的邮票个体。

（2）套。一般以少则一枚、多则数十枚且围绕一个主题表现其主要内容的同名称邮票组成。

（3）张。全张（包括小全张、小型张、小开张等）的计数单位。

（4）邮局全张。邮票印刷厂以成品形式，经包装、发送，供给邮局出售的整张邮票。

（5）印刷全张。从印刷机上印出时的印张，通常含有若干个邮局全张。

（6）本。小本票的计量单位，一册即一本。

（7）包。将若干张（通常是 500 张）邮票封装成一包，在每包的标签上标明该包邮票的志号、名称、图号、面值、张数以及每张枚数和整包枚数。

（8）袋。袋有两个不同的概念：一是袋票的袋，指若干成套邮票或不同套的零枚票混在一起，装入一个纸袋出售，形成袋票，其计量单位为"袋"；二是票袋的袋，指邮局内部将一包或若干包邮票装入邮袋（或专用邮票袋），绳扣铅封后，邮运、交接时的计量单位。

<h1 style="text-align:center">第二节　集邮品的定义及分类</h1>

一、集邮品的定义

集邮品，简称邮品，按照国际集邮联合会的规定："一部展品只由适用于展出的集邮品组成，而适用于展出的集邮品，指为了传送邮件或其他邮政通信目的，由政府、地方或私人邮政代理机构，或由其他正式被委托或被授权的机构发行的、已计划发行的或已生产完毕准备发行的集邮品，实际使用过的集邮品，或认为可作为有效邮资凭证的集邮品。"从这一条规定中我们可以明确集邮品的必要条件：必须是邮政机构（包括其委托机构或授权单位）发行的，用于传递邮件用，能表明邮资。

《中国集邮大辞典》对集邮品的定义：集邮者收集的邮票和其他邮资凭证，以及与集邮有关的各种收藏品。

中国邮政集团有限公司发布的《集邮术语与定义》Q/YB 0059.1—2020 标准中对集邮品的定义：以集邮活动为主要目的，由邮政经营机构发行的集邮信封、集邮明信片、集邮卡、集邮折、集邮册等纪念品。

二、集邮品的分类

（一）邮票

邮票的种类参见上节内容。

（二）邮资信封

1. 邮资信封的概念

邮资信封是国家（地区）邮政部门发行的印有邮资图案的信封。邮资信封又可分为普通邮资信封、礼仪邮资信封、纪念邮资信封、美术邮资信封等。

信封是专门用来包装寄递书信及印刷品的套装，可分为竖式和横式。在纸诞生以前，书信的载体是木牍和竹简。公元前 500 多年曾出现过装木牍、竹简的匣子，这是中国最原始的信封，也是信封的雏形。中国最早的信封大约出现在公元 3 世纪的三国时期。

普通信封就是不带邮资，按邮政部门颁布的国家信封标准制作的信封，一般由各省邮政管理局监制。邮资信封是把邮资凭证和信封结合在一起的邮政用品，目的是便利寄信人，减少再贴邮票的手续。《邮政法》规定，印在邮资信封上的邮资凭证不能剪下来另贴在其他邮件上使用，否则无效。

2. 邮资信封的种类

（1）普通邮资信封，是由国家（地区）邮政部门发行，印有常用邮资和邮资图案的信封，用其汉语拼音的缩写"PF"作为志号。

（2）礼仪邮资信封，是用于生日、婚庆、敬师、邀请、致哀等礼仪活动的邮资信封，用其汉语拼音的缩写"LF"作为志号。1995 年 5 月，邮电部发行了 5 种礼仪邮资信封。礼仪邮资信封封面左侧的配图均与礼仪内容相关，信封背面印有编号。

（3）纪念邮资信封，是为纪念重大事件或重要人物而专门发行的邮资信封，用其汉语拼音的缩写"JF"作为志号。我国发行纪念邮资信封从 1982 年开始，用"JF"字头编号，基本上每年发行 5～7 枚。如"JF1"《纳米比亚日》、"JF20"《中国南极中山站建站》等，每枚都有一定的主题。标题、图案和邮资的设计要切合主题。

（4）美术邮资信封，是印有绘画、雕刻、摄影等艺术作品的邮资信封。美术邮资信封是以信封的装潢形式命名的。目前我国只发行了两套，1957—1959 年发行的"M0"共 8 枚，这一套美术邮资信封的发行量比较大，被称为旧美术邮资信封。其邮资图案全部为普九天安门图，面值 8 分，左侧印有各种美术图案。其中重点选用的美术作品有名家齐白石、徐悲鸿的手笔及当时的优秀美术作品，也有邮票设计者孙传哲、卢天骄等人设计绘制的图画。1983 年 4 月 1 日发行的"M1"共 10 枚，邮资图案为牡丹、月季等十大花卉，突出了民族文化特色，且迎合了大众消费心理，风格清新淡雅。

（三）实寄封

实寄封是经过实地邮寄的信封，正面一般写明收件人和寄件人的姓名和地址。信封上或贴有邮票并加盖日戳，或盖有某种邮资戳印，或印有"邮政公事"字样。在我国，实寄封的背面还盖有投递戳。实寄封记录了比邮票更多的资料，所以是一种重要的集邮品，也是组织邮集必不可少的。

一些早期的实寄封，如邮票问世之前的史前封，贴有古典邮票的早期封，贴有两个不同邮政体系邮票的混合封，常常记录了重要的史料，是难得的集邮品。一些特殊的实寄封，如从海难或空难中抢救出来的遇难封，由于地址不详或战乱无法投递的退回封，都记录了有价值的资料。

（四）首日封

首日封是在邮票发行首日，贴该种邮票并盖有当日邮政日戳或特制的首日纪念邮戳的信封。首日封可贴一枚邮票，也可贴全套邮票，面额最好和应贴邮资金额相符或相近。首日封如不实寄则称首日销印封，经过实寄的称首日实寄封。由官方印制的首日销印封，集邮者俗称"官白封"。首日销印封既可用普通信封，也可用特制的信封。关键是邮戳要清晰可查且印的是发行首日的日期，普通邮戳、纪念邮戳、邮政部门特许集邮公司专刻的邮戳都可以。首日实寄封是实寄封中的特例。因为受时间限制、获取难度较大，又较多地记录了邮政史实，所以首日封是组织邮集的重要集邮品。

（五）原地封

原地封是盖有和邮票票题或图案相关地邮戳的信封。当代邮票都有票题，纪念邮票和特种邮票的票题多印在邮票上。少数邮票，主要是普通邮票，虽不印票题，但是在新邮发行公告或邮票目录上仍有票题。根据票题和图案选择相关地，是寄发原地封的关键。人物票的票题常常是其诞生地、逝世地、活动地，动物票、植物票、矿物票的票题常常是发现地、保护地，风光票、建筑票的票题常常是其所在地，运动会、纪念会、博览会邮票的票题常常是其举办地，等等。目前，不少国家（地区），如美国、日本等，在新邮发行公告中不仅公布发行首日，还指定相关地，即原地，并到该地举行邮票发行首日仪式，使用特制邮戳，发售专印原地首日封。

原地封所使用的信封，普通的、自制的、公事的、公司的都可以。原地封的寄发时间，一般应在发行期内或接近发行首日，而不一定是发行首日。但如能在首日寄发，成为原地首日实寄封，便成为原地封中的特例，是难得的集邮品。

（六）邮资明信片

1. 邮资明信片的概念

邮资明信片是国家（地区）邮政部门发行的印有邮资图案的明信片，简称邮资片。邮资片集信封、信纸、邮资凭证于一体，正面右上角印有邮资凭证，下方可供书写收件人、寄件人的姓名和地址，正面一部分和背面可供书写通信内容。邮资明信片以件为计费单位，邮资低于信函。邮资明信片品种繁多，形式多样，使用方便，具有较强的观赏性和较高的收藏价值。

2. 邮资明信片的种类

邮资明信片有普通邮资明信片、纪念邮资明信片、特种邮资明信片、风光邮资明信片、贺年（有奖）明信片等。

（1）普通邮资明信片，是印有常用邮资和邮资图案，多次印刷、大量发行的邮资明信片，用其汉语拼音的缩写"PP"作为志号。1869年10月奥地利发行了世界上第一套邮资明信片，之后瑞士、英国、德国、丹麦等国（地区）相继发行。我国历史上最早的普通邮资明信片是1897年（清光绪二十三年）发行的清一次片。

（2）纪念邮资明信片，是为纪念或宣传重大事件或重要人物而专门发行的邮资明信片，用其汉语拼音的缩写"JP"作为志号。纪念邮资明信片上印有纪念性文字，有的还在正面左侧配置纪念性图画。纪念邮资明信片可以弥补纪念邮票在选题方面的不足。世界上最早的纪念邮资明信片是1893年瑞士纪念苏黎世邮票发行50周年邮资明信片。我国发行的第一套纪念邮资明信片是《中国在第23届奥运会获金质奖章纪念》，此套邮资明信片自1984年8月1日至19日陆续发行，共16枚，编号为"JP1"。早期纪念邮资明信片的邮资图案大多利用普通邮票原图，后来则有专门设计的与纪念内容相关的图案。

（3）特种邮资明信片，是为宣传特定事物而专门发行的邮资明信片。我国于1994年开始发行特种邮资明信片，以其汉语拼音缩写"TP"作为志号。特种邮资明信片的邮票图案多为特意设计的，明信片背面印有彩图。

（4）风光邮资明信片，是印有风光图案的用于旅游宣传或供旅游者使用的邮资明信片。图案大多是风光摄影作品，也有绘画作品。这些作品一般印在明信片背面，也有置于明信片正面左侧的。1869年奥地利发行的首枚明信片上就印有风景和历史画。我国于1984年开始发行风光邮资明信片，以其汉语拼音缩写"FP"作为志号。风光邮资明信片每套分为A、B两组，A组为国内邮资面值，B组为国家航空邮资面值。

（5）贺年（有奖）邮资明信片，志号为"HP"。贺年邮资明信片是专为祝贺新年而印有相关图文的邮资明信片，给人喜庆欢乐之感。我国于1981年12月起开始发行贺年邮资明信片，每年1套，邮资图和配图均与新年、十二生肖相关。1991年12月，我国发行印有兑奖号码及文字说明的贺年（有奖）明信片，在规定时间内，邮政部门公布中奖号码，公众依据手中的明信片号码与之对照，中奖者可获奖金或奖品。

（七）极限明信片

极限明信片是组成极限邮集的主要选材，指明信片图案与邮票图案极为相似，并在邮票上盖有与邮票图案相关的邮戳，画、票、戳相吻合，一致程度达到极限，故得名极限明信片。一般来说，极限明信片有下列规定。

（1）邮票是极限明信片的主体，必须是有效邮资凭证，且只能贴在明信片的画面一面（不得用欠资票、预销票、印花税票及公事邮票）。

（2）明信片的尺寸必须符合《万国邮政公约》第一章第19条第一段中的规定（最大尺寸为105mm×148mm，最小尺寸为90mm×140mm，误差不超过2 mm），画面至少应占明信片片幅的75%，明信片上的图案应尽最大可能地与邮票图案题材相符，或在有几个题材的情况下，至少与其中一个题材相符。按邮票图案放大的图画明信片不允许展出。

（3）邮戳上的图案和地名（邮局局名）应与邮票及明信片上的题材密切相关，邮戳上的时间必须在邮票的有效使用期内，并尽可能接近该邮票的发行日期。

（4）明信片应尽可能在邮票发行之前出售，如在邮票发行后出售，应重新反映一个月前已存在的题材。

中国集邮总公司从1982年开始发行极限明信片——如"MC1"《益鸟》等。这是我国集邮业务发展到一定阶段的产物，可供集邮者购买、收藏。

（八）邮简

邮简是按一定规格使信封和信纸合一的一种通信用品。近期的邮简多为三节式的，大小如一张常用的信纸，正面上方1/3部分书写收件人的姓名和地址，右上角印有邮资图案或贴邮票的虚线方框；中间的部分可写寄件人的姓名和地址；背面供写信用。将背面折在里面，正面用于书写信息的两个1/3部分即为信封的正面和背面。

当代的邮简基本上都是邮政部门印制的，称邮制邮简。含邮资的邮制邮简，称邮资邮简。邮资邮简使信封、信纸、邮资三者合一，简舌上涂有胶水。由于通信费用低于信封，略高于明信片，所以邮资邮简是国外一种十分普及的邮政用品。邮资邮简的使用有一定的规定，如航空邮简不得夹寄任何纸片，邮资图案被剪下后即无效。

邮资邮简早于邮资信封和邮资明信片出现，是1818年由撒丁王国（现为意大利的一部分）发行的。当时的邮简尚无固定的折叠方式，故又称信张。三节式邮简是比利时于1882年首创的。根据发行目的和使用方法分类，邮简可分为普通邮简、纪念邮简、宣传邮简、美术邮简、航空邮简、军人邮简等。目前国际上使用最多的是航空邮简、纪念邮简和航空纪念邮简。

新中国最早发行的邮资邮简是1950年的"普东1"天安门邮资图案邮简。1956年币制改革后，邮资邮简上的人民币面值邮资图加盖了"邮资作废"字样，因此使用邮资邮简时应加贴邮票。

除上述内容外，集邮品还包括纪念封、外展封、镶嵌封、邮折、邮票年册、邮戳卡等。纪念封是为纪念某一事件、人物而印制，盖有特制纪念邮戳的集邮信封。外展封是为我国参加或举办的国际邮展或双边邮展发行的集邮信封。镶嵌封是镶嵌非纸质物品的集邮信封。邮折是为一定主题特制的，插有相关主题邮票，印有相关文字和（或）图案的折叠式硬纸卡。邮票年册是收纳了全年所发行邮票的册类集邮品。邮戳卡是专供加盖邮政戳记而印制的一种小型纸卡，没有统一的规格和样式。

第三节　集邮业务管理

一、集邮业务概述

集邮业务是邮政部门发挥邮政优势和潜力，以经营邮票为主并兼营其他集邮品、集邮用具、集邮书刊、带有精神文化特色的商品经销活动。

（一）邮政部门经营集邮业务的依据和有利条件

集邮业务是随着人们集邮热情的增长而开办和发展起来的，邮政部门经营集邮业务的依据和有利条件有以下几点。

1. 掌握邮资凭证发行权

《邮政法》第四十一条规定："任何单位和个人不得伪造邮资凭证或者倒卖伪造的邮资凭证，不得擅自仿印邮票和邮资图案。"按照《邮政法》的规定，普通邮票的发行数量由邮政企业按照市场需要确定，报国务院邮政管理部门备案；纪念邮票和特种邮票发行计划由邮政企业根据市场需要提出，报国务院邮政管理部门审定。国务院邮政管理部门负责纪念邮票的选题和图案审查，并依法对邮票的印制、销售实施监督。

2. 可充分利用通信业务的优势

集邮业务与通信业务的联系非常密切，邮政部门可以充分利用信件专营和机构普遍的优势，为开展集邮业务提供便利条件，使集邮业务和通信业务紧密联系、互相促进、共同发展。

3. 集邮业务有广泛的社会基础和较大的潜力

我国集邮业务起步较晚，但发展很快。当前，我国集邮协会在册会员有数百万人，集邮爱好者近千万人，而全世界有一亿多人在集邮，可见我国集邮业务的发展潜力较大。随着物质生活水平的提高，人们对精神文化生活的要求也会越来越高，必然有更多的人加入集邮爱好者的行列。

4. 集邮业务效益好

集邮业务是轻型业务，不需要更多的场地、设备和运输能力，劳动消耗较少，而经济效益较高。近年来，随着集邮活动的广泛开展，集邮业务收入增长很快，在邮政总收入中占有一定的比例。

由以上分析可知，集邮业务与通信业务有密切的联系，是适于邮政部门经营的一项业务，但不属通信业务，也不是其他物品寄递业务，因为邮票作为邮资凭证在通信业务中使用，只起到表示用户缴纳资费的凭证作用，只是一种标识和凭证，不是商品。但是，邮票及用邮票制成的各种集邮品离开了通信渠道，进入集邮领域以后，能作为受人们喜爱的精神消费品，成为一种特殊的精神文化商品进入集邮市场，参与流通交换。

（二）邮票作为邮资凭证与作为集邮品的区别

在经办业务中，邮票作为邮资凭证与作为集邮品有质的区别，具体体现在以下几个方面。

（1）邮票作为邮资凭证销售时不必陈列，用户也不必选择，只需要按邮费标准配足即可；作为集邮品时则不同，其不仅需要被陈列出来供用户选购，而且营业员应主动向用户宣传有关背景知识。

（2）邮票作为邮资凭证销售时，营业人员只考虑使用方便，不大注意其品相；但作为集邮品时，营业员一要事先配套、成套出售，二要保留边纸，不得撕开属于数枚连印的套票，还应准备专题套票等，以供用户选购。

（3）邮票作为邮资凭证销售时无须包装，而作为集邮品出售时要妥善包装，保证品相不受损坏，损坏、污染时营业员应允许退换。

（4）邮票作为邮资凭证销售时，营业人员要牢记各种邮件的资费标准；而作为集邮品销售时，营业员要注意套票的枚数、名称、志号、编号、价格等。

（5）邮票作为邮资凭证销售时按邮票面值出售；作为集邮品时，在邮票发售期与营业窗口一样按面值出售,而在营业窗口停售后,应按中国邮政集团有限公司重新核定的商品价格出售。

由以上区别可见,邮票由邮资凭证到集邮品,已经变成了一种特殊商品,集邮业务也就成了经营邮票和其他集邮品的商业性活动,各级集邮业务部门及其集邮门市部、集邮台就具备了经营集邮品的商业企业的性质和特征。

(三)集邮业务的特征

集邮业务的性质决定了它具有以下特征。

(1)集邮是一项精神文化活动,经营集邮业务的相关工作人员应该具备比较丰富的集邮专业知识和科普知识。

(2)集邮业务属于商品经营活动,所以相关工作人员应该掌握集邮品特性和相关的营销方法,按照商品经济规律开展营销活动。

(3)邮票和其他集邮品的一次性出版发行的特征,形成了集邮品的特殊商品属性,使集邮品的价值能随着时间的推移而增加。这就要求集邮业务经营者要随时掌握集邮品的市场价格与销量的变化趋势,采取积极措施引导消费、调节供求矛盾。

(4)集邮业务是一项轻型业务,劳动消耗少而经济效益好,所以各级邮政企业都应积极办好集邮业务,发挥集邮业务的优势。

二、集邮业务经营管理体制

中国邮政集团有限公司设有邮票发行部,负责全国邮资票品的发行和管理工作。中国集邮总公司为中国邮政集团有限公司的直属经营单位,主要负责国家级集邮品的开发、组织销售和邮资票品进出口业务。省(自治区、直辖市)邮政分公司下设省文传部(集邮公司或邮资票品局),主要职责是贯彻落实上级管理机关制定的方针政策和各项规章制度,并进行监督检查;负责管辖范围内邮资票品的计划申请、分配、统计、调拨,以及发售、使用等各项业务管理,开发省内题材集邮品并组织销售。地(市)、县集邮业务分别由地(市)、县邮政分公司的职能部门和集邮经营机构管理和经营。

中国邮政集团有限公司邮票发行部、中国集邮总公司、邮票印制局、省级集邮业务部门、市县级集邮业务部门、各级网点(含支局所、代办网点)和其他相关部门共同构成我国集邮业务的经营管理体制。

三、关于集邮业务管理的若干规定

(一)集邮业务网点布局

集邮业务网点是邮政部门因集邮业务发展需要而设置的邮政营业场所,可分为营业门市部、集邮专卖店、支局所集邮服务台(点)等。

集邮网点布局的条件包括以下几个。

(1)群众有接受集邮服务的需求。

(2)存在一定的集邮基本队伍。

(3)集邮业务有一定的发展潜力。

(4)交通便利,人口相对集中,群众消费情况较好。

(5)集邮的经济效益和社会效益俱佳。

(6)符合集邮业务发展的长远规划。

邮政基层单位依据本地集邮市场需求情况可自主确定零售网点数量。

（二）集邮营业管理

1. 集邮营业人员的基本要求

（1）熟悉、掌握邮政营业知识和服务礼仪、技巧并能熟练运用。

（2）贯彻执行各项规章制度，严格遵守各项工作纪律，服从工作安排。

（3）每日提前10分钟到岗，备齐备足各项业务单式、用具用品、票款等，做到定位合理、放置有序。

（4）工作期间佩戴工作证，统一着装，保持良好的仪态形象。

（5）坚守岗位，热情、主动、耐心、周到地为用户服务，全面解答用户的问题，正确使用服务用语。

（6）负责本岗位设备、日戳、夹钳等用品用具的保养、使用和保管工作；严格执行章、戳和密码管理制度；每日营业终了，按要求对设备进行管理。

（7）参加各类会议、学习和培训。

（8）参加岗位练功活动，努力提高自身业务技术水平和工作效率。

（9）积极参加各项组织活动。

2. 窗口零售的基本规定

（1）零售商品来源于库存票品、上级供应用于零售的票品、市场采购票品和自制集邮品，不得将预订户预订票品挪作零售。

（2）各类邮资票品和集邮品必须按规定的价格销售。

（3）零售邮票按套销售，套票、小型张邮票、小全张邮票、小木票可以分开销售。

（4）对于已售完的零售邮票，若用户仍有购买需求，营业人员要向其做好解释工作，避免投诉。

（5）要保证零售邮票在发行日开始供应用户，满足用户购买需求，不得惜售或截留。要杜绝任何形式的搭售、向大户或邮商批销的行为。

（6）零售邮票只能用于窗口销售，不得用于集邮品开发等其他用途。

（7）各地邮局要严格执行纪特邮票发行期为6个月的规定，已过发行期的纪特邮票，一定要全部撤下柜台，不允许再销售。退缴工作要全面彻底，不留死角（包括库存零售邮票和营业人员票底）。要做好零售邮票退缴的账务处理，做到账实相符、账账相符。出现盈亏的一定要查清原因，绝不允许设立账外账、账外库，坚决杜绝企业垫款购买零售邮票留存。

（8）各零售网点要为用户提供优质服务，各地市集邮业务管理部门要设立投诉电话，并在所有零售网点公布，受理用户投诉。

3. 营业现场要求

（1）营业现场必须有集邮公司、门市部门牌及集邮业务标识。

（2）销售的邮票和集邮品必须明码标价。

（3）营业现场必须张贴和提供集邮服务公约、意见簿、监督电话等服务监督设施。

（4）营业现场必须有相应的橱窗透明柜台展示各种票品、新邮发行介绍等宣传内容。

（5）营业现场卫生整洁，营业人员服装统一，服务态度热情、服务周到。

（6）纪特邮票的零售网点要在窗口柜台设置零售票专区，展示所有可供销售的零售票品种；要在显著位置摆放"纪特邮票零售网点"提示牌，起到充分告知的作用。

（7）符合中国邮政集团有限公司关于邮政支局所现场管理的其他要求。

（三）集邮品的发行

（1）集邮品的发行应遵守万国邮联成员国的集邮公德准则。集邮品的制作应力求完美，集邮品的纸质、规格尺寸及印刷应符合国家有关规定，不得粗制滥造。

（2）中国集邮总公司负责开发全国性题材集邮品，各省邮政分公司负责开发地方性题材集邮品。

（3）避免开发简易邮票大版折、简易邮票册以及易对集邮市场产生不良冲击的集邮品；严禁将定向产品转为常规产品销售，严禁将形象年册转为常规年册销售。

（4）加强对集邮品开发合同的审批和集邮品内容的审核，避免出现政治、法律及其他社会问题；要明确销售对象并加强管理，确保所开发集邮品只出售给终端用户，不出售给中间商和代理商。

（5）集邮品要统一定价销售。除常规集邮品外，全国性重大题材产品的定价，要报集团公司审定。各省邮政分公司销售中国集邮总公司开发的全国性题材集邮品，要执行统一价格，未经中国集邮总公司书面批准，不得擅自变价销售。中国集邮总公司和各省邮政分公司开发相同题材的同类产品，原则上销售价格应该统一。

（四）邮政日戳的刻制及使用

1. 日戳刻制

集团公司营业网点（有邮政营业系统机构代码）可申请刻制普通日戳、风景日戳和文化日戳。其他性质的网点（含临时邮局、主题邮局等）可借用挂靠邮政网点的普通日戳或选择刻制临时、风景或文化日戳。日戳的制作要符合中国邮政集团有限公司颁布的《邮政日戳戳印 第一部分：无资戳印》标准（Q/YB 0010.1—2020）。如发现尺寸不符、样式不符、字体不符、字迹不清，应立即更换。

2. 日戳使用范围

（1）收寄日戳用于办理普遍服务业务和特殊服务业务，用于盖销邮票以及按规定盖印于邮件封皮、业务单据或批条，用于为集邮爱好者提供信封、邮资封片及邮戳卡等的盖销服务，用于加盖邮政企业内部（含邮政监管部门）业务检查记录表。收寄日戳不得加盖在空白纸、簿册（除日戳打印簿、日戳练习簿），与邮政业务无关的各种簿册、单据，以及邮政代办业务的各类单据上。

（2）风景日戳及文化日戳除用于盖销邮票，为集邮爱好者提供信封、邮资封片及邮戳卡等的盖销服务外，不得加盖在邮政内部使用的业务单据和凭证上。

3. 日戳使用规范

（1）各类邮件上所贴的邮票及邮资信封、邮资邮简和邮资明信片上所印的邮票图案，必须用邮政日戳盖销。收寄日戳盖销单枚邮票（含邮票图案）时，要下压角加盖，位置适当，戳印的 3/4（或 4/5）应在信封（邮戳卡）上；盖销多枚邮票时，每枚邮票上应有约 1/4 的戳印。不能将一个收寄日戳全部盖在一枚邮票的中部致使邮件封面上无戳印痕迹，同一枚邮票上不能同时加盖两枚日戳。盖销小型张邮票时，戳印的 1/4 在邮资的票面上，另外在小型张邮票边饰上加盖一枚日戳，戳印的 3/4 应在信封（邮戳卡）上。盖销人物图案的邮票时应避开人物头像。

（2）用户要求盖销的邮票以我国现行有效的邮票为限，且必须贴在空白信封、邮资封片及邮戳卡上，只限用当天使用的收寄日戳加盖，不得调整日期及时间。空白信封、邮资封片及邮戳卡等销票时，不得加盖多枚（不同主题、不同时间或不同网点）收寄日戳。

（3）用户交寄的中国集邮总公司发行的首日封，仅限在新邮票发行首日免费交寄。交寄时已加盖特别纪念邮戳的，营业网点应在空白明显位置另加盖一枚收寄日戳，表明收寄地点。

（4）营业网点应根据集团公司相关规定，为集邮者提供规范的邮资凭证盖销服务，包括现场盖销或用户来函盖销，免费加盖收寄日戳、风景日戳、文化日戳等。

现场盖销的，仅限使用邮政营业网点当天的日戳，不得按集邮者指定或要求的日期加盖，也不接受集邮者转送其他邮政营业网点加盖日戳的要求。

用户来函盖销邮票的，须附寄写有收件人名址并贴足邮资的信封、明信片，或将邮票贴在信封、明信片、邮戳卡上盖销。确定符合盖销要求的，邮政营业网点应在 5 个工作日内进行盖销处理并回复用户。

对不符合盖销相关要求的，邮政营业网点须对用户做好答疑解释或回复回信工作。如附禁用邮票的，邮政营业网点应将禁用邮票报县（区）、市级集邮业务管理部门没收，向用户说明没收依据和原因，并存档备查。

实践项目

项目一　邮票的设计与制作

1．项目目标：通过设计与制作邮票，熟悉和掌握邮票的 3 个基本构成要素、邮票的属性和功能、不同种类邮票的特点，提升学生的动手实践能力和团队协作能力。

2．项目内容：3 个同学为一组，自选主题，设计与制作一枚（或一套）邮票。

3．项目实施及要求：（1）学生分组，选择某一主题。要求主题突出，立意明确。（2）学生根据所选主题搜集资料，与小组成员合作完成邮票的设计。要求每枚邮票的规格为 A4 纸大小，邮票的 3 个基本构成要素齐全，特点鲜明。（3）学生以小组为单位，对设计的作品进行展示。小组之间从立意、设计、讲解 3 个方面打分互评。

项目二　本地集邮网点参观学习

1．项目目标：增强学生对各类集邮品的认知，提升学生的文化品位和鉴赏能力，陶冶学生的情操；让学生了解优秀传统文化，感受国家发展变化，体会邮政企业使命，增强爱国强邮意识。

2．项目内容：（1）了解邮政集邮网点的整体布局和集邮品摆放。（2）认识各类邮票，熟悉各类邮票的特点。（3）认识其他集邮品，了解集邮品的设计及销售情况。

3．项目实施及要求：（1）教师需提前与邮政集邮网点负责人联系，安排 1～2 名企业人员现场教学。（2）学生在参观学习期间，要遵守企业生产安全规定，听从安排，多思考，并做好笔记。（3）参观后，每个学生撰写一份实践报告。

拓展知识

我国集邮业务发展史

浓浓年味 飘飘洒洒——品赏我国邮票上的年文化

知识巩固

1. 单选题

（1）邮票的基本属性是（　　）。

    A．邮资凭证   B．宣传   C．集邮收藏   D．传播文化

（2）将某一套（或几套）邮票的每一枚都汇集印制在一张较大的纸上，其邮票枚数、图案、刷色、面值等都不改变，这种邮票称为（　　）邮票。

    A．小型张   B．小开张   C．小全张   D．小本票

（3）特种邮票的发行期限是（　　）。

    A．3个月   B．6个月   C．9个月   D．1年

（4）在邮票发行首日，贴该种邮票并盖有当日邮政日戳或特制的首日纪念邮戳的信封是（　　）。

    A．原地封   B．邮资封   C．实寄封   D．首日封

（5）盖有和邮票票题或图案相关地邮戳的信封是（　　）。

    A．原地封   B．实寄封   C．首日封   D．极限明信片

2. 多选题

（1）下列属于附捐邮票的面值与附加金额的表示方法的有（　　）。

    A．印有邮资和售价   B．正票之外的附票上印有附捐金额

    C．印有邮资和附捐金额   D．不印附捐金额

（2）下列关于个性化邮票的说法正确的有（　　）。

    A．属于纪念邮票的范畴

    B．是为开展邮票个性化服务业务而发行的

    C．包括具有邮资凭证属性的邮票主图

    D．包括可供用户制作个性化内容的空白附票

（3）下列属于邮票基本构成要素的有（　　）。

    A．面值   B．邮票志号

    C．国家（或地区）铭记   D．邮票图案

（4）下列关于特种邮票的描述错误的有（　　）。

    A．票面上多印有票题   B．在邮局和社会上限期出售

    C．可以随时发行   D．公布发行量后不再重印

（5）下列属于极限明信片规定的有（　　）。

    A．邮票必须是有效邮资凭证，且只能贴在明信片的画面一面

    B．明信片应尽可能在邮票发行之前出售

　　C．邮戳上的图案和地名（邮局局名）应与邮票及明信片上的题材密切相关

　　D．经过实地邮寄

3. **判断题**

（　　）（1）《庆祝中国人民政治协商会议第一届全体会议》邮票，是中华人民共和国发行的第一套纪念邮票。

（　　）（2）中国第一套邮票是1896年大清邮政成立之初发行的大龙邮票。

（　　）（3）纪念邮票不限量发行，但是有固定的销售期限。

（　　）（4）我国现行邮票的邮政铭记是"中国邮政"。

（　　）（5）集邮业务是一项精神文化活动。

4. **简答题**

（1）邮票的功能有哪些？

（2）集邮业务的特征有哪些？

第七章

机要通信业务与管理

【知识目标】

1. 学习机要通信业务的概念、性质和特点；
2. 学习秘密载体寄递的相关规定、机要营业收寄处理的相关知识；
3. 学习机要通信质量管理、业务档案管理、业务监督检查等的相关知识。

【能力目标】

1. 具备进行机要营业收寄处理的能力；
2. 具备进行机要件的投递的能力；
3. 具备进行机要通信质量管理、机要通信业务监督检查的能力。

【素养目标】

1. 培养爱岗敬业、勤学善思、刻苦钻研专业知识的品质；
2. 培养高度的责任感和使命感，以及高标准、严要求的职业意识；
3. 培养锐意创新、认清形势，从容应对各种挑战的进取精神。

情境引入

《机要通信工作十大纪律》是从确保党和国家机密的保密、安全角度出发，根据机要通信工作的性质、任务和特点制定的，是机要通信业务处理的纪律要求。它的主要内容如下。

（1）确保机要件保密、安全。在紧急情况下，首先保护机要件，做到人在机要件在。

（2）机要通信人员必须严格遵守各项保密规定和各种业务规章制度。（3）机要件同普通邮件要严格分开，不得混同处理。（4）机要件必须有专人办理，不托运、不捎带；兼办人员必须首先保证做好机要工作。（5）传递机要件必须使用专用包（袋）。（6）不拆阅、不检查机要件，不泄露秘密。（7）保护机要件完整无损，不准踩踏、拖摔、坐压机要件，制止一切有损机要件的行为。（8）在传递机要件的过程中，必须做到机要件不离人、不携带机要件进入同工作无关的场所，不参加同工作无关的活动。执行任务时随身携带的枪支、证件，不得遗失或转借他人。（9）国家秘密信息不得利用公众媒介传递和传播。（10）如实反映情况，不隐瞒差错、事故。

"十大纪律"权威性强，同时具有综合性强、重点突出、文字简练、便于记忆等特点，要求每一位从事机要通信工作的人员都要牢记于心。同学们，作为邮政事业的接班人，我们有必要对机要通信业务有更深入的了解和认识。带着这一目的，让我们开始本章的学习吧！

思维导图

```
                                  ┌─ 机要通信与机要通信  ┬─ 机要通信
                                  │   业务              └─ 机要通信业务
                                  │
                                  │                      ┌─ 机要通信业务处理的基本要求
                                  │                      ├─ 机要通信寄递关系的建立
                                  │                      ├─ 秘密载体寄递规定
机要通信业务与管理 ────────────────┼─ 机要通信业务处理 ──┼─ 机要营业收寄处理
                                  │                      ├─ 秘密载体的投递
                                  │                      └─ 秘密载体的特殊处理
                                  │
                                  │                      ┌─ 机要通信质量管理
                                  │                      ├─ 机要通信业务档案管理
                                  └─ 机要通信业务管理 ──┼─ 机要通信业务监督检查
                                                         ├─ 机要通信作业场地封闭作业管理
                                                         └─ 机要通信人员工作证使用管理
```

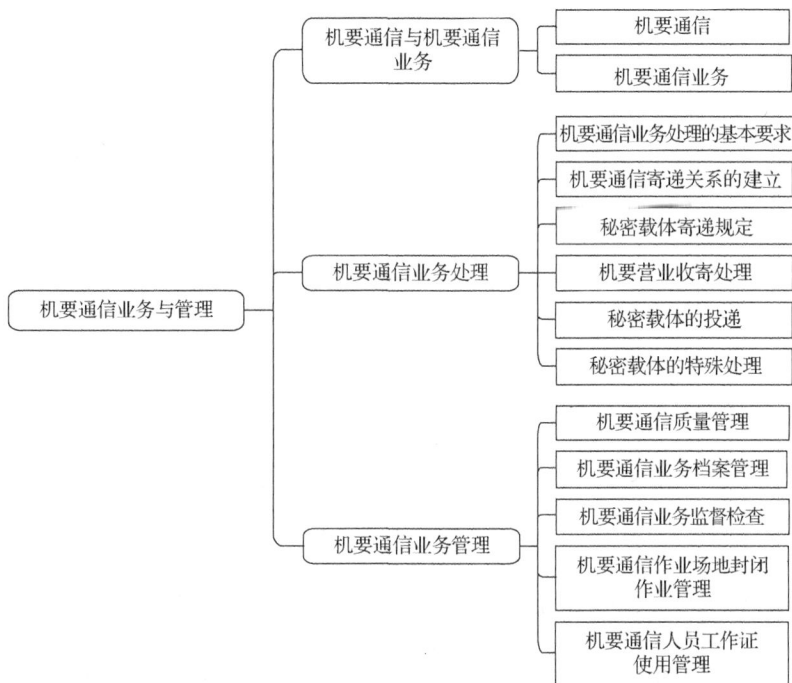

第一节　机要通信与机要通信业务

一、机要通信

（一）机要通信的建立

机要通信最早称为"党内交通"，其历史发展和沿革过程大体上可以划分为4个阶段：第一阶段是1921—1937年，这一阶段为建党初期的秘密交通工作；第二阶段是1937—1945年，这一阶段为抗日战争全面爆发后的秘密交通工作；第三阶段是1945—1949年，这一阶段为解放战争时期的秘密交通工作；第四阶段是 1949—1957 年，即新中国成立初期的秘密交通工作到机要通信机构的建立。

1. 建党初期的秘密交通工作（1921—1937年）

1921 年中国共产党诞生后，党中央为了工作需要，建立了党的秘密交通。党的秘密交通最早亦称为"党内交通"，后来称为"政治交通"。从 1925 年年初开始，党内交通工作逐渐开展起来，从中央到一些地方陆续建立了交通机构。

2. 抗日战争全面爆发后的秘密交通工作（1937—1945年）

抗日战争全面爆发后，党内交通工作比建党初期大大向前发展了一步，这时不仅有地面交通，而且有辅助地面交通的无线电台。1942 年 1 月 12 日，中共中央书记处下发了《关于建立各根据地秘密交通的指示》，对交通工作机构和工作要求做了明确规定。

秘密交通线的建立，保证了在延安的中共中央与各抗日根据地及各根据地之间的联系，打破了敌人的分割和封锁，做到了上情下达和下情上报的迅速准确、过往干部的安全通行以及战时物资的顺利运送，对夺取抗日战争的胜利起到了重要作用。

3. 解放战争时期的秘密交通工作（1945—1949年）

抗日战争胜利后，国内政治形势发生了急剧变化。中共中央根据战争形势的发展和解放区的不断扩大，党内交通工作任务进一步加重的实际情况，指示各地党组织健全交通机构，配备一定数量的交通员和收发员，对文件传递过程中的保密性提出了具体要求。由于补充了交通人员，配备了一定的交通工具，完善了交通工作的规章制度，党内交通工作得到了进一步发展。与此同时，为了适应部队的需要，各野战军和地方部队的各级政治部都建立了"军邮"。

中共中央办公厅秘书处于 1948 年 11 月 9 日在西柏坡召开了第一次全国党内交通工作会议。会议提出，为保证中共中央关于请示报告制度的顺畅实施，并保证党内文件迅速安全传递，各地要加强党内交通工作。1949 年 9 月 25 日，中共中央办公厅秘书处交通科在北京召开第二次全国党内交通工作会议，确定了新形势下党内交通工作新的任务、组织机构及工作制度。

4. 中华人民共和国成立初期的秘密交通工作到机要通信机构的建立（1949—1957年）

中华人民共和国成立后，党内交通也随之进入了新的历史时期。由于形势的变化和工作发展的需要，1949—1957 年，党内交通在组织机构上发生了很大变化。

第一次机构变动是党内交通与军邮合并。1951 年 8 月，根据中央办公厅和军委办公厅的决定，将党内交通和军邮合并，成立全国统一的军邮工作系统。

第二次机构变动是军邮分设，机要交通机构成立。1953 年 1 月，机要交通机构正式成立，其任务是专门负责传递党和国家的机要文件，从而使党和国家的机要文件的保密性、安全性有了更加可靠的保障。

第三次机构变动是机要通信机构建立。由于机要文件大量增加，1957 年 4 月 1 日，机要通信机构正式建立并开始工作。机要通信机构建立后，机要交通仍然保留，它们主要负责传递特定单位的绝密文件。

（二）机要通信的发展

机要通信机构自建立以后，机要通信工作有了很大的发展，主要表现在以下几个方面。

1. 实行计费收寄

机要通信机构刚建立时，即实行计费收寄。这是党内交通史上的一项重要改革。实行计费收寄的目的，主要在于控制非机密文件流入机要通信渠道，以确保党和国家机密文件传递的保密、安全。

机要通信实行计费收寄是从 1957 年 4 月开始的，机要文件资费标准第一次实行后，在 1958 年、1964 年、1973 年、1980 年、1990 年、1996 年、1999 年、2005 年和 2006 年进行了 9 次调整和修订。

2. 扩大服务范围

机要通信机构建立之初，只开办县以上机要通信业务。从 1958 年下半年开始，根据中共中央办公厅指示，邮电部接办了县以下机要通信业务，1980 年又开办了大中城市机要通信市内互寄业务。1984 年以后，一些省在省会成立了机要文件交换站。

机要通信建立以来，1957 年 7 月《机要文件寄递范围》初步确定，明确只寄递机要文件；根据工作需要，1958 年 2 月，《机要文件寄递范围》中增加了对机要物品的寄递。1963 年、1999 年、2010 年相关部门又对《机要文件寄递范围》做了修改和补充。随着机要通信业务结构的变化，光磁介质机要件、物品和刊物类机要件增多。2004 年 12 月升始，省级机要通信部门还开办了机要急件业务。

3. 提高通信能力

机要通信机构成立以来，形成了以北京为中心，连通全国各省（区、市）和各地市、县及部分县以下的机要通信网络。国家对机要通信投入专项资金，提高机要通信网点保密安全技术防范能力和服务能力，较好地保障了机要件的保密安全传递。

4. 实行统一编号

实行统一编号是机要通信业务处理的又一项重大改革。1965 年，邮电部邮政总局推行《机要文件简化登记办法》，简化了登记手续，缩短了内部处理时间，减轻了劳动强度，加快了秘密载体传递，更重要的是便利了查询。

5. 完善规章制度

机要通信建立后，相关部门制定并完善了全国统一的机要通信规章制度。主要制度有《机要通信业务处理规则》《机要通信工作十大纪律》《机要通信质量管理办法》《机要通信保密安全管理规定》等。这些制度的建立和不断完善，对于实现机要通信安全畅通、万无一失，确保机要通信服务优质、高效，起到了重要的作用。

6. 业务处理信息化

随着机要通信事业的发展和科学技术的进步，计算机替代了手工操作，对机要通信业务处理起到了规范作用，同时大大提高了内部处理速度，减轻了劳动强度，提高了工作效率。

二、机要通信业务

（一）机要通信业务的概念、性质

机要通信业务是邮政通信承担的一项政府职能，是专门传递党和国家机要件，并为保守国家机密、维护国家的安全利益，确保机要文件保密、安全传递的业务。机要通信是党和国家保密通信的重要组成部分，是党和国家赋予中国邮政企业的一项特殊的政治任务，是核心秘密载体传递的重要渠道。

机要通信是维护国家安全和利益的重要手段，机要通信业务有别于一般邮政业务，从性质上讲是具有通信性质的特种业务。

（二）机要通信业务的任务

机要通信业务的主要任务是传递国家秘密载体。国家秘密载体是指载有国家秘密信息的物理实体，在内部业务处理中称为机要件，其密级分为"秘密""机密""绝密"三级，各单位寄发时应当依照《保密法》的规定标明密级。

（三）机要通信业务的特点

机要通信是国家保密通信的重要组成部分，各级机要通信部门都是保密要害部位，承担着党政军机关及国民经济各部门之间秘密载体的传递任务。机要通信既有同邮政通信相同的特点，又具有不同的特点，主要表现如下。

1. 机密性

机要通信部门属于保密要害部门，它所传递的信息都具有机密性，并且这种机密信息关系到党和国家的利益。所以，机要通信的工作方针、政策、人员的选拔配备、机构场所的设置、业务处理手续等，都把保密、安全作为工作的着眼点和落脚点。

2. 时效性

机要通信所传递的秘密载体关系到党和国家的方针、政策、法规、命令等，要强调传递的速度，因此必须考虑时效问题。

3. 同一性

同一性是指机要通信的生产和用户使用过程同一。机要通信的生产不需要改变劳动对象的形状和性质，只是对秘密信息载体实现空间转移。

4. 统一性

机要通信具有全程全网、联合作业的特点，必须具有高度的统一性，即具有统一的规章制度、统一的网络组织、统一的指挥调度。

第二节　机要通信业务处理

一、机要通信业务处理的基本要求

机要通信业务的工作方针、基本制度规定，机要通信生产组织必须贯彻执行"政治服务第一、通信质量第一、社会效益第一"的指导思想，坚持"保密、安全第一，在保密、安全、准确的基础上力求迅速"的工作方针和"交接验收、勾挑核对、平衡合拢、安全携带"的四项基本制度，确保机要件传递万无一失。

机要通信业务的处理原则是：严密制度、手续清楚、责任分明、收发相符、有据可查。

机要通信在组织机构、人员条件和保密设施方面做出规定，各级机要通信部门是机要件集中处理传递的保密要害部门。其工作必须由专门的组织机构和专人办理，设置与工作相适应的专门处理场地和保密、安全设备。处理和存放邮件的场所必须实行"封闭作业"。任用专（兼）职机要人员，应当按照国家保密工作人事主管部门的规定予以审查批准。

二、机要通信寄递关系的建立

寄件单位到机要通信部门交寄秘密载体，应先同当地机要通信部门建立寄递关系。凡属于机要通信寄递范围，并且需要使用机要通信业务寄递秘密载体的单位，应出具证明，说明单位名称、性质和建制（各类公司还应出具经公司登记机关核准设立公司的有关证明），由经办人携带证明信,向当地机要通信部门提出申请,并填写登记表,办理注册登记手续。机要通信部门核发"机要通信寄递证",作为寄件单位交寄秘密载体的凭证;原则上只对一个单位核发一张寄递证。需由用户自行领取秘密载体的,还应核发"机要通信自取证"。机要通信部门对寄递关系进行定期审核。

三、秘密载体寄递规定

(一)准寄类别

机要通信准寄类别分为 3 类。

(1)国家秘密载体,即以文字、数据、符号、图形、图像、声音等方式记载国家秘密信息的纸介质、磁介质(包括计算机硬盘、软盘和录音带、录像带)、光盘等各类物品。

(2)政法部门必须随机要件寄递的案件证物。

(3)经中国邮政集团有限公司批准寄递的其他重要物件。

各寄件单位寄发秘密载体时应当依照《保密法》的规定标明密级。为防止非秘密载体流入机要通信渠道,机要通信部门可以商请各级保密工作部门或领导机关对所属单位寄发的秘密载体进行确定。

(二)机要通信禁寄物品规定

机要通信严禁收寄和夹寄各种易燃、易爆炸、易碎、毒性、放射性、腐蚀性等物品。

由于机要通信不同于普通邮政,在收寄过程中不可以检查内件,因此营业人员需要按有关规定严格把控收寄环节。在进口开拆环节,如因秘密载体破损发现其内件纯属非秘密载体,营业人员应通知收寄局处理;如属于禁寄物品,不准转发和投递,营业人员应登记后交有关部门处理。

(三)秘密载体的重量限度和封装规格

秘密载体的封装方式一般分为信、包、卷、箱、袋 5 种。文件类每件限重 2kg,刊物类每件限重 5kg。如遇整件确实不可拆分,或用户有特殊需求的,最高限重可放宽到 20kg。

秘密载体应使用符合标准的机要专用封装用品。秘密载体封装的总要求:封皮坚固、内装平整、封口严密、捆扎牢固。

(四)秘密载体的封面书写规定

(1)必须用毛笔、钢笔或圆珠笔书写清楚规范,不得使用非正式简化字。

(2)书写少数民族文字的,应另用汉字标明。

(3)收寄件单位名称要书写清楚,除党政军机关外,其他单位还应写明单位详细地址。确有需要的,还应加注邮政编码。

(4)不得用邮政信箱或街道门牌代替收寄件单位名称。使用代号者,应事先向当地机要通信部门登记备案。在同一件秘密载体上,收件单位名称不得同时使用代号和番号。

(5)必须标明密级。

(五)机要通信业务的资费和付费办法

1. 机要通信业务资费政策及资费标准

机关单位使用机要通信交寄秘密载体,应按照国家规定的机要通信业务资费标准缴纳资费。因为机要通信是一项特殊的政治性通信业务,所以一般采取低资费政策;而且涉及的多是信件和文件资料,所以采取均一资费制,即只考虑邮件重量,不考虑寄递距离。

机要通信业务资费标准见表 7-1。

表 7-1 　　　　　　　　机要通信业务资费标准（2006 年 1 月 1 日起执行）

编号	资费种类	计费单位	资费标准/元	
			本埠	外埠
1	文件类	首重 100g 内，每重 20g（不足 20g 按 20g 计算）	0.60	0.80
		续重 101～2000g，每重 100g（不足 100g 按 100g 计算）	1.20	2.00
2	刊物类	首重 100g（不足 100g 按 100g 计算）	0.40	0.70
		续重 101～5000g，每重 100g（不足 100g 按 100g 计算）	0.20	0.40
3	急件	首重 100g（不足 100g 按 100g 计算）	16.00	
		续重 100g（不足 100g 按 100g 计算）	8.00	
4	挂号费	每件	3.00	
5	机要保密费	每件	1.00	
6	查询费	每件	信函查询费免收；用户要求电报、电话（传真）查询的，按现行电信资费标准计收	

注：磁介质、光盘等秘密载体的首重资费在现行文件类首重资费标准的基础上加收 50%，续重资费按文件类续重资费标准执行。

2. 机要通信业务资费的纳付方法

机要通信业务的纳付方法分为"整付零寄"和"整付整寄"。

整付零寄，适用于发件较多的单位。发件单位经机要通信部门同意可按整付零寄办理，同时向机要通信部门交付相当于一个月秘密载体资费的预付金，以后交寄秘密载体逐次扣抵，月终结算。

整付整寄，适用于交寄次数不多，但一次交寄量较大的单位。收寄人员核算资费后，当面向寄件人收取。

四、机要营业收寄处理

（一）机要营业室的设置

机要营业室应设置在二层及以下，并符合保密、安全的要求，不得将门临街开设。机要营业室应将收寄人员的工作场地和待交寄区域严格分开，必须实行封闭作业。

为便于用户更好地使用机要通信服务，机要营业室应设置业务宣传栏、营业收寄时间牌，陈列机要专用封装用品，同时为用户提供相应的服务设施及便利的交寄条件。

（二）国家秘密载体收寄工作的具体手续

1. 查验

用户交寄秘密载体时，营业人员应查验"机要通信寄递证"，核实名称与所发秘密载体寄件单位名称是否相符，遇收非纸制秘密载体时还应验收证明信；如系出差人员交寄秘密载体，营业人员应查验介绍信开具单位与出差人员提供的身份证、工作证等信息是否一致，出差人员只能交寄其介绍信出具单位的秘密载体。

2．点数

点验秘密载体件数与交寄单所登件数是否相符。

3．检验

（1）会同寄件人当面逐项核对，逐件勾挑交寄单所登项目与秘密载体实物是否相符。

（2）验看秘密载体的寄递范围、封面书写、重量及尺寸限度、封装用品规格是否符合规定。

4．计收资费

除明显判明不超过基本计费单位的秘密载体外，应逐件称重（大宗机要件可按同等重量抽样称重），按照机要通信业务资费标准准确计费并开具相关票据，将资费金额填入交寄单。

5．编号、贴号

收寄秘密载体实行统一编号（按先小号后大号的顺序填入交寄单的机要通信编号栏内），在秘密载体正面的右上角粘贴机要条码签，一件一号，单件一致。

6．签收

营业人员核对信息并确认无误后，在交寄单上逐页加盖名章和日戳，一联交寄件人收执，一联留存备查。

7．盖戳

签收后，营业人员在秘密载体背面加盖"邮资已付"戳记，在交寄的机要公事件背面加盖"机要公事"戳记和收寄日戳。

五、秘密载体的投递

秘密载体的投递方式分为直接投递和局内投交两种，分别按照具体条件和用户要求确定。

（一）直接投递

直接投递秘密载体应按规定时限和频次进行，省会城市一般每日投一次，若党政军机关有特殊需要，可对重点单位加投一次。其他各局每日一次。对距城区较远且秘密载体量较小的地区，可实行隔日投递。节假日一般不投递。

秘密载体一般应投递到收件单位（设在地面层）在注册登记时指定的接收部门，不直接投交收件单位内部的各个部门。

投交秘密载体时，应按下列规定进行。

（1）交接双方当面点交，无误后由收件单位经办人在投递单上逐页或在投递簿的相关格内加盖机要收发章或公章并签名（章）。

（2）在点交过程中，收件单位经办人如发现非本单位的秘密载体，可在投递单（簿）的相关备注栏内批注情节或加贴拒收批条，签名（章）后，将秘密载体交投递人员带回。

（3）如需将秘密载体退回寄件单位，收件单位经办人应于退回秘密载体上粘贴批条，详细批注退回原因，在批条上签名并加盖机要收发章（或公章），在投递单（簿）的相关栏内批注"退回寄件单位"字样，将秘密载体交投递人员带回。

（4）离开收件单位前，投递人员应检查签收手续是否完备，所盖公章同所投秘密载体单位名称是否一致，并查看现场有无遗落其他秘密载体；投完最后一个单位后，应检查机要专用投递包（袋）内有无遗留的秘密载体。

（二）局内投交

属局内投交的秘密载体应按规定办理交接签收，并存放在专用保险箱（柜）内，由专人负责管理。

1. 凭证领取和自取时间

（1）凭机要通信部门核发的"机要通信自取证"来局领取。

（2）临时自取单位，凭单位正式介绍信和领取人的有效证件（身份证、工作证、士兵证等）来局领取。

（3）机要通信部门可与收件单位商定自取时间。

（4）自取单位应按规定的时间到机要通信部门领取，若未按规定时间领取造成秘密载体延误，责任由自取单位承担。

2. 投交手续

（1）验证。检验取件人的"机要通信自取证"或介绍信是否与所取秘密载体的单位名称相同。持介绍信的取件人须将有效证件编号填入介绍信，并与相关投递单（簿）一并归档。

（2）点交。取件人当面点交秘密载体，并确认无误后，在投递单（簿）上逐页加盖机要收发章和名章，一联由取件人随秘密载体带回，一联留存备查。

六、秘密载体的特殊处理

（一）秘密载体的撤回

寄件单位交寄秘密载体后，因故要求撤回的，应按下列手续办理。

（1）寄件单位要求撤回收寄后的秘密载体，应开具公函并交验收寄局签收的相关交寄单。收寄局尚未发出并能够办理撤回的，可以受理撤回申请，应由撤件人在双方交寄单相关备注栏内注明"撤回"字样并签名，然后将所撤秘密载体带回，收寄人员收留公函并随相关交寄单一并归档。

（2）办理撤回的秘密载体不得影响其他秘密载体的发运。撤回的秘密载体的原付资费一律不退。

（3）所撤的秘密载体已由收寄局发出，寄件单位仍要求撤回的也可办理，收寄局可用电话通知转口局或投递局办理撤回手续，同时要将寄件单位或收寄局要求撤回的公函传真至转口局或投递局与进口秘密载体清单一并留存归档。所撤秘密载体无论能否追回，撤件单位应正常支付相关费用。

（二）秘密载体的查询

秘密载体受理查询的有效期为自交寄之日起一年以内，寄件单位因故查询秘密载体，应备公函说明所查秘密载体和查询原因，交验被查秘密载体的交寄单。

查询处理的时限规定：收寄局从受理查询到查明节目并寄发查单，最长时限不超过 24 小时；转口局从收到查单到查明节目并寄发查单，最长时限不超过 24 小时；投递局从收到查单至办妥查复手续，最长时限不超过 48 小时。

第三节　机要通信业务管理

一、机要通信质量管理

机要通信质量是机要通信的生命，关系到国家的安全和利益。加强机要通信质量管理是保证机要通信安全畅通和优质高效服务的重要手段。机要通信质量管理，必须贯彻保密、安全第一，准确、迅速传递的工作方针。

（一）机要通信质量差错范围的界定

机要通信质量差错可划分为通信事故、主要差错、差错、一般差错和手续差错 5 种。

1. 通信事故

通信事故是指秘密载体的失密、丢损，分为丢失、泄密、被窃、损毁 4 类。

（1）丢失，凡有下列情形之一者，按丢失统计上报。

① 秘密载体遗失在机要业务内部处理生产场所，3 日内未能无损找回的。

② 秘密载体遗失在非机要业务处理生产场所，当日未能无损找回的。

③ 开拆机要袋发现秘密载体短少或因查询发现秘密载体有进口无出口，自发现之日起，15 日之内未能查出下落的。开拆后发现短少，无法确定责任时，开拆局和封发局同时上报，待查清后订正。

（2）泄密，是指秘密载体在传递过程中被拆阅。

① 秘密载体误投，被拆开并取出内件（但误投单位有同样文件者，可不按泄密统计）。

② 秘密载体丢失、被窃后被人拆开并取出内件。

（3）被窃，是指秘密载体在传递过程中，被人抢劫、偷窃。

（4）损毁，是指秘密载体在传递过程中，受到人为破坏，导致不能辨认文件内容。

2. 主要差错

主要差错是指使秘密载体在保密、安全、时限方面受到威胁，但未产生损失的情况。

（1）少收，是指少收对方局（寄件单位）单据上应收的秘密载体单件或袋，当班未发现，事后得到对方确认的。

（2）白给，是指秘密载体单件或袋漏登单据，白给接收局（押运）或投递局，经查对方确认或来验者。

（3）误投，是指将甲单位秘密载体误投乙单位（误投被拆按泄密统计，如系同文被拆仍按误投计算）。

（4）错拆，是指进口人员开拆过程中错拆收件单位的秘密载体，并能取出内件。

（5）遗落，是指将秘密载体（袋）遗落在本局以外与当班工作有关的场所，如自备火车邮厢、邮运汽车、收件单位固定交接场所等，当班无损找回者。

（6）全线漏交发，是指整车次误漏封发、漏交接和漏投递。

① 整车次误漏封发，是指封发部门或人员将一车次的秘密载体全部未封发出局或整袋误发、漏发。

② 车次漏接发和漏交接，是指押运人员漏接、接发人员出现过失或其他原因，使全线各局或整车次机要袋漏上漏下。

③ 漏投递，是指因投递人员的过失未出班，全线秘密载体未投出。

3. 差错

差错是指使秘密载体在传递时限方面受到影响的情况（一般为单件差错）。

（1）错收，是指收进且已出局的明显不符合"机要通信寄递范围"的秘密载体或物品。

（2）单件误发、漏发，是指将甲局的秘密载体（袋）误发乙局或应当班发出的秘密载体（袋）未发出（整袋误封发按全线漏交发计算）。

（3）漏投，是指因投递人员的过失，应当班登记、投递的秘密载体未登记或未投。

（4）遗留，是指秘密载体（袋）遗留在本局内袋、桌、柜及工作现场，当班未发现。

（5）误漏交接，是指运输或接发过程中，由于押运人员过失将应卸的袋误卸、漏卸，或接发人员的过失将应上的袋误上、漏上（包括封装不合规定、被押或接方拒收的袋，不包括押接双方已在路单上签收的袋）。

4. 一般差错

一般差错是指在秘密载体的处理过程中，出现的各种影响秘密载体的保密性、安全性、时限性的隐患，被下一环节堵住且尚未出局的质量问题。例如，营业环节收进不符合收寄范围的秘密载体，分拣环节发现并纠正等。

5. 手续差错

手续差错是指在操作手续和交接手续方面出现的缺项、漏项情况，如漏盖名章、错登机要编号等。

（二）机要通信质量管理责任制

1. 机要通信质量管理的原则

机要通信质量管理遵循"积极防范、重点突出、分级管理"的原则。中国邮政集团有限公司负责各省、自治区、直辖市分公司机要通信质量的检查考核，各省（自治区、直辖市）分公司负责本省（自治区、直辖市）机要通信质量的检查考核。

2. 机要通信质量管理责任制的具体内容

机要通信质量管理实行省、市（地）、县（市）局三级质量管理责任制。

各省级分公司机要通信业务主管部门负责本省机要通信业务的监督检查和指导工作，负责组织对机要通信事故的查处。

各市（地）分公司机要通信分局（科）负责所属县（市）局机要通信业务的监督检查和指导工作，协同上级局对本市管理区域内发生的机要通信事故进行查处。

各县（市）局应由分管机要通信工作的局长或相关部门的负责人对本局的机要通信工作进行监督检查；协同上级局对本局发生的机要通信事故进行查处。

各省级分公司每年对本省各市（地）邮政分公司检查 1～2 次，市（地）分公司每年对所属县（市）局检查 1～2 次。检查情况均应填入《机要通信工作检查报告书》，作为考核相关单位工作业绩的依据之一。对违反制度规定造成质量隐患的单位，应下发《机要通信整改通知书》，该单位应在接到通知书后 10 日内制定出整改方案和措施，消除质量隐患，出具书面材料并上报。

二、机要通信业务档案管理

机要通信业务档案是明确责任、查询秘密载体的唯一依据，是机要通信部门工作质量和通信质量的重要反映，因此必须做到日清月结、完整、清楚、查询方便、妥善保管。

（一）机要通信业务档案分类

机要通信业务档案的范围较广，凡是与秘密载体传递有直接关系的各种文字记录均可归属于机要通信业务档案的范围。机要通信业务档案按作用分为交接单据、业务文书和原始记录 3 类。

（1）交接单据，包括交寄单、清单、寄单、路单、投递单（清单、寄单、路单又可按照秘密载体的传递方向分为出口和进口两类），是机要通信业务档案的主要部分。

（2）业务文书，包括查单、答复查询事项通知单、验单、复单和机要通信业务通知。

（3）原始记录，包括各种收发对照表及内部交接单据；日戳、邮资已付戳打印簿；秘密载体批投、批转、批退登记簿；查单登记簿；机要通信验单登记簿；机要通信业务事故差错登记簿；机要通信业务档案登记簿以及其他有关业务工作登记簿，如交接班登记簿、收发平衡合拢表等。以上原始记录主要是业务人员或生产班组在业务处理过程中，为分析、研究工作中的问题，保证工作顺利进行所做的各种有关文字记录。

（二）机要通信业务档案保管期限

营业和投递业务档案保管期为 2 年，其他档案保管期为 1 年。

（三）机要通信业务档案保管要求

（1）机要通信业务档案必须指定专人负责，设专用柜架统一集中保管。

（2）档案库房要求室内保持恒温，配备必要的安全防火器具。档案管理人员应经常对档案室的安全进行检查，防止不安全事项的发生。

（3）业务档案保管期满，经主管领导批准，方可严格按照档案销毁手续办理档案销毁；未结案的相关档案不准销毁，应另行保管，待结案后再销毁。

（4）执行档案查阅制度的有关规定。机要通信部门内部需要查阅档案，按照正常业务处理手续办理。如果收寄件单位因特殊情况需要查阅机要通信业务档案，应持单位证明（说明查阅原因）并经机要通信部门主管领导批准后方可查阅。

三、机要通信业务监督检查

机要通信业务监督检查，是为了使机要通信工作能按照规定标准有秩序地进行，控制和防止通信事故和各类差错的发生，确保国家秘密载体保密、安全、准确、迅速传递。

机要通信业务监督检查实行分级负责制，各级检查人员应受本单位分管局长和上级业务主管部门的领导和督察。

（一）监督检查的形式

各级检查单位或人员除了对机要通信业务进行日常例行检查和重点检查外，还要做好以下 4 种形式的监督检查。

（1）调审或会审业务档案。省邮政分公司和地（市）邮政分公司每年必须组织一次业务档案调审或会审（调审或会审的业务资料项目由各局自行规定）。

（2）上级局要定期或不定期地调审检查报告书，了解通信生产和监督检查工作情况。

（3）各级通信管理部门对重点单位和典型事例，每年应组织 1～2 次剖析性的检查。

（4）定期或不定期地走访用户，召开用户座谈会并填发意见征求函。

（二）监督检查的内容

各级检查人员要注意抓住机要通信生产过程中的重点项目，发挥监督检查的作用。

各局除规定日常生产作业例行监督检查的内容外，应以贯彻党和国家保密工作的方针、政策及上级单位对机要通信的相关规定、四项基本制度、机要通信十大纪律以及秘密载体、资金安全保管为主要内容进行重点监督检查。

（三）各生产作业环节重点检查项目的有关内容

各生产作业环节重点检查项目包括秘密载体散件和机要袋是否按规定交接验收，秘密载体散件和机要袋进、出口（收和发）是否平衡合拢，保密安全制度是否落实，是否按作业计划规定的频次、时限进行作业。另外，检查人员还应按下列内容检查各生产作业环节。

1. 收寄环节

（1）秘密载体是否单件相符。

（2）秘密载体规格是否符合规定。

（3）秘密载体是否符合寄递范围。

（4）收取的秘密载体资费是否准确。

（5）自取秘密载体是否妥善保管。

2. 出口工作的检查

（1）清单结数与实物数字是否一致。

（2）是否执行双人封装机要袋的规定。

（3）封装的机要袋同路单上的登记是否相符。

（4）是否按规定的直封与经转关系分拣封发。

3. 进口工作的检查

（1）是否执行双人开拆规定。

（2）进口秘密载体机要袋是否单件相符。

（3）秘密载体的批投、批转、批退是否符合规定。

（4）投递登单节目是否齐全、清楚、准确。

（5）待投秘密载体的保管是否安全。

4. 接发工作的检查

（1）接发人员是否携带机要通信人员工作证。

（2）是否按规定时间、地点准确接发秘密载体。

（3）是否执行安全携带的规定。

（4）是否执行发运计划，发运路向是否正确。

（5）封装规格是否符合规定，有无漏接发。

5. 押运工作的检查

（1）押运人员是否携带机要通信人员工作证。

（2）路单抄登是否符合规定。

（3）发运路向、接转车次是否符合发运计划的规定。

（4）机要袋存放是否安全。

（5）进、出口路单是否齐全，签收手续是否完备。

6. 投递工作的检查

（1）投递单簿节目是否齐全、清楚、准确。

（2）是否按规定时间出班并执行安全携带的有关规定。

（3）投递深度是否符合规定。

（4）与用户点交的手续是否符合规定。

（5）是否设专人检查投递回班。

（6）自取秘密载体的手续是否完备。

（7）投递人员是否携带机要通信人员工作证。

7. 业务档案和查验工作的检查

（1）是否按规定的时限稽核、归档，装订规格是否符合要求。

（2）业务档案的保管、查验单处理时限是否符合规定。

（3）对查验单反映的问题是否及时登记处理。

四、机要通信作业场地封闭作业管理

为确保秘密载体的保密、安全传递，机要通信部门应严格实行机要通信作业场地封闭作业管理。

机要通信部门是秘密载体集中处理传递的保密要害部位，应设置与工作相适应的专门处理场地，并装置铁门、铁窗护栏等设施。

各秘密载体处理、存放场所，必须实行封闭作业管理。县（市）局机要室对外营业部分也应与内部隔开。严禁将亲友带入工作现场；本单位与当班工作无关人员不得随意进入工作现场，进入人员应进行登记；非本单位人员进入，须经领导批准，并有相关人员陪同，否则不准入内。

班组之间、各工序之间的秘密载体交接，必须当面点交，做到手续清楚，责任分明。交接完毕应及时离开现场，不得滞留和闲聊。

秘密载体处理、存放场地，要配备存放秘密载体的保险柜或铁皮柜，待投待发秘密载体要集中保管，非当班处理的秘密载体要入柜加锁或封装加封。存放秘密载体的场地，昼夜应有人值班看守。

五、机要通信人员工作证使用管理

机要通信人员工作证是机要通信人员执行任务时的身份证明和交接秘密载体时的凭证，对确保秘密载体的安全有重要作用。

机要通信人员工作证只限于承担机要通信任务的押运、接发和投递人员在以下情况使用。

（1）接发人员和押运人员凭此证交接秘密载体。

（2）当秘密载体受到威胁时，持此证向公安部门或驻军请求协助保护。

（3）遇有关卡岗哨检查，可出示此证拒绝其检查秘密载体。

（4）遇有路阻或发生交通事故，可出示此证商请运输部门协助改乘其他交通工具，继续完成押运任务。

（5）到要害部门投递或遇戒严，可出示此证请求放行。

机要通信部门要严格进行机要通信人员工作证的管理，机要通信人员不准将此证转借他人，非执行任务时不准携带此证。各部门有持证人调动、退休时，应将其机要通信人员工作证上缴省机要通信部门注销。

实践项目

项目　开展机要通信业务讲座

1．项目目标：使学生加深对机要通信业务的认知，体会邮政企业承担党和国家赋予的特殊政治任务，维护国家安全和利益的责任和使命，增强对未来职业的认同感和自豪感。

2．项目内容：（1）熟悉机要通信业务处理的相关知识。（2）认识国家保密工作面临的新形势和挑战。（3）了解机要通信业务的安全防范措施。（4）理解机要通信人员的工作纪律和要求。

3．项目实施及要求：（1）教师需提前与机要通信局的业务管理人员联系，邀请其作为专家为学生做机要通信业务讲座，沟通讲座内容。（2）组织学生布置教室，要求学生在听讲座期间遵守课堂纪律，多思考，并做好笔记。（3）讲座结束后，学生可以向专家提问，与专家进行现场交流。（4）实践结束后，每位学生撰写一篇实践报告。

拓展知识

贵州省遵义市机要通信分局保障老区邮路 61 年安全质量长红

知识巩固

1. 单选题

（1）机要通信业务具有（　　　）。

　　A．通信性质　　　　B．物流性质　　　C．通信特种业务性质　　D．商业性质

（2）文件类秘密载体每件限重（　　　）。

　　A．2kg　　　　　　B．3kg　　　　　　C．5kg　　　　　　D．10kg

（3）秘密载体受理查询的有效期为自交寄之日起（　　　）以内。

　　A．半年　　　　　　B．一年　　　　　C．一年半　　　　　D．两年

（4）因投递人员的过失未出班，全线秘密载体未投出，这属于邮政通信质量差错中的（　　　）。

　　A．通信事故　　　B．主要差错　　　　C．差错　　　　　D．一般差错

（5）下列不属于机要通信出口环节检查项目的是（　　　）。

　　A．清单结数与实物数字是否一致

　　B．封装的机要袋同路单上的登记是否相符

　　C．秘密载体的批投、批转、批退是否符合规定

　　D．是否按规定的直封与经转关系分拣封发

2. 多选题

（1）下列属于机要通信的特点的有（　　　）。

　　A．机密性　　　　B．时效性　　　　C．统一性　　　　D．安全性

（2）秘密载体的投递方式分为（　　　）。

　　A．直接投递　　　B．局内投交　　　C．与用户协商　　　D．转接点投递

（3）下列属于机要通信质量主要差错的有（　　　）。

　　A．白给　　　　　B．错拆　　　　　C．漏投　　　　　D．遗留

（4）机要通信业务档案按作用分为（　　　）。

　　A．交接单据　　　B．业务文书　　　C．原始记录　　　D．统计台账

（5）下列属于机要通信业务处理原则的有（　　　）。

　　A．严密制度　　　B．责任分明　　　C．有据可查　　　D．安全携带

3. **判断题**

（　　）（1）机要通信业务的生产组织要坚持"交接验收、勾挑核对、平衡合拢、安全携带"的四项基本制度，确保机要件传递万无一失。

（　　）（2）秘密载体的封面书写根据情况可以不标明密级。

（　　）（3）收寄秘密载体实行统一编号，在秘密载体正面的右上角粘贴机要条码签，一件一号，单件一致。

（　　）（4）收寄局从受理查询到查明节目并寄发查单，最长时限不超过 24 小时。

（　　）（5）机要通信人员不准将机要通信人员工作证转借他人，需随时携带此证。

4. **简答题**

（1）机要通信业务的性质与任务是什么？

（2）秘密载体收寄工作的具体手续有哪些？

（3）机要通信业务监督检查的内容是什么？

第八章

国内包裹业务与管理

学习目标

【知识目标】

1. 学习国内包裹业务的概念、特点与分类等知识；

2. 学习国内包裹业务的封装要求，重量、尺寸限度，资费标准等知识；

3. 学习国内包裹的收寄处理等知识；

4. 学习国内包裹业务的特殊处理和包裹的投递等相关知识；

5. 学习国内包裹业务管理的基本知识。

【能力目标】

1. 具备根据不同类型包裹业务的特点对包裹业务进行分析的能力；

2. 具备对各种包裹进行禁限寄判别、验视并封装的能力；

3. 具备熟练运用新一代营业渠道系统对国内普通包裹和快递包裹进行收寄处理的能力；

4. 掌握国内包裹业务特殊处理的要求。

【素养目标】

1. 培养爱岗敬业、勇于奉献、团结协作的职业道德；

2. 培养精通业务知识、严谨认真、精益求精的工作品质；

3. 培养与时俱进、勇于创新、追求卓越的工作精神；

4. 培养树立遵守邮政法律法规和业务规范、安全生产和防范风险的意识。

情境引入

《新闻联播》"十三五"成就巡礼报道了我国建制村全部实现直接通邮。建制村通邮是"十三五"规划纲要的明确要求。在"十二五"末，全国有近 6.6% 的建制村未实现直接通邮。"十三五"期间，中国邮政持续加大困难地区、重点地区投入力度，统筹优化农村投递网络，于 2019 年 8 月提前完成任务，实现"村村直接通邮"，让全国 55.6 万个建制村村民足不出村就可以收到邮政包裹。

"村村直接通邮"这项听起来简单的事情，实际实现时的难度超出想象。新疆喀什地区塔什库尔干自治县热斯卡木村在喀喇昆仑山脉深处，要进入其间，需先驱车在 4000 多米高的山头行走，再在两山的夹谷中穿行，最后在叶尔羌河的河床一侧跋涉。路途中的大部分路段无法通信，路况复杂，行车艰难。然而就是在这样恶劣的自然环境下，中国邮政还是成功将包裹送进了村。2019 年 8 月 10 日，中国邮政正式开通了从塔什库尔干自治县通往热斯卡木村的邮路，实现了全国最后一个建制村直接通邮。在全国各地其他偏远地区，中国邮政同样克服重重困难，打通了"最后一公里"。

"村村直接通邮"的壮举所带来的不仅仅是让村民足不出户收到包裹。《新闻联播》报道中提到的四川攀枝花市米易县白马镇威龙村枇杷种植户罗某就是建制村通邮的受惠者之一。快递服务进村后，罗兴民的果园实现了果品现摘现发，降低了成本，增加了收入。这不是个例，在全国各地，"村村直接通邮"打通了"工业品下乡、农产品进城"的双向通道，像罗某一样受益的人比比皆是。他们不仅用邮体验得到极大优化，而且也通过这一条邮路开启了美好生活。

提供邮政普遍服务的重任在一代又一代邮政人的肩膀上传递。履行好政治责任、社会责任，服务国家发展大局，中国邮政不辱使命。"十三五"赋予的时代使命，中国邮政已圆满交卷；展望"十四五"，为满足人民群众的美好生活需要，中国邮政将继续砥砺前行！

同学们，你对邮政包裹业务有哪些了解和认识？带着这一问题，让我们开始本章的学习吧！

思维导图

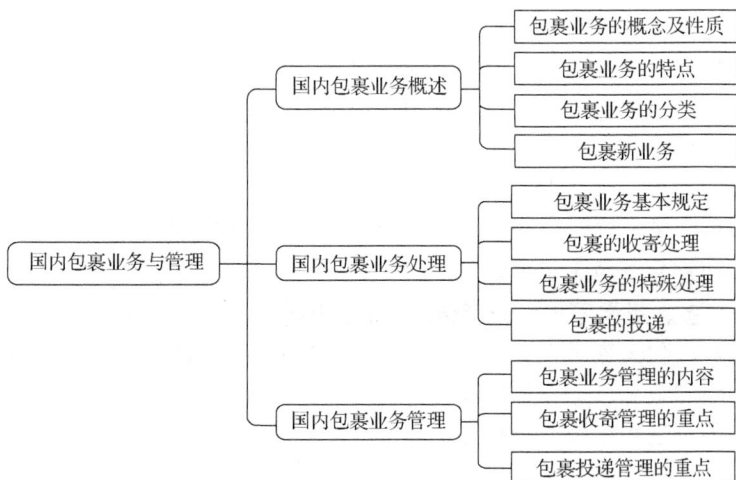

第一节　国内包裹业务概述

一、包裹业务的概念及性质

（一）包裹业务的概念

包裹业务是邮政的一项传统业务。邮政部门有遍布全国各地的邮政局所和运邮路线，能够在完成邮政通信任务的同时，充分发挥内在潜力，适应广大群众互通有无、寄递各类零星物品的需要而经办包裹业务。

包裹业务是邮政部门根据有关规定接受用户委托，把适合邮寄的物品寄递到用户指定地点并投交给收件人的业务。除国家法律法规规定禁止寄递的物品以外，凡适于寄递的物品，均可作为包裹寄递。

近些年，信息技术的飞速发展、网络时代的来临，对邮政传统业务的发展产生了一定的冲击。同时，邮购业务的发展和电商购物的普及，也为邮政传统的包裹业务提供了新的发展机遇。

（二）包裹业务的性质

邮政部门经营的包裹业务，属于具有物品流通性质的运输业务，与交通运输部门办理的货物运输业务没有本质的区别。

二、包裹业务的特点

邮政部门经办的包裹业务与其他业务以及交通运输部门经办的货物运输业务相比，具有以下几点特点。

1. 邮寄物品的内容和服务对象与货物运输业务有所不同

包裹业务历来以收寄居民生活用品和机关单位交寄的供员工个人工作、学习所用的零星物品为主，服务对象以个人为主。近年来随着电商包裹寄递量的增长，包裹业务的服务对象有所变化。但是，以居民个人为基本服务对象交寄零星物品仍是包裹业务的主要内容。

2. 邮寄包裹安全可靠，寄递范围广

以前，邮政部门在邮寄包裹时要将用户交寄的包裹装入邮政专用邮袋，严密封口后以总包形式进行运递。中国邮政自2015年推行散件化、流水化以来，在散件模式下通过投入双层分拣机实现邮件自动化分拣、直连装车后进行运递，加快了包裹的传递速度。2017年以后，中国邮政逐步采取集包模式，即在收寄点或集包点（地市和县）对同一路向的邮件，将实物以集包袋盛装，信息与集包袋绑定，经过中转局时集包袋无须开拆，将一个集包袋视为同一件邮件进行袋牌扫描，直至寄达局才进行集包袋开拆、分拣和信息接收的一种作业模式。该模式主要针对电商包裹。虽然近些年包裹运输的模式发生了变化，但中国邮政对包裹传递的安全性并没有放低要求。同时，由于邮政局所遍布城乡各地，邮政包裹的寄递范围很广，不在交通沿线上的用户交寄包裹也十分方便。

3. 包裹种类多、重量不一，处理传递有较多困难

在邮政业务中，包裹属重件。用户交寄的各种包裹，名称多、品种杂、形状体积不一、重量有别，因而给邮政部门进行处理和传递带来一定困难。为了保证包裹的安全寄递，除了在收寄方面遵守限制性规定外，邮政部门还不断改善经营、扩大服务，提供系列包装用品、

代办包装等服务，能方便用户交寄，促进业务发展。同时，邮政部门还根据包裹的分类以及自身运递处理能力，确定不同的作业处理和寄递时限，并积极采用先进技术设备，实现机械化处理。

4. 包裹运输有一定的依赖性

在以前很长一段时期内，我国邮寄包裹的运输在很大程度上依靠交通运输部门，这就决定了包裹业务的发展和包裹的传递时限都有一定局限性，要受到交通运输部门的制约。这要求邮政部门与交通运输部门搞好协作，充分有效地利用社会力量运邮。同时，邮政部门也应尽快增强运邮能力，提高包裹寄递速度，以利于包裹业务发展。2015年以后，中国邮政不断改革，做好利用长途客列、行李车、电商班列、高铁运邮的规划和实施工作，研究重点线路预投入，抢占优质运输资源，构建长途点对点铁路运输和中短途汽车运输网路。

5. 资费核定和计算比较复杂

信件体积小、重量轻，运输费用在总运输费用中所占比重很小，所以采取均一资费政策，以方便用户交寄和邮政局所收寄处理。而包裹往往有一定的体积和重量，运输费用在总运输费用中占有很大比重，所以不能采取均一资费政策，而必须根据寄递距离、重量、收寄处理难度等因素核定资费。所以包裹资费的核定和计算比较复杂。

三、包裹业务的分类

包裹业务目前按传递时限分为普通包裹和快递包裹。

1. 普通包裹

符合邮政部门对寄递包裹的重量、尺寸的限度及有关禁限寄规定，并按一般时限规定传递处理的物品，均可按普通包裹交寄。

2. 快递包裹

快递包裹最早是在2001年8月1日开办的，服务对象为工商企业、电子商务公司、邮购公司等，同时也可以满足用户增长的包裹寄递需求。快递包裹业务采用以陆路运输为主的方式，其包裹的发运次序排在特快专递邮件之后、普通包裹之前。该业务以快捷有效的车次和最佳的邮路组织运递包裹，省会城市之间全程运递时限为4～6天。

2015年中国邮政启动快递包裹业务改革，提出将邮政企业和速递物流企业分别经营的快递包裹业务产品，以客户需求为中心、以时限为主线、以简化为原则、以提高市场竞争能力为目标进行整合，形成时限层次清晰、易于客户识别、便于全网标准化作业的快递包裹业务产品体系。国内产品体系中，中国邮政将经济快递、国内小包和快递包裹整合为一个产品，新产品名称为快递包裹。

快递包裹业务是指在全国范围内开办的以陆路运输为主的一项包裹寄递业务，主要面向快速增长的电子商务市场，同时也向商务客户和个人消费者提供寄递服务。全国31个省（自治区、直辖市）均受理快递包裹业务，该业务服务时限稳定、价格合理、通达全国、支持按址上门投递签收。

四、包裹新业务

1. 家乡包裹

家乡包裹是中国邮政发挥网络企业优势，与名优土特产品厂家联合策划，利用"销售+寄递"的模式，使用户在邮政局所选购相关产品后可享受免费邮寄服务，满足用户的多种需求，帮助用户定制具有浓厚情感的新型礼品的包裹业务。

家乡包裹的目标市场是需要用实物传递情感、提升生活品质的礼品寄递市场。

家乡包裹的市场定位是品牌企业联系用户、用户购买品牌产品的重要渠道，即中国邮政扮演中介服务商角色。

2. 爱心包裹

爱心包裹是中国邮政为服务社会、服务公益事业而开办的一项业务。2009 年 4 月 21 日，中国邮政集团有限公司下发《关于做好"爱心包裹"项目实施工作的通知》，指出自 2009 年 4 月 26 日起，"爱心包裹"项目在全国范围内启动。2009 年 4 月 26 日，中国扶贫基金会在人民大会堂举办全国"爱心包裹"项目启动仪式。爱心包裹里面的善品是根据受益对象、季节的不同精心配备的学习和生活用品。中国扶贫基金会依托中国邮政网点在全国开通 3.6 万个爱心捐赠站，社会各界爱心人士只需要通过邮政网点捐赠爱心包裹（统一的善品和捐赠标准），就可以一对一地将自己的关爱送给需要帮助的人。另外，人们也可以通过访问指定网站进行在线捐赠。

3. 母亲邮包

"母亲邮包"项目是由中国妇女发展基金会发起，以中国邮政开启的邮政绿色通道为服务支撑的社会公益项目，于 2012 年 5 月 22 日正式启动。该项目主要选取困境母亲日常生活必需品，发动社会各界通过"一对一"的捐助模式，将主要由生活必需品组成的母亲邮包（分"母亲贴心包"和"母亲暖心包"两种）准确递送至困境母亲手中，帮助困境母亲解决生活中的一些实际困难。

依托分布全国的 3.6 万个邮政营业网点，各界爱心人士通过身边的邮政营业网点、有关网络和到中国妇女基金会直接捐赠等多种渠道即可捐购母亲邮包，将自己的爱心传递给需要帮助的困境母亲。

"母亲邮包"项目有 3 个特点。一是低门槛，"母亲贴心包"的捐购标准为每个 100 元，"母亲暖心包"的捐购标准为每个 200 元。二是便捷性强，在中国邮政分布全国的 3.6 万个营业网点均可办理捐赠，也可在网上实现在线捐赠。三是透明度高，中国邮政通过"一对一"的捐助模式和邮寄"回音卡"的方式，向捐赠者及时反馈受助信息等。

母亲邮包的受益对象：年人均纯收入低于 2300 元的妇女，年人均纯收入低于当地最低生活保障标准的妇女，老少边远贫困地区母亲和自身无脱贫能力的单身母亲、英烈母亲及妻子。

4. 校园包裹

校园包裹是中国邮政为高校毕业生提供的一项国内普通包裹服务，以"方便、经济、安全"为亮点，并具有寄达范围广、资费低廉、运递安全的特点。

5. 军营包裹

军营包裹是中国邮政为部队退伍军人提供的一项国内普通包裹服务，与校园包裹具有相同的特点。

第二节　国内包裹业务处理

一、包裹业务基本规定

（一）包裹的封装要求

包裹封面的书写要求与函件基本相同，但是包裹由于内件性质、内容、重量及尺寸等的情况比较复杂，其封装要求更多，以保证包裹在处理和传递过程中的方便与安全。

包裹的封装要求如表 8-1 所示，包裹的重量、尺寸限度如表 8-2 所示。

表 8-1　　　　　　　　　　　　　包裹的封装要求

邮件类别	封装要求
包裹	1. 应按所寄物品的性质、大小、轻重、寄递路程远近和运输情况等，选用适当的包装材料妥为封装，确保封装后内件在包装箱、盒中没有摇晃空间，以防止： （1）封皮破裂，内件散落； （2）封皮材料变形； （3）伤害处理人员； （4）污染或损毁其他邮件； （5）因寄递途中挤压碰撞、摩擦、震荡或气候、湿度影响而发生损坏。 2. 柔软、干燥、耐压的轻型物品（如衣服、布料、袜子等），如无销售包装，要先用塑料袋套或缠绕膜等密封材料封装，再装入邮政快递包装袋（破坏性封口）、包装箱内。 3. 较重的金属物品或贵重物品，应用坚实的金属或硬塑料制成的内箱、匣或特制的包装箱、匣封装。外部包装箱、匣的尺寸应符合规定。20kg 以内的金属物品，一般可用气垫膜滚包，固化所寄金属内件，同时保证所寄物品外周边与箱体之间达到 6cm 以上厚度，根据封装后的成型状态，选择对应大小的包装箱（处于无缝隙状态），使内件与箱体成为一体。 4. 油腻、有腥味和容易反潮的物品，应先用塑料袋，然后用缠绕膜等密封材料妥为封装，再放入包装箱。 5. 对易碎物品进行封装时，应在内件之间及内件与箱板之间用柔软、轻质的填充物（如气泡柱、气泡垫、泡沫塑料填充品、瓦楞纸等）填塞妥当，使其不能在包装箱内晃动，以防在运输途中损坏。 6. 流质和易溶化的物品以及着色干粉，应装入完全密封的容器内，再装入纸质包装箱、盒内。包装箱、盒内要用吸附性强的填充物填塞妥当，以备容器破损时吸尽流质，同时防止内件晃动。 7. 较贵重物品、易碎物品或流质易溶物品，除按上述相关方法妥为封装外，也可利用发泡机发泡进行严密封装。 8. 包装箱外要用带有邮政或邮政速递物流 Logo 的专用胶带封固。 9. 生鲜类等对温度有特殊要求的物品，要采用保温材质封装，并增加冰袋等辅助物

表 8-2　　　　　　　　　　　　　包裹的重量、尺寸限度

邮件类别		最大重量限度	尺寸限度		附注
			最大	最小	
包裹	普通包裹（"红杯"或"红杯水"邮件 10kg）	50kg	最长边为 150cm，长、宽、厚合计 300cm	长、宽、厚合计 30cm，最短边为 2cm	省（区、市）内互寄的包裹，其最大重和最大尺寸，由收寄的省规定
	快递包裹（"红杯"或"红杯水"邮件 10kg）	20kg	单边最长不超过 100cm		

（二）包裹的禁限寄规定

关于包裹的禁限寄规定，见第二章第三节"邮件的规格标准与禁限寄规定"。

需要指出的是，在收寄包裹时，遇有物品性质不能识别的，应请寄件人提交相关部门出具的确认非危险物品或妨碍公共卫生物品的鉴定证明后再予收寄。

（三）包裹的资费规定

1. 普通包裹资费标准

普通包裹资费简表如表 8-3 所示。

表 8-3   普通包裹资费简表

种类	计费标准	资费标准/元
普通包裹	首重资费+续重资费，对单边最大长度超过 50cm 的普通包裹实行计泡收费，体积重量（kg）=长(cm)×宽(cm)×高(cm)/6000（cm³/kg）。计费重量为实际重量与体积重量中较大者。长、宽、高分别按邮件外包装自然轮廓的最长、最宽、最高部位尺寸计算	按照省级行政区划设置 31 个计费区、6 个资费档，区分首重、续重计费，首重、续重计费单位均为 1kg，实行计泡收费；不再另收挂号费
保价包裹	每件最高保价金额	100,000
	每保 1 元	0.01
	每件最低保价费	1.00

2. 快递包裹资费标准

快递包裹资费分为单件重量 500g（含）以内和单件重量 500g 以上两种计算标准。快递包裹资费简表如表 8-4 所示。

表 8-4   快递包裹资费简表

种类	计费标准	资费标准/元
快递包裹	首重资费 + 续重资费。对长、宽、高三边之和大于（含等于）100cm 的快递包裹实行计泡收费。对寄往一区、二区、三区的邮件，体积重量（kg）=长（cm）×宽（cm）×高（cm）/8000(cm³/kg)；寄往四区、五区的邮件，体积重量（kg）=长（cm）×宽（cm）×高（cm）/5000(cm³/kg)（长、宽、高分别按邮件外包装自然轮廓的最长、最宽、最高部位尺寸计算）。计费重量为实际重量与体积重量中较大者	（1）单件重量 500g（含）以内：省内 5 元/件，其中，内蒙古、甘肃 8 元/件；西藏、新疆和青海 10 元/件。省际 8 元/件，其中，寄往西藏、新疆和青海的省际邮件 12 元/件。 （2）单件重量 500g 以上：按照省级行政区划设置 31 个计费区、5 个资费档，采取分区和首续重（500g 以上，1kg 以内为首重，1kg 以上部分为续重）计费模式
保价包裹	每件最高保价金额	20,000
	声明价值在 300 元（含）以内的	1
	声明价值超过 300 元的部分，每保 1 元	0.01
	每件最低保价费	1.00

3. 包裹资费的纳付方式

包裹资费普遍采取现金交付或电子支付的纳付方式。用户交寄零散国内包裹，以自带邮票方式纳付资费的，各邮政支局所须照常收寄，不得拒收。对一次性交寄量在 5 件及以上的大宗国内贴票包裹，则采取集中收寄方式，提供专门服务网点，方便用户用邮。

二、包裹的收寄处理

（一）包裹收寄流程

接收验视、发单——封装核验——称重、采集信息、打印确认——贴单、盖戳——收费、给据——复核、封发。

（二）邮件交寄单的填写要求

寄件人交寄包裹时应根据需要填写邮件交寄单，填写时应注意以下几点。

（1）认真阅读邮件交寄单背面的"使用须知"，在指导下正确填写交寄单。

（2）收、寄件人名址按规定正确填写。包裹内物品的名称、数量应如实填写，要求保价的，按规定填写保价金额。

（3）根据自己的意愿选择业务种类（普通包裹业务或快递包裹业务），并在邮件交寄单寄件人声明栏内选择包裹无法投递时的处理意见。

（三）收寄手续

1. 审核寄件人有效身份证件、接收验视、发单

实行实名收寄，收寄包裹时应审核寄件人有效身份证件；如他人代理寄件人办理业务时，应同时请代寄人一并出示有效身份证件。寄件人拒绝出示的，则不予收寄。检查包裹内有无禁寄或不符合限寄规定的物品，预称重量。验视后的包裹在未封口前，不得离开验视人员的视线。如寄件人拒绝验视，一律不予收寄。引导寄件人使用手机扫码预约下单或根据寄件人的需要提供邮件交寄单，并指导寄件人正确填写。

2. 封装核验

应在保证包裹安全的前提下妥善包装，重件和大件包裹应用捆扎机加固，并在包裹封面上加盖验视戳记。

查看包裹封面书写和邮件交寄单的填写是否一致，核验邮件交寄单填写内容是否规范准确；如有内件清单，寄件人可放在包裹内寄递。

3. 称重、采集信息、打印确认

根据寄件人交寄的包裹情况，在新一代营业渠道系统中输入交易码，采集包裹收、寄件人名址、实名认证信息、电话、邮件号码、包裹重量、物品名称、物品数量等信息。确保系统采集信息与实物信息一致。确认无误后打印邮件交寄单，交寄件人签字确认后打印面单。

收寄流质易碎包裹时，应录入"HB（红杯）"或"HBS（红杯水）"；收寄保价包裹时，应在"保价金额"处录入实际保价金额；计泡计费的包裹应正确录入其长、宽、高尺寸，由系统自动计算其体积重量。

4. 贴单、盖戳

面单应牢固粘贴在包裹最大的一面，不得有褶皱、污损，包裹条码必须清晰可见。严禁将面单粘贴在包装箱的骑缝处。根据实际情况，在包裹封面及单据上加盖相关业务戳记或粘贴相应标识，如"红杯""红杯水"等。

5. 收费、给据

向寄件人准确收取资费，将邮件交寄单收据联撕下交寄件人，正联留存。

自贴邮票付费的包裹，应将邮票贴在包裹规定位置，进行盖销及存档。寄件人一次交寄5件及以上自贴邮票的普通包裹时，应在指定收寄网点办理。

6. 复核、封发

认真复核包裹信息无误后，在新一代营业渠道系统中进行封发处理，将包裹送交分拣封发部门，并及时发送相关信息。

（四）收寄不同性质、不同类别的包裹的注意事项

1. 脆弱包裹

装有易碎物品或流质易溶物品的包裹，称为脆弱包裹。收寄这类包裹时，除按上述规定处理外，还应按照下列规定办理。

（1）对相关包裹是否妥善包装要加强查验。此类包裹的最大重量限度为10kg。

（2）在包裹封面和相关单据上分别加盖"红杯"或"红杯水"戳记。

（3）下包时，要轻拿轻放。

（4）封发时，封装脆弱包裹的邮袋应加拴"红杯"或"红杯水"袋牌。

2. 临时直封包裹

临时直封包裹是指具备直封条件的营业网点收寄的，不需要经县、市分拣部门开拆、重新分拣封发就直接发往投递部门的包裹。收寄这类包裹时，除按照包裹收寄流程进行处理外，还应打印（批注）大件包裹名址牌，封发时将名址牌拴在包裹袋上。

窗口收寄临时直封包裹的注意事项如下。

（1）临时直封条件：同批交同一收件人的普通包裹、挂号印刷品邮件及单件重量达到20kg，红杯或红杯水包裹、挂号印刷品邮件单件达到10kg，特快专递邮件达到40kg，应对收件人地址所在的市县寄达局建立临时直封。

（2）收寄时请寄件人填写收件人名址牌，封发时把收件人名址牌加拴在包裹袋上。

（3）对于临时直封普通包裹、快递包裹总包，应根据类别打印总包袋牌。

3. 保价包裹

包裹是否办理保价业务，收寄人员有建议权，但决定权在寄件人。保价金额可以是内件价值的一部分，也可以是内件价值的全部。收寄保价包裹的注意事项如下。

（1）验视邮件交寄单上的保价栏是否标注，保价金额是否填写。

（2）会同寄件人当面验视内件，眼同固封。

（3）对保价金额超过1000元（含）的包裹，必须使用坚固的纸箱封装，并应在包装箱骑缝处加贴以地名为背景的保价包裹封志，同时用邮政专用胶带严密封装。在每边居中位置的一个封志处骑缝加盖日戳、收寄人员名章、寄件人签名或盖章。

（4）对保价金额低于1000元的保价包裹可不粘贴保价封志，但应使用坚固的包装箱和邮政专用胶带严密封装。

4. 自封免验内件包裹

机关等单位交寄的包裹，如果出具不违反禁限寄规定的保证书，要求免验内件，经市县邮政企业同意备案的，可以免验内件（每半年审核一次免验资格），自封交寄。交寄批准免验的包裹时，寄件人应在单据上加盖单位公章（与保证书上的一致）。

对批准免验内件的包裹，在收寄时应进行抽查并记录备案，若发现有违反规定寄递禁限寄物品的，应取消其免验资格。寄件单位拒绝开拆验视内件的，不予收寄。除此之外，还应查阅保证书是否超过规定的有效期限，查验详情单上是否已经加盖寄件单位公章或专用章，详情单和包裹封面上是否批注"自封"字样或加盖"自封"戳记。对交寄保价包裹的，要核验加贴的保价封志和加盖的骑缝章是否符合规定。若寄件人未批注"自封"字样，对收寄的包裹要在单据上加盖"自封"戳记，在封发清单的备注栏中应批注"自封"字样。化工产品不得自封免验收寄。

三、包裹业务的特殊处理

包裹业务的特殊处理主要有包裹撤回和更改收件人名址、包裹改寄与退回、包裹查询、包裹赔偿以及无法投递包裹和无着包裹的处理等，其处理手续与函件基本相同。

（一）包裹撤回和更改收件人名址

1. 受理范围

寄件人在交寄包裹以后，因故向营业网点提出要撤回所寄包裹或更改收件人名址的要求时，收寄局应予以受理，并分别按不同情况进行处理。但对于快递包裹只接受同城收件人地址更改申请，收件人姓名、电话号码不可更改。同一包裹只能改址一次。如需异地改址或更改收件人姓名，寄件人可撤回包裹后再寄。

2. 处理规定

（1）寄件人在营业网点申请撤回或改址时，营业人员应审核寄件人的有效身份证件和相关收据，代办的应提供代办人有效身份证件，单位交寄的还需提供单位证明。营业人员查询包裹状态为未妥投，应进行撤回或更改处理。

（2）寄件人填写预制或打印的"邮件撤回、更改、查询申请书（邮 1614）"，并签章交收寄局办理。

（3）营业网点受理撤回和更改申请时，应收取撤回和更改申请手续费，所收费用可用邮票贴在"邮件撤回、更改、查询申请书"上盖销。

（4）如果相关包裹尚未从收寄局发出，对申请撤回的，应将包裹退交，寄件人在受理书上签收；还应将收据收回并批注"撤回"字样，加盖日戳，粘贴在相关存根或收寄清单上。撤回包裹时，将资费如数退还寄件人（贴票包裹的除外，如邮票未盖销，则退回所收邮票，如已盖销则不退），并填写"退还/补收邮费收据（邮 1616）"。

对申请改址的，将包裹交申请人更改。

（5）如果相关包裹已经从收寄的营业网点发出，则已收取的邮费一律不退。受理后，营业人员填写"撤回或更改通知书（邮 1607）"，通过传真或信息系统等方式发往投递局或经转局。

（二）包裹改寄和退回

因收件人迁移新址、原址无此人、收件人拒收、寄件人申请更改收件人名址等，收寄局应酌情办理改寄或退回。

1. 包裹改寄处理规定

（1）在邮件封面粘贴（加盖）"改退批条（邮 1407）"，并进行信息反馈。

（2）在改退批条首栏中单线划销"退回"字样，并在该栏中写明改寄的详细通信地址，同时勾选改寄原因，在批条规定位置清晰加盖投递日戳和经手人员名章，送主管人员审核。

（3）将邮件上原书写的收件人地址、邮编双线划销，不得划销收件人姓名，且划销部分的文字仍应清晰可辨。

2. 包裹退回处理规定

（1）在邮件封面粘贴（加盖）"改退批条（邮 1407）"，并进行信息反馈。

（2）在改退批条首栏中单线划销"改寄"字样，并在该栏中写明退回寄件人所在地的省、市（县）名称，省会城市可直接写城市名称，省、市名称可用国家规范简称标注。

（3）根据邮件退回原因在改退批条上进行对应原因勾选，在批条规定位置清晰加盖当班投递日戳和经手人员名章，送主管人员审核。

（4）将邮件上原书写的收件人地址、邮编双线划销，不得划销收件人姓名，且划销部分的文字仍应清晰可辨。

（三）包裹查询

1. 受理查询有效期

包裹受理查询的有效期为自交寄之日起 1 年内。

2. 查询方式

包裹的查询方式主要有营业网点查询、11183 电话查询、在线查询、揽投人员代理查询等。

3. 查询处理规定

（1）营业网点受理查询时，受理人根据查询人提供的相关邮件号码，通过系统查询邮件状态，并当面答复查询结果。

（2）11183 电话受理查询时，受理人根据查询人提供的邮件号码查询邮件状态后，直接答复查询结果并留痕。如果信息存在异常或查询人对查询信息有质疑，受理人应及时进行处理并在规定时限内反馈查询人。

（3）查询人可通过中国邮政网上营业厅、11183 在线客服、微信、App、自助服务端（计算机）等多种服务渠道进行在线查询。如果信息存在异常或查询人对查询信息有质疑，受理人应及时进行处理并在规定时限内反馈查询人。

（4）揽投人员代理查询，根据查询人提供的邮件号码查询邮件状态，并答复查询结果。如信息存在异常或查询人对查询信息有质疑，揽投人员应记录邮件号码及查询人的联系方式、诉求等内容，并及时转在线协同客服办理。

（四）包裹赔偿

包裹在寄递过程中发生丢失、短少、损毁时，邮局应负赔偿责任，并按规定予以赔偿。

1. 普通包裹赔偿

普通包裹的现行赔偿标准如下。

（1）保价的普通包裹发生丢失或全部损毁的，按保价金额赔偿；部分损毁或短少的，按照保价金额与邮件全部价值的比例对邮件的实际损失予以赔偿。

（2）未保价的普通包裹发生丢失、损毁或者内件短少时，应按实际损失赔偿，但最高赔偿金额不超过所收资费的 3 倍。

2. 快递包裹赔偿

快递包裹的现行赔偿标准如下。

（1）快递包裹超出官网承诺时限的，可退回本次基本资费（不含包装箱、保价等附加的费用）。

（2）保价的快递包裹发生丢失或全部损毁的，按声明价值赔偿；部分损毁或短少的，按照实际损失的价值予以赔偿，但最高赔偿金额不得超过声明价值。同时，退还已收取的基本资费。

（3）未保价的快递包裹发生丢失或全部损毁的，按实际损失赔偿，最高赔偿金额不超过所收基本资费的 6 倍。同时，退还已收取的邮费。

（五）无法投递包裹和无着包裹的处理

1. 无法投递包裹的处理

有下列情况之一的，作为无法投递包裹处理。（1）收件人地址书写不详或错误。（2）原书地址无此单位或收件人。（3）收件人迁移新址不明。（4）收件人是已经撤销的单位，且无代收单位或者个人。（5）收件人死亡，且无继承人或代收人。（6）收件人拒收邮件或拒付应付的费用。（7）邮件保管期满收件人仍未领取。（8）因其他原因无法投递。

无法投递的包裹按照寄件人在邮件交寄单上标注的声明处理，没有标注的，应退回寄件人。对有特殊需求的寄件人（单位）可根据相关业务文件退回指定地址或收寄单位。

2. 无着包裹的处理

包裹无法投递，且具有下列情形之一的，作为无着包裹处理。（1）寄件人地址不详。（2）寄件人声明抛弃。（3）邮件退回后寄件人拒收或者拒绝支付有关费用。（4）邮件保管期满寄件人仍未领取。(5)无法复活的裸包邮件。

无着包裹必须由各省指定部门管理,直辖市、省会市邮件处理中心应设立无着邮件工作台,对无着邮件进行集中管理。

无着包裹的保管期限:从无着邮件工作台登记保管之日起算不少于1年。

省无着邮件工作台应按季度对保管期满的无着邮件进行双人开拆、销毁处理,对开拆全程进行监控,对包裹的外包装和内件物品进行拍照留档,并对内件物品的名称、性质、重量、特征等进行详细登记。

四、包裹的投递

包裹投递是包裹传递处理全过程的最后一个环节,它的目的是将经过进口处理发交本局投递的各类包裹按规定的投递方式和有关要求妥投给收件人。

(一)包裹投递方式

包裹投递方式主要包括按址投递、用户领取和与用户协商。

1. 按址投递

按址投递即按照包裹封面书写的地址将包裹送交收件人。普通包裹(单件重量不超过10kg)和快递包裹实行按址投递的投递方式。

2. 用户领取

由邮政企业向收件人发领取邮件通知单,收件人持单到指定地点领取包裹。用户领取的包裹包括单件重量超过5kg的乡、镇人民政府所在地及乡、镇其他地区的包裹。

3. 与用户协商

对有特殊需求的用户,邮政企业可与其协商,采取多种方式投递包裹。与用户协商的投递方式有存局自取、代投自提。

(1)存局自取。用户与邮政企业约定将其进口邮件存放在营业或投递网点,由其定期自行领取。

存局自取方式一般适用于以下情况:邮政投递人员无法按址投递的,如军政保密单位等;企业事业单位不肯接收的;单位或个人因临时搬迁尚未固定通信地址的;由于客观原因未申请到地方主管部门核发的门牌号码、采用临时地址通信的,如施工现场等;物业或安保管理单位拒绝邮政投递人员入内正常投递作业的。

(2)代投自提。代投自提是邮政企业与用户协商后将邮件送达到最靠近收件人地址的智能包裹柜、自有或加盟的代投自提网点,由收件人自行到智能包裹柜、相关代投自提网点提取邮件的一种方式。

(二)包裹投递深度

1. 城市

(1)收件人是个人的,按邮件封面书写的收件人具体地址投递,可投交他人、收发室、物业、智能包裹柜、代投点、自提点,并通知收件人及时领取。

(2)收件人是单位名称的,可投交收发室,有联系电话的要及时电话告知相关收件人。

(3)收件地址是签订妥投协议的单位或者封闭管理的部队、学校、厂矿等,可将邮件直接投交协议地点。

2. 农村

(1)乡镇人民政府所在地:按照邮件封面书写的收件人具体地址进行投递。

（2）乡镇人民政府所在地以外的其他地区：单件重量在 5kg 及以下的，可投递到村邮站、村委会等邮件代收点，并电话联系收件人及时领取；单件重量在 5kg 以上的，要在邮件到达乡镇邮政营业网点的当天及时电话通知收件人到邮政营业网点窗口领取。

（三）包裹投递手续

1. 内部处理

（1）接收邮件。投递局按规定的频次和时限接收进口包裹实物和信息，勾挑核对总包类型和件数，验视邮件外包装。

（2）分拣道段。投递人员共同参与邮件卸车、搬运、分拣，从进口邮件中把本段的包裹拣出，发现不属于本段的包裹，应分拣给相应道段的揽投人员。

（3）扫描下段。投递人员使用 PDA 终端对包裹逐件进行扫描下段处理。

（4）细排包裹。按照投递的先后顺序细排包裹。

（5）总复核和准备出班。将排好的包裹进行出班前的总复查，根据投递线路将包裹依次装车，清理现场，做到出班"三净"（格口净、桌面净、作业现场地面净）。

2. 外部投交

（1）收件人本人签收的，应核实收件人身份（如现场问询或拨打收件人电话等），提示收件人当面验视邮件外包装。外包装完好的，请收件人在指定位置签名，注明签收日期。

（2）收件人委托他人代收的，应核实代收人身份，提示代收人当面验视邮件外包装。外包装完好的，请代收人签收。投递人员要准确批注代收人与收件人的关系。

（3）投交单位收发室或物业等代收点的，应提示代收人验视邮件外包装。外包装完好的，请代收人签收或加盖收发专用章。

（4）投交后应在信息系统内及时准确反馈投递信息。使用热敏详情单或一联面单的，无法取回签收联实物的，应采用电子签名及拍照采集真迹的方式进行投递信息反馈。

3. 归班处理

投递人员归班应将当频妥投详情单及未妥投邮件实物与 PDA 内信息进行核对，确保一致后与内勤人员进行交接。投递作业结束后，投递人员进行个人平衡合拢，班组进行系统归班交接并生成平衡合拢表，保证投递信息和实物的平衡合拢。当日投递终了，内勤人员还应做好纸质单册的装订归档工作，以便用户查询、进行业务结算和监督检查。

第三节　国内包裹业务管理

邮政寄递包裹的过程比较复杂，具有环节多、规章多、手续多和检查多的特点。因而要想优质高效地完成包裹寄递任务，就必须做好业务管理工作，通过开展有计划、有组织、有控制的业务管理活动，确保包裹在邮政网中被迅速、准确、安全地传递。

一、包裹业务管理的内容

根据包裹业务的性质、特征以及包裹在寄递过程中的特殊要求，包裹业务管理的基本内容主要包括以下几个方面。

（一）业务规章制度的贯彻执行

建立健全并贯彻执行各项业务规章制度，是保证包裹寄递正常进行的基础工作，也是包裹业务管理的中心内容。实践证明，只有贯彻执行业务规章制度，特别是三项基本制度，经常检查这些规章制度的执行情况，及时解决执行过程中的困难和问题，使执行规章制度变成每个成员的自觉行动，才能保证包裹被迅速、准确和安全地处理和传递，才能有效地预防包裹丢失、损毁和被盗，提高包裹寄递服务质量。

（二）时限、频次管理

包裹属重件，发运次序在信、报、刊及印刷品之后。随着包裹业务量构成的变化，电子商务包裹大量增加。邮政部门应尽量创造条件，缩短寄递时限，增加寄递频次，搞好处理和运输的协调关系，加快包裹的寄递速度，以满足用户需要，保证包裹寄递的时间效益；要经常检查各处理环节作业时限、频次的衔接情况和实际效果，针对造成积压延误的因素提出解决办法，并且要根据运邮时间安排的变化及时调整作业时限、频次，保证包裹畅通无阻、迅速传递。

（三）用品用具管理

在包裹处理和传递过程中，必须使用规定的用品用具，才能保证包裹处理和传递的准确性和安全性。用品用具管理工作包括用品用具的请领、保管、使用、维修和保养。邮政部门要按照相关规定和情况变化对用品用具进行科学的管理和使用，保证包裹寄递的正常进行。

（四）业务监督与检查

业务监督与检查是加强业务管理、贯彻业务规章制度、提高服务质量的重要措施。在包裹的寄递过程中，人工处理环节多、手续多，容易发生差错和事故。建立健全并贯彻执行严格的检查制度，是发现和纠正各种差错、避免和减少事故、改善业务管理、提高邮政服务质量的重要措施。业务监督与检查的重点内容是有关的各项规章制度，特别是交接验收、勾挑核对、平衡合拢三项基本制度是否被贯彻执行。业务监督与检查应有目的、有计划、有组织地进行。除了直接生产人员坚持经常性的自查互查外，邮政部门还必须在重要环节设专职或兼职检查人员进行定期定量的专门检查。此外，对于检查人员检查工作的执行状况，也应由有关领导或管理人员进行必要的监督检查。

二、包裹收寄管理的重点

包裹收寄环节的作业质量是影响客户体验和邮政服务品质的关键。包裹收寄环节管理工作的重点是真正将客户至上的服务理念融入日常生产，严格收寄操作规范，加强日常监督检查和管理，进一步优化服务品质和客户体验。

（一）管好收寄质量，严格执行禁限寄规定

收寄单位既要采取各种方式做好业务使用知识的宣传说明，使营业收寄人员充分认识收寄规格质量的重要性，使用户理解严格执行禁限寄规定的意义，又要有适当的方式和组织措施，把好收寄质量关。例如，根据包裹收寄量的大小，合理配备收寄包裹的专职验视人员，协助营业人员验视用户封装包裹；或设置既便于用户封装又便于营业人员验视和观察的柜台设施，以防止个别用户未经监督检查把违禁物品封入包裹内。

（二）严格执行收寄操作规范，加强信息质量把关

收寄单位要根据收寄信息采集的方式与特点，严格执行收寄操作规范，确保收、寄件人名址信息准确。邮件信息准确是保证寄递安全的重要基础。收寄人员采集寄件人证件信息，收、寄件人信息，邮件基础信息，应确保信息完整和准确无误。打印面单（详情单）后，请

寄件人核实确认，并选择包裹最大面平整粘贴面单，粘贴时对面单进行拍压，确保面单粘贴牢固。

对散件录入收寄的快递包裹，收寄人员不仅要积极引导用户，按照全名址信息规范，完整填写省、市、县（区）、乡镇/街道门牌（小区、单位）等关键字段，而且要严格比照面单将信息录入系统。对批量导入以及平台对接收寄的快递包裹，收寄人员要核对首、末单号在系统内的收件人名址信息和实物面单信息匹配情况，并采取随机抽查方式，扫描一定比例的实物面单信息进行校验，确保系统中的收、寄人名址信息与面单上打印的信息一致。

（三）加强包裹的封装管理

收寄包裹时应按用户所寄内件的性质、大小、轻重、寄递路程远近和运输情况，建议用户选用适当的包装材料妥善包装，防止包裹在运输途中出现面单脱落、封皮破裂、内件散落的情况，防止封皮材料变形、伤害处理人员，污染、损毁其他邮件，或因寄递过程中挤压、碰撞、摩擦、震荡以及气候、湿度影响而发生损坏。

（四）做好资费收取工作管理

在营业收寄环节应经常检查资费标准和资费计算结果是否准确，及时按规定进行资费标准调整，并注意检查每日营业终了的日终结算和交款报账工作。

（五）加强包裹收寄的日常检查

主要检查有无误收禁寄、超收限寄的物品，包单、包面收件人名址是否一致，收寄规格是否符合规定，收寄手续是否齐全正确，包裹的称重是否准确无误，收据存根、交寄单填写是否正确且与包裹重量、寄达地名、资费金额一致，收寄的包裹是否按规定时限和频次送交分拣封发单位。

加强出口封发时的质量检查，检查职责应由封发人员承担。重点检查邮件外包装、信息书写是否合格，面单粘贴是否牢固，核对实物信息与封发信息是否一致，根据检查结果填写"业务质量检查簿"。

三、包裹投递管理的重点

包裹必须严格按照规定的时限、频次和深度进行投递。对于疑难邮件，有电话号码的要电话联系收件人，积极投递；没有电话号码的，要组织替班、班组骨干试投。对于通过多种渠道核实确属无法投递的邮件，要及时、规范地退回。

（一）严把退回邮件审核关，确保退件质量

投递部门管理人员是无法投递邮件的退回复核责任人。对无法投递的邮件（寄件人声明抛弃的除外），应在邮件封面上牢固粘贴"改退批条（邮 1407）"、准确批注退回原因（邮件封面预印批条的，可直接批注）。批条中未表述完全的原因（如收件人拒收、逾期未领等），要在空白栏准确、清晰批注。管理人员或质检人员要逐件审核批退原因，加盖经手人、主管人员名章及投递日戳，做到"两章一戳"齐全、清晰，还须根据批条上的批注在投递系统中准确反馈退回的原因。

（二）严格落实检查制度，规范清退邮件

加强对收发室、物业等邮件接转点和代投点的业务指导和转投质量的检查，确保收发人员及时转投邮件。对无法转投、逾期（超过一个月）未领的邮件要及时清理，经核实后，按

规定进行退回处理，严禁直接按无着邮件处理。要强化落实跟段检查，坚决防止出现私拆、隐匿、毁弃邮件的问题。

（三）加强用户自取和代投自提邮件管理

对自取包裹，要严格执行邮件催领登记手续，在邮件或再投批条上批注催领日期和催领情况。

投递人员要了解、掌握客户的收件习惯，在避免客户投诉的前提下，将快递包裹就近投递到自提点、邮政包裹柜。如收件人电话联系投递人员要求上门投递，投递人员必须及时上门投递。对于面单上和系统中均无收件人电话号码以及外包装损坏、水湿、油污等异常快递包裹，严禁投递到智能包裹柜、自提点。对投递到智能包裹柜、自提点的快递包裹，如收件人未及时领取，投递人员应再次联系收件人与之商定自取或上门投递。

（四）加强包裹揽投人员管理

揽投人员工作期间应按要求穿着统一配套的标识服，保持服装整洁，并佩戴工号牌，仪容仪表应符合《邮政包裹快递投递服务规范》的规定。揽投人员应严格遵守投递服务"五条禁令"和经营秩序"五条禁令"，严格落实包裹快递揽投服务"五确保、五严禁"和收寄安全"五个百分百"。揽投人员外部作业时，要遵守安全保密制度和职业道德；不将邮件携带回家、宿舍等工作范围之外的场所或交他人翻阅；不随意将邮件交由他人捎转，不乱扔乱放邮件；不违反规定乱收投递费；不利用工作之便向用户索要钱、物或接受用户的报酬和馈赠。

（五）加强包裹投递的日常检查

主要检查是否按规定的投递时限、投递频次、投递深度投递包裹；邮件安全、妥投协议签订是否规范；投递作业组织是否规范；住宅楼房通邮是否正常；收发室、物业、村邮站等邮件转接点的邮政转投质量是否达标；邮件投递签收和投递信息反馈质量以及存局邮件保管是否规范；改退、再投是否按规定处理，审核把关是否规范；自提点服务质量和信息反馈质量是否达标。

📚 实践项目

项目一 操作实训

1．项目目标：熟悉和掌握普通包裹和快递包裹的封装要求，重量、尺寸限度，资费标准等业务规定，能够利用新一代营业渠道系统熟练完成国内普通包裹、快递包裹的收寄操作，为参加职业技能鉴定实操考试打下基础。

2．项目内容：国内普通包裹、快递包裹的收寄。

3．项目实施及要求：（1）课前要求学生熟练掌握普通包裹和快递包裹的封装要求，重量、尺寸限度，资费标准等基本业务规定。（2）到邮政营业技能实训室，为每位学生分配一个台席，让学生学会使用新一代营业渠道系统、电子秤和打印机。（3）让学生认识收寄包裹所用到的各类业务戳记和业务单式。（4）任课教师边演示，学生边操作，完成包裹的收寄，并通过布置练习题，让学生熟练掌握相关知识。（5）下课后，要求每个学生撰写一份实践报告，总结收寄包裹的流程和注意事项。

项目二 实地调研和访谈

1．项目目标：了解邮政投递网点投递各类邮件的内部处理流程和操作规范，熟悉投递网点负责人（投递部主任）岗位职责，加深对本岗位的认知。

2．项目内容：组织学生到当地邮政投递网点调研，并对邮政投递网点负责人（投递部主任）进行访谈。

3．项目实施及要求：（1）任课教师需提前与邮政投递网点负责人联系，安排好时间和地点。（2）任课教师要求学生以班为单位，提前列出访谈提纲。（3）学生在实地调研与访谈期间，要遵守企业生产安全规定，听从安排，多提问，并做好记录。（4）实地调研后，学生以5~6人为一组，每组撰写一份针对邮政投递网点负责人岗位认知的实践报告。

拓展知识

中国邮政携手中国扶贫基金会10年共为全国600万名学生送去"爱心包裹"

知识巩固

1．单选题

（1）国内包裹业务具有（　　　）。

　　A．通信性质　　　　B．运输性质　　　　C．专营性质　　　　D．金融性质

（2）"爱心包裹"项目是中国邮政与（　　　）合作的一个项目。

　　A．中国妇女发展基金会　　　　　　B．中华慈善总会

　　C．中国扶贫基金会　　　　　　　　D．中国儿童基金会

（3）快递包裹的最大重量限度是（　　　）。

　　A．10kg　　　　B．20kg　　　　C．30kg　　　　D．40kg

（4）下列属于无着包裹的是（　　　）。

　　A．无法投递且寄件人地址不详的包裹

　　B．收件人单位撤销又无合法代收单位的包裹

　　C．寄件人在限期两个月内仍不领回的包裹

　　D．收件人死亡又无家属代收的包裹

（5）营业人员在收寄保价金额高于（　　　）元的保价包裹时必须粘贴"保价包裹封志"。

　　A．500　　　　B．600　　　　C．800　　　　D．1000

2．多选题

（1）下列关于快递包裹的说法正确的有（　　　）。

　　A．提供投递到户服务

　　B．可办理窗口收寄

　　C．目标市场瞄准快速增长的电子商务市场，不对普通商务客户和个人散户

　　D．最高限重40kg

（2）下列关于包裹的投递的说法正确的有（　　　）。

A．快递包裹实行按址投递的投递方式

B．单件重量超过 5kg 的乡、镇人民政府所在地及乡、镇其他地区的包裹实行用户领取的投递方式

C．单件重量超过 2kg 的乡、镇人民政府所在地及乡、镇其他地区的包裹实行用户领取的投递方式

D．普通包裹实行用户领取的投递方式

（3）下列属于收寄脆弱包裹的注意事项的有（　　　）。

A．对相关包裹是否妥善包装要加强查验

B．仅在相关单据上加盖"红杯水"戳记

C．下包时，要轻拿轻放

D．封发时，封装脆弱包裹的邮袋应加拴"红杯水"袋牌

（4）包裹收寄的日常检查内容有（　　　）。

A．有无误收禁寄、超收限寄的物品

B．收寄的包裹是否按规定时限和频次送交分拣封发单位

C．收寄手续是否齐全正确

D．改退、再投是否按规定处理

（5）包裹查询的方式有（　　　）。

A．营业网点查询　　　　　　　　　B．在线查询

C．11183 电话查询　　　　　　　　D．揽投人员代理查询

3．判断题

（　　　）（1）符合邮政部门对寄递包裹的重量、尺寸的限制及有关禁限寄规定，并按一般时限规定传递处理的物品，均可按普通包裹交寄。

（　　　）（2）收寄包裹时，遇有物品性质不能识别的，一律不予收寄。

（　　　）（3）未保价的快递包裹发生丢失或全部损毁的，按实际损失赔偿，最高赔偿金额不超过所收基本资费的 6 倍，不再退还已收取的邮费。

（　　　）（4）临时直封包裹是指具备直封条件的营业网点收寄的，不需要经县、市分拣部门开拆、重新分拣封发就直接发往投递部门的包裹。

（　　　）（5）快递包裹改址只接受同城更改收件人地址业务，收件人姓名、电话号码不可修改。

4．简答题

（1）包裹的收寄手续有哪些？

（2）包裹撤回处理规定有哪些？

（3）包裹投递方式有哪几类？

（4）包裹收寄管理的重点有哪些？

第九章

国内特快专递业务与管理

学习目标

【知识目标】

1. 学习国内特快专递业务的概念、特点与分类等知识；
2. 学习国内特快专递邮件的准寄范围，封装要求，重量、尺寸限度，资费标准等知识；
3. 学习国内特快专递邮件的收寄流程；
4. 学习国内特快专递邮件的特殊处理和投递等相关知识；
5. 学习国内特快专递业务管理的基本知识。

【能力目标】

1. 具备根据国内特快专递业务的特点对业务进行分析的能力；
2. 具备对各种特快专递邮件进行禁限寄判别、验视并进行封装的能力；
3. 具备熟练运用信息系统对国内特快专递邮件进行收寄处理的能力；
4. 具备对国内特快专递邮件进行特殊处理的能力。

【素养目标】

1. 培养爱岗敬业、勇于奉献、团结协作的职业道德；
2. 培养精通业务知识、严谨认真、精益求精的工作品质；
3. 培养与时俱进、勇于创新、追求卓越的工作精神；
4. 培养树立遵守邮政法律法规和业务规范、安全生产和防范风险的意识。

情境引入

同学们，你见过图 9-1 所示的标识吗？你知道这个标识是什么意思吗？其实这是 EMS 的统一业务标识。EMS 的英文全称为 Express Mail Service，意为特快专递业务。特快专递业务是万国邮联开办的一项特殊的邮政服务业务，受各国（地区）法律保护，享有航空和海关验放优先权。1983 年 9 月 20 日，在华盛顿召开的第七届国际快递会议强调了在国际范围内使用统一业务标识和名称。该统一业务标识由下列因素构成：左面，橘黄色单翼；中部，蓝色的 EMS 字母；右面，3 条橘黄色粗横线，该线延伸，以表示该项业务可以发展得更快、更高、更远，前途无量。万国邮联虽然统一规定了特快专递邮件的业务标识和名称，但允许各国（地区）在业务标识中另外附加本国（地区）的业务名称。中国的业务标识中，3 条橘黄色粗横线的下方则加了"全球邮政特快专递"8 个蓝色汉字。

图 9-1　EMS 的统一业务标识

中国邮政特快专递业务拥有首屈一指的航空和陆路运输网络以及 200 多个高效发达的邮件处理中心，国内范围通达全覆盖，并拥有多种不同的快递产品和增值服务，可满足客户多样化、个性化的寄件需求。同学们，中国邮政特快专递业务有哪些特点？它是如何分类的？它在业务处理方面有哪些规定？带着这些问题，我们开始本章的学习。

思维导图

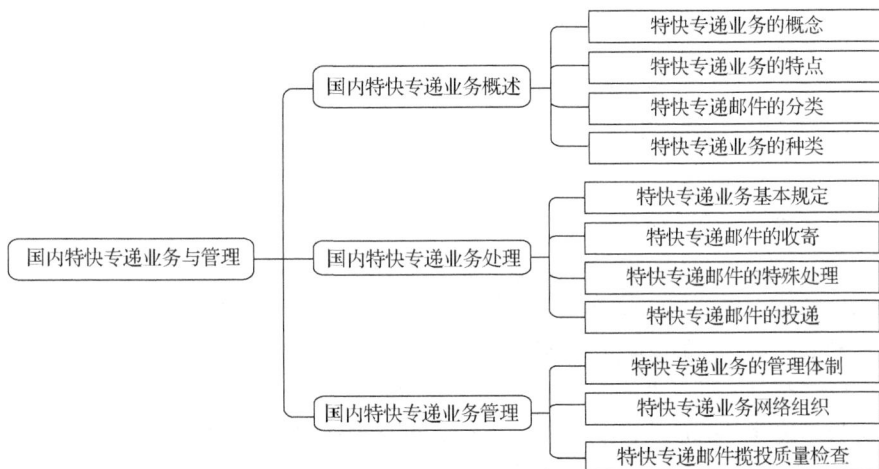

第一节　国内特快专递业务概述

一、特快专递业务的概念

20 世纪 60 年代末，随着西方国家经济的快速发展，客户对实物传递的速度和深度有了更高的要求，以 DHL 为代表的国际快递公司首先推出了紧急文件专递业务，以后逐渐将业务范围扩大到限时实物传递，它的客户群主要为商贸类客户。20 世纪 70 年代，美国邮政借鉴了国际快递公司的做法，率先推出了邮政特快专递业务，随后万国邮联在各国（地区）邮政范围内对该业务进行了广泛推广。它与普通信函业务、包裹业务在收寄、内部处理、投递、售后服务方面有较大的区别，是一项全新的商业化实物速递服务。

中国邮政特快专递业务是我国邮政部门采取专人、专车、专门组织处理方式，以较快速度传递实物信息和物品的邮件寄递业务，因寄递速度快，所以又称"速递业务"。特快专递业务以高效率和高质量为客户寄递各种紧急信函、文件、资料等物品，是适应市场经济发展、科学技术进步以及市场竞争的需要而产生的新型邮政业务。

随着社会、经济的迅速发展，国内外各种交流日益增多，人们对信息实物传递的时效性要求也越来越高。为适应这一客观需求，中国邮政于 1980 年 7 月 15 日首先开办了国际特快专递业务。开办初期，与我国互通的有新加坡、澳大利亚、日本等，国内仅有 6 个城市（北京、上海、天津、广州、福州、深圳）办理此项业务。在国际特快专递业务发展起来的基础上，中国邮政于 1984 年 11 月 1 日又开办了国内特快专递业务。1985 年 12 月 3 日，中国速递服务公司成立，成为我国第一家专业经营特快专递业务的企业。

经过多年的不懈努力，我国的国际特快专递业务通达 200 多个国家和地区，国内范围通达全覆盖。同时，全国大中城市均配有专用的揽收、投递运输车辆，先进的计算机及跟踪查询骨干网络。

二、特快专递业务的特点

与其他邮政业务相比，特快专递业务具备以下明显特点。

（一）速度快、服务好

特快专递业务是为适应商品经济发展需求而开办的高层次、新型邮政业务。邮政部门利用有效的传递工具，规定了明确的全程传递时限，而且通过专人、专车上门揽收和投递到户，为客户提供周到的服务；设立专门组织实施内部处理，最大限度减少内部处理的环节和层次，选择最佳的邮路、最有效的运输方式进行赶班发运，确保以最快速度完成邮件的传递，并根据客户要求提供定时服务和特需服务，体现"特、快、专"的特点。

（二）并非专营，竞争激烈

客户使用特快专递业务所寄递的内容一般以物品为主，也包括信件和文件资料。按照国际上的习惯，特快专递业务是按寄递时限要求而不是按寄递内容分类的，所以其所寄递的内容包括邮政专营的信件。但从业务种类上看，特快专递业务不是专营业务，即除邮政部门外，其他部门、单位都可办理该业务。

由于特快专递业务利润丰厚，激烈的市场竞争不可避免。20 世纪 90 年代，全球最大的 4 家国际快递公司 DHL、TNT、UPS、FedEx 都在我国设立了分公司，与中国邮政展开了激烈的竞争。对外开放力度的加大，区域经济的快速发展，给国内民营快递带来了广阔的发展空间与机遇。民营快递自诞生之日起，每年的业务量以 60%～120% 的速度递增。民营快递公司的出现和壮大加剧了快递市场的竞争。

（三）发展快、效益较好

我国邮政特快专递业务自开办以来，发展十分迅速，经过短暂的业务初创期即进入快速发展期，1986—1994 年，业务量年均增长 90%，业务收入年均增长 86%。这既表明该项业务适应社会需求的发展趋势，也体现了此项业务正处在上升发展时期。统计资料显示，我国 GDP 每增长 1%，快递业务需求增长 2.93%。2021 年，全国快递业务量为 1083 亿件，同比增长 29.9%，全年快递业务收入为 10332.3 亿元，同比增长 17.5%。

面对快速增长的市场，邮政企业应该进一步增强竞争意识，提高竞争能力，在竞争中求发展，以现代企业的经营思想、以客户为中心的经营理念进行专业化经营和改革发展，充分发挥自身优势，让特快专递业务占有更广阔的市场、发挥更出色的作用。

三、特快专递邮件的分类

特快专递邮件可按照内件性质、邮局所负的赔偿责任、寄达区域进行不同的分类。

（一）按内件性质分类

特快专递按内件性质分为文件型特快专递和物品型特快专递。

文件型特快专递的准寄范围包括书面通信、各种公文、合同、各类单据、报表、票据、有价证券、事务通知、稿件、证件及其他具有信件性质的物品。除上述规定以外，其他适于邮寄的各种书籍、报纸、期刊、教材、目录及各种图文资料等，也可按文件型特快专递交寄。

除国家法律法规规定禁止寄递的物品以外，凡适于寄递的物品，均可按物品型特快专递寄递。

（二）按邮局所负的赔偿责任分类

特快专递按邮局所负的赔偿责任分为保价特快专递和非保价特快专递。国内特快专递邮件是否保价由用户自愿选择，但是，当内寄物品价值较高时，工作人员应提醒用户按保价邮件交寄。

国内特快专递邮件按保价特快专递交寄时，保价金额每件以 5 万元为限，保价金额在 300 元（含）以内的，保价费按 1 元收取；超过 300 元的部分，保价费率为 0.5%。

（三）按寄递区域分类

特快专递按寄递区域分为国际及台港澳业务、国内业务和同城业务。

国际及港澳台业务，主要包括国际速递业务、台湾快件业务及港澳速递业务。中国邮政通过与其他国家和地区的邮政部门合作，共同完成跨国界和跨区域的邮件寄递；还通过与国际上的非邮政企业合作，共同完成跨国界和跨区域的快件传递。

国内业务，主要包括省内异地业务和省际异地业务，通过邮政网点实现邮件的快速寄递。

同城业务，指在规定的城市范围内，实现邮件的快速寄递。同城的范围各地有所不同，当前邮政部门广泛推出"大同城"概念。

四、特快专递业务的种类

国内特快专递业务自开办以来，业务量逐年增长，种类不断丰富，服务质量不断提高。目前，国内快递市场迅猛发展，中国邮政以市场为导向，以客户为中心，满足客户需求，对标竞争对手，遵循行业发展规律，以提高市场竞争力为目标，形成时限层次清晰、易于客户识别、便于全网标准化作业的产品体系。

（一）特快专递业务的产品体系

1. 高端类业务

特快专递高端类业务主要针对政务客户、商务客户、个人用户以及高端电商客户，提供最优时限、最优保障的高品质服务，包括限时寄递时限承诺、安全保障、保鲜保温等定制个性化服务，提供上门揽收和投递到户服务。目前，高端类业务产品主要有限时类产品和保鲜保温类产品。

（1）限时类产品：如当日递、次晨达、次日递等系列限时承诺产品。

（2）保鲜保温类产品：如极速鲜、医药冷链等产品。

2. 标准类业务

特快专递标准类业务主要针对政务客户、商务客户、个人用户以及中高端电商的大部分客户提供标准化服务，按照标准化流程设计和组织，提供上门揽收和投递到户服务，客户可到固定收寄点交寄。目前标准类业务产品主要有标准快递类产品、政务类产品和商务类产品。

（1）标准快递类产品：如省际（含航空产品）、区域、省内、同城特快专递等。

（2）政务类产品：如证照专递、司法专递、教育专递等。

（3）商务类产品：如卡函专递、票务专递、新零售专递等。

3. 增值服务

增值服务是在高端类业务产品和标准类业务产品上叠加的，为客户提供的增值个性化服务。目前增值服务类产品主要有服务类产品和销售类产品。

（1）服务类产品：如保价、代收货款、收件人付费、电子返单、签单返还、一票多件、隐私快递、定时派送等。

（2）销售类产品：如礼仪专递等。

（二）特快专递业务主要产品介绍

1. 极速鲜

极速鲜是邮政特快专递打造的生鲜类特快专递产品，致力于为生鲜类客户提供高品质、高时效的寄递服务。

2. 代收货款业务

代收货款业务是中国邮政综合利用现有条件和优势，为适应市场需要而推出的一项延伸业务，是中国邮政为各类邮购公司、电子商务公司、商贸企业、金融机构等单位或商户提供的快速传递实物、代收货款或其他款项并代为统一结算的一种增值业务。

代收货款业务的特点：资金回款有保障，支持固定频次回款及每日 $T+N$（$N \geqslant 1$）滚动回款；单票代收金额最高 5 万元；支持现金、微信、支付宝、云闪付、银行 App、POS 机刷卡等多种支付方式；提供便捷的对账方式，货款结算与账单可通过协议门户网站查看及一键下载；服务网点全覆盖，全国范围无死角送达。

3. 收件人付费业务

收件人付费业务是指寄件人寄递国内特快专递邮件时不需要交纳邮费及其他相关费用，投递此类邮件时由收件人承担寄递及相关费用的一种增值业务。其服务对象包括散户和协议客户。该业务的收款方式包括投递现结和集中整付。投递现结即投递现场结款；集中整付是指在向协议客户投递收件人付费邮件时，不在投递现场收款，而是按双方协议约定，定期对账、收款，并集中缴款。

4. 返单业务

返单业务分为电子返单业务和实物返单业务。

电子返单业务是利用图像扫描技术，将收件人签名的签收单扫描成电子图片后发送给客户的一项增值服务。

实物返单业务分为客户自备单返单和格式单返单。客户自备单返单指客户指定并提供的需返回单据随邮件投递时，由收件人签收后寄回，包括寄件人与收件人的格式合同（如送货单、银行信用卡确认书），以及根据寄件人的要求，需由收件人提供的证明单据（如身份证、驾驶证复印件等）。格式单返单是与客户共同确定的，以国内速递详情单（仅限预制式详情单）的"寄件人存"联作为返单联的返单业务。

5. 密码投递业务

密码投递业务是中国邮政旨在提升邮件安全性而推出的增值业务，指在邮件投递前向预留的收件人手机号码发送短信密码，收件人签收邮件时将收到的短信密码出示给投递人员，投递人员校验密码成功后，方可将邮件投递给收件人。密码投递为客户在邮件投递环节提供强制核验密码签收功能，能防止他人随意代签，解决本人签收、授权签收的相关问题，避免不必要的交易纠纷。

6. 国内特快专递礼仪业务

国内特快专递礼仪业务是中国邮政为满足广大人民群众日益增长的礼仪文化需求，将邮政业务网络和现代礼仪服务有机结合，为社会提供的一种礼仪服务类邮政业务。国内特快专递礼仪业务根据客户需要，以专人、专车的方式，提供鲜花、礼品等礼仪专递服务，以及为会议、庆典、婚庆、生日等提供策划、创意等系列礼仪服务。目前该业务的子品牌主要包括"思乡月"、"吉时礼"和家乡速递等。其中，"思乡月"是中国邮政在中秋佳节期间推出的以"百年邮政，与您共贺中秋"为主题，以"明月寄相思，千里递真情"为主旨，为广大客户提供的月饼选购、寄递"一条龙"速递业务。

第二节　国内特快专递业务处理

特快专递业务具有"特、快、专"的特点，通过运用特殊的经营政策、特殊的组织管理办法和特殊的服务方式，采用专人、专车、专门组织，确保以最快的速度寄递邮件。

一、特快专递业务基本规定

（一）特快专递邮件准寄范围

符合函件和包裹准寄范围的邮件，均可作为特快专递邮件交寄。特快专递邮件的禁限寄规定及违反禁限寄规定的处理，与国内包裹邮件基本一致。需要指出的是，液体类化工产品原则上不予收寄；其他类化工产品可由省（自治区、直辖市）邮政分公司指定的局所收寄，非指定的局所不得收寄；其包装的材质、形式、规格、方法和单件质量（重量），应当与所包装的化学品的性质和用途相适应，且符合邮政部门运输、装卸条件，并接受邮政部门的检查。遇有对物品性质不能识别的，应请寄件人提供市（地）级以上化工检验部门出具的确非危险物品或妨碍公共卫生物品的鉴定证明，以及按该产品所属属性由相关的公安、防疫、消防部门出具的在正常作业条件下，确保安全生产的鉴定证明后，方准予收寄。寄递依法应当施行卫生或动植物检疫的邮件，应由检疫部门出具证明，未经检疫部门许可，邮政部门不予收寄。

（二）特快专递邮件封面书写与封装要求

特快专递邮件的封面书写与普通邮件的要求相同，其封装要求如表9-1所示。

表 9-1 　　　　　　　　　　　　　　　特快专递邮件封装要求

邮件类别	封装要求
文件型特快专递邮件	（1）一般应装入特快专递邮件专用封套内寄递。 （2）扁平型，厚度不超过 10 mm 的可装入特快专递邮件专用封套内寄递；厚度超过 10 mm 的应用大小合适的包装箱、快递包装袋（破坏性封口）封装。 （3）封装时，箱内空隙处做好衬垫、充填，不能留有可供内件摇晃的空间，包装箱外用专用胶带封固。 （4）圆卷型的，封皮不得短于内件，圆卷的尺寸应符合相关规定；长度较大时，应使用内衬坚实的圆棍或采用硬塑料制成的圆筒作为外包装物
物品型特快专递邮件	（1）应按所寄物品的性质、大小、轻重、寄递路程远近和运输情况等，选用适当的包装材料妥为封装，确保封装后内件在包装箱、盒中没有摇晃空间，以防止： ①封皮破裂，内件散落； ②封皮材料变形； ③伤害处理人员； ④污染或损毁其他邮件； ⑤因寄递途中挤压碰撞、摩擦、震荡或气候、湿度影响而发生损坏。 （2）柔软、干燥、耐压的轻型物品（如衣服、布料、袜子等），如无销售包装，要先用塑料袋、套或缠绕膜等密封材料包装，再装入特快专递专用封套、包装箱内。 （3）硬质物品不得使用特快专递专用封套封装。 （4）较重的金属物品或贵重物品，应用坚实的金属或硬塑料制成的内箱、匣或特制的包装箱、匣封装。外部包装箱、匣的尺寸应符合规定。20kg 以内的金属物品，一般可用气垫膜滚包，固化所寄金属内件，同时保证所寄物品外周边与箱体之间达到 6cm 以上厚度，根据包装后的成型状态，选择对应大小的包装箱（处于无缝隙状态），使内件与箱体成为一体。 （5）油腻、有腥味和容易反潮的物品，应先用塑料袋进行包装，然后用缠绕膜等密封材料妥为封装，再放入包装箱。 （6）易碎物品，封装时应在内件之间及内件与箱板之间用柔软、轻质的填充物（如气泡柱、气泡垫、泡沫塑料填充品、瓦楞纸等）填塞妥当，使其不能在包装箱内晃动，以防在运输途中损坏。 （7）流质和融化物品以及着色干粉，应装入完全密封的容器内，再装入纸质包装箱、盒内。包装箱、盒内要用吸附性强的填充物填塞妥当，以备容器破损时吸尽流质，同时防止内件晃动。 （8）较贵重物品、易碎物品或流质易溶物品，除按上述相关方法妥为包装外，也可利用发泡机发泡进行严密封装。 （9）包装箱外要用带有邮政速递物流 Logo 的专用胶带封固。 （10）生鲜类等对温度有特殊要求的物品，要采用保温材质封装，并增加冰袋等辅助物

（三）特快专递邮件重量、尺寸限度

内件性质不同的特快专递邮件有不同的尺寸限度。尺寸限度规定一般有两种：一种是最大尺寸限度，规定了每件特快专递邮件的最大尺寸，目的是便于对特快专递邮件进行操作处理以及使特快专递邮件能装入邮袋；另一种是最小尺寸限度，规定了每件特快专递邮件的最小尺寸限度，目的是防止特快专递邮件体积过小而造成丢失。特快专递邮件重量、尺寸限度如表 9-2 所示。

表 9-2 　　　　　　　　　　　　　　　特快专递邮件重量、尺寸限度

邮件类别	最大重量限度	尺寸限度		附注
		最大	最小	
文件型特快专递邮件		专用封套规格长度 32.4cm，宽度 22.9cm，公差为 0.2cm		无法装入专用封套的应封入纸质包装箱、盒，尺寸限度同物品型特快专递
物品型特快专递邮件（"红杯"或"红杯水"邮件 10kg）	40kg	包装箱的长度为 150cm，长度和长度以外最大横周合计 300cm，公差为 0.2cm。特殊情况以装入 51 号邮袋为限	包装箱的最短边为 25cm，宽度为 17cm，公差为 0.2cm	圆卷形包装的最小尺寸：长度为 30cm、直径为 6cm（公差为 0.2cm）。最大尺寸：直径的 2 倍和长度合计 150cm（公差为 0.2cm）。邮件的体积重量大于实际重量的按体积重量计收资费，实际重量不得超过最大重量限度，体积重量不受此限制

（四）特快专递邮件的资费规定

1. 特快专递邮件的资费标准

国内特快专递邮件目前按照省级行政区划设置 17 个计费区，采取分区和首续重计费模式，资费标准由中国邮政集团有限公司制定并公布实行。国内特快专递邮件资费标准如表 9-3 所示。

表 9-3 　　　　　　　　　　　　　　　国内特快专递邮件资费标准

种类	计费标准	资费标准/元
特快专递邮件	首重资费 + 续重资费。 对长、宽、高三边中任一单边达到 60cm（含）以上的特快专递邮件进行计泡。体积重量（kg）=长（cm）×宽（cm）×高（cm）/6000（cm³/kg）（长、宽、高分别按邮件外包装自然轮廓的最长、最宽、最高部位尺寸计算）。计费重量为实际重量与体积重量中较大者	（1）按照省级行政区划设置 17 个计费区，采取分区和首续重计费模式，1kg 以内为首重，1kg 以上部分为续重。 （2）省内、同城特快专递业务资费标准由各省自定
保价特快专递邮件	每件最高保价金额	50000
	声明价值在 300 元（含）以内	1
	声明价值超过 300 元的部分，每保 1 元	0.005
	每件最低保价费	1.00

"邮政公事"特快邮件免付邮费。"邮政公事"特快邮件，仅限于特快业务档案、生产部门交寄的特快专递邮件验单、复验单、必须递查的查单、查询答复单及其附件，上缴的特快专递"无着邮件"。其他邮件不得使用作为"邮政公事"特快邮件交寄。

2. 特快专递邮件资费的纳付方式

特快专递邮件资费的纳付方式包括现金交付、电子支付等方式。

二、特快专递邮件的收寄

特快专递邮件的收寄方式主要有营业窗口收寄和上门揽收，以上门揽收为主，定点收寄为辅。邮政部门根据客户通过 11183 呼叫中心、线上下单等方式提出的用邮需求，按时限要求提供上门揽收服务，也可以针对已签订用邮协议的客户，按照协议规定的时间或根据客户

指定的时间上门揽收。除上述方式外，邮政部门还可以根据当地的需要，采取其他方式收寄，如在贸易洽谈会和商品展览会会场设置临时服务处进行收寄等。

（一）营业窗口收寄

1. 收寄流程

接收验视、发单——封装核验——称重、采集信息、打印——贴单、盖章戳——收费、给据——复核、封发。

2. 收寄手续

（1）接收验视、发单

检查内件有无禁寄或超过限寄规定的物品，预称重量。向寄件人提供邮件交寄单，并指导寄件人正确填写邮件交寄单。

（2）封装核验

应在保证内件安全的前提下妥善包装，重件和大件物品应用捆扎机加固，并在邮件封面上加盖或打印验视戳记。核验邮件交寄单填写内容是否规范准确。

（3）称重、采集信息、打印

称重后在新一代营业渠道系统中采集邮件收（寄）件人名址、实名认证信息、电话号码、邮件号码、重量、物品名称、物品数量等信息。确保系统采集信息与实物信息一致。确认并打印邮件交寄单。

物品类单边超过 60cm 的，应录入体积重量进行计泡，计费重量为实际重量与体积重量中较大者。

（4）贴单、盖章戳

将面单按要求牢固粘贴在指定位置：文件型特快专递，粘贴在 EMS 封套的指定位置；物品型特快专递，粘贴在包装箱的最大面；圆卷形邮件，面单的长边与圆卷的长边平行。要确保面单粘贴牢固，防止脱落，严禁将面单粘贴在包裹箱的骑缝处。

在面单指定位置加盖验视章戳。对易碎、流质物品，应在邮件封面和面单上加盖"红杯"或"红杯水"戳记。按照航空禁限寄规定，对禁止航空运输的邮件，应在面单指定位置加盖"全程陆运"章戳。

（5）收费、给据

根据计费金额向客户收取邮费，处理过程中应做到"唱收唱付"，并将邮件交寄单收据联交客户。

（6）复核、封发

复核无误后，在新一代营业渠道系统中进行封发处理，将邮件送交分拣封发部门，并及时向分拣封发部门发送相关数据信息。

（二）上门揽收

上门揽收特快专递邮件的情形主要包括散户邮件揽收和协议客户现场收寄。

1. 散户邮件揽收

（1）电联客户、上门揽收

揽投人员在 PDA 上接到派揽订单后，5 分钟内电联客户，1 小时内上门完成揽收，并在 PDA 上反馈信息。

（2）实名验证、验视内件

① 查验、采集寄件人或代寄人的有效身份证件。

② 对客户交寄的邮件，均需逐件严格验视，客户拒绝验视的，不予揽收。验视所寄物品符合寄递要求后，方可收寄。

③ 信函、文件类邮件如疑似夹寄其他物品，可以要求客户开拆，进行验视，但不得检查信件内容，客户拒绝开拆的，不予揽收。

④ 对客户交寄给中央巡视专用邮政信箱、党的纪律检查机关和国家监察部门的光盘、U盘等信息载体，一律比照信件处理，不需要客户提供有效身份证件，不进行实名登记，要妥善包装，避免内件损坏。

（3）封装邮件

合理选择适用的衬垫物及封装材料，确保内件牢固、不晃动。邮件外面用胶带捆封牢固，防止破损。

（4）称重、计泡

使用便携秤称重，采集邮件尺寸。将体积重量与实际重量相比较，取重量较大者作为计费重量。

单边 60cm（含）以上的邮件需进行计泡，计泡稽核重量（kg）=长（cm）×宽（cm）×高 cm/6000（cm³/kg）。

（5）计费

对于内件性质为银行票据、提货单、增值税发票、金银首饰、玉石、工艺品、字画、国际机票、贵重电子产品及其他内件价值在 2000 元以上的物品，应引导客户保价。

（6）打印并粘贴详情单

揽投人员必须现场与客户眼同粘贴详情单，并确保详情单被粘贴在邮件的最大面，且具备"验视""禁航"等相关戳记（对使用邮政特快专递封套的，应将详情单粘贴在指定位置）。

（7）收费、开具发票

当场收取资费，根据客户需求开具发票或发送电子发票。

（8）回班交接

揽投人员按计划频次及时回班交接邮件。

2. 协议客户现场收寄

（1）揽投人员定时到达客户现场

揽投人员对已签订用邮协议的客户，按照协议规定的时间或根据客户指定的时间上门揽收。

（2）邮件验视

对在客户现场进行收寄前置处理的大宗邮件，应在用邮协议中明确收寄现场抽查验视的相关事宜，并严格落实。

（3）封装邮件

① 按照用邮协议对邮件进行封装，与客户签订自封协议的，对邮件包装进行验视，未签订自封协议的，参照散户邮件封装要求进行封装。

② 按要求将详情单粘贴在包装箱的最大面；对于圆卷形邮件，详情单的长边应与圆卷的长边平行；要确保详情单粘贴牢固，防止脱落。

（4）称重、录入信息

使用蓝牙便携电子秤对客户交寄的邮件进行逐件称重，采集邮件尺寸，将体积重量与实际重量相比较，取重量较大者作为计费重量，并使用 PDA 的快速收寄或离线快速收寄功能进行信息录入。

三、特快专递邮件的特殊处理

（一）特快专递邮件的撤回

国内特快专递邮件在投交收件人之前，寄件人可以向收寄局申请撤回。

（1）寄件人在营业网点申请撤回时，营业人员应审核寄件人的有效身份证件和相关收据，代办的应提供代办人有效身份证件，单位交寄的还需提供单位证明。营业人员查询邮件状态为未妥投，应进行撤回或更改处理。

（2）寄件人填写预制或打印的"邮件撤回、更改、查询申请书（邮 1614）"，并签章交收寄局办理。

（3）营业网点受理撤回申请时，应收取撤回申请手续费，所收费用可用邮票贴在"邮件撤回、更改、查询申请书"上盖销。

（4）相关邮件尚未从收寄局发出，应将邮件退交，当寄件人在受理书上签收后，将收据收回并批注"撤回"字样，加盖日戳，粘贴在相关存根或收寄清单上。

（5）相关邮件已经从收寄的营业网点发出，已收取的邮费一律不退。受理撤回或更改申请后，营业人员填写"撤回或更改通知书（邮 1607）"，通过传真或信息系统等方式发往投递局或经转局。

同一寄件人要求撤回在同一收寄局寄交同一收件人的数件邮件时，可以填写一份申请书，按一件交纳申请手续费。

（二）特快专递邮件的退回

因收件人迁移新址、原址无此人、收件人拒收等，投递局应办理特快专递邮件退回。特快专递邮件的退回手续主要有以下几个。

（1）应在邮件封面粘贴（加盖）"改退批条（邮 1407）"，并进行信息反馈。

（2）在改退批条首栏中单线划销"改寄"字样，并在该栏中写明退回寄件人所在地的省、市（县）名称，省会城市可直接写城市名称，省、市名称可用国家规范简称标注。

（3）根据邮件退回原因在改退批条上进行对应原因勾选，在批条规定位置清晰加盖当班投递日戳和经手人员名章，送主管人员审核。

（4）将邮件上原书写的收件人地址、邮编双线划销，不得划销收件人姓名，且划销部分的文字仍应清晰可辨。

（三）特快专递邮件的查询

1. 受理查询有效期

特快专递邮件的受理查询有效期为自交寄之日起 1 年内。

2. 查询方式

特快专递邮件的查询方式有营业网点查询、11183 电话查询、在线查询、揽投人员代理查询等。

3. 查询处理规定

（1）营业网点受理查询时，受理人根据查询人提供的相关邮件号码，通过系统查询邮件状态，并当面答复查询结果。

（2）11183 电话受理查询时，受理人根据查询人提供的邮件号码查询邮件状态后，直接答复查询结果并留痕。如果信息存在异常或查询人对查询信息有质疑，受理人应及时进行处理并在规定时限内反馈查询人。

（3）查询人可通过中国邮政网上营业厅、11183 在线客服、微信、App、自助服务端（计算机）等多种服务渠道进行在线查询。如果信息存在异常或查询人对查询信息有质疑，受理应及时进行处理并在规定时限内反馈查询人。

（4）揽投人员代理查询，根据查询人提供的邮件号码查询邮件状态，并答复查询结果。如信息存在异常或查询人对查询信息有质疑，揽投人员应记录邮件号码及查询人的联系方式、诉求等内容，并及时转在线协同客服办理。

（四）特快专递邮件的赔偿

特快专递邮件在寄递过程中发生丢失、短少、损毁时，邮局应负赔偿责任，并按规定予以赔偿。特快专递邮件的现行赔偿标准如下。

（1）超出官网承诺时限的特快专递邮件，可退回本次基本资费（不含包装箱、保价等附加的费用）。

（2）特快专递保价邮件发生丢失或全部损毁的，按声明价值赔偿；部分损毁或短少的，按照实际损失的价值予以赔偿，但最高赔偿金额不得超过声明价值。同时，退还已收取的基本资费。

（3）未保价的特快专递邮件发生丢失或全部损毁的，按实际损失赔偿，最高赔偿金额不超过所收基本资费的 6 倍。同时，退还已收取的邮费。

（五）无法投递邮件和无着邮件的处理

1. 无法投递邮件的处理

特快专递邮件有下列情况之一的，作为无法投递邮件处理。（1）收件人地址书写不详或错误。（2）原书地址无此单位或收件人。（3）收件人迁移新址不明。（4）收件人是已经撤销的单位，且无代收单位或者个人。（5）收件人死亡，且无继承人或代收人。（6）收件人拒收邮件或拒付应付的费用。（7）邮件保管期满收件人仍未领取。（8）因其他原因无法投递。

无法投递的特快专递邮件，按照寄件人在邮件交寄单、详情单上标注的声明处理，没有标注的，应退回寄件人。对有特殊需求的寄件人（单位）可根据相关业务文件退回指定地址或收寄单位。

2. 无着邮件的处理

特快专递邮件无法投递，且具有下列情形之一的，作为无着邮件处理。（1）寄件人地址不详。（2）寄件人声明抛弃。（3）邮件退回后，寄件人拒收或者拒绝支付有关费用。（4）邮件保管期满寄件人仍未领取。（5）无法复活的裸包邮件。

无着邮件必须由各省指定部门管理，直辖市、省会市邮件处理中心应设立无着邮件工作台，对无着邮件进行集中管理。

无着邮件的保管期限：从无着邮件工作台登记保管之日起不少于 1 年。

省无着邮件工作台应按季度对保管期满的无着邮件进行双人开拆、销毁处理，对开拆全程进行监控，对特快专递邮件的外包装和内件物品进行拍照留档，并对内件物品的名称、性质、重量、特征等进行详细登记。

四、特快专递邮件的投递

（一）投递方式

特快专递邮件主要采取按址投递，也可采取用户领取和与用户协商的投递方式。有下列情况之一的，特快专递邮件可转用户领取。

（1）收件人因无法接收邮件，同意转用户领取的。

（2）无收件人有效联系电话或无法电话联系收件人，经两次（分两天）按址投递仍无法投出的。

（3）相关政府部门（如海关、公安等）提出要求的。

（4）邮件破损，不适合按址投递的。

对于转用户领取的邮件，投递人员应电话或短信通知收件人领取，在信息系统中反馈投递处理情况及原因。无法联系收件人的，投递人员应按址投递领取邮件通知单（或邮件投递告知单）。严禁投递人员擅自将投递方式改为用户领取。

（二）投递深度

1. 县及县以上城市

（1）收件人是个人的，必须按邮件详情单上的收件人具体地址投递。只有在电话联系收件人征得其同意后，方可投交他人、收发室、物业、智能包裹柜、代投点、自提点。

（2）收件人是单位名称的，投交收件单位收发室或前台，有联系电话的，要及时电话告知相关收件人。

（3）收件地址是签订妥投协议的单位或者封闭管理的部队、学校、厂矿等，可直接投交收发室等代收点。

2. 农村地区

（1）乡镇人民政府所在地：按照城市的投递深度和电话联系要求进行投递。

（2）农村行政村地区：对文件型特快专递邮件和公安交管类、生鲜类物品型特快专递邮件，按照城市的投递深度和电话联系要求进行投递；对其他物品型特快专递邮件，可投递到村邮站、村委会、邮乐购站点等邮件代收点，同时电话联系收件人及时领取。

（三）投递手续

1. 内部处理

内部处理的操作与包裹的相同。

2. 投交手续

（1）本人签收。投递人员应核实收件人身份（通过姓名、电话、地址、有效身份证件等方式核实收件人身份），提示收件人当面验视邮件外包装。外包装完好的，请收件人在邮件详情单指定位置签名，注明签收日期、时间。

遇收件人书写非真实姓名（如网名、×先生/女士等），投递人员应核实收件人身份；签收时，收件人应使用原书收件人名称或真实姓名。

（2）他人代收。收件人同意他人代收的，投递人员应核实代收人身份，提示代收人当面验视邮件外包装。外包装完好的，请代收人在邮件详情单指定位置签名，注明签收日期、时间，并准确批注与收件人的关系。

（3）投交收发室、物业等代收点。收件人同意投交收发室、物业等代收点的，投递人员应提示代收人员验视邮件外包装。外包装完好的，请代收人员在邮件详情单指定位置签名或加盖收发专用章，注明签收日期、时间。对收件人电话为座机号码的，投递人员应电话联系收件人，通知其及时领取；收件人电话为手机号码的，投递人员反馈投递信息时，系统会自动发送短信。

（4）投交智能包裹柜、自提点。

① 严禁投交智能包裹柜、自提点的邮件类型：邮件面单上和系统中均无收件人手机号码；司法专递邮件，如法院专递邮件、检察专递邮件、仲裁专递邮件；增值服务邮件，如代收货款邮件、收件人付费邮件、一票多件（全票）邮件、密码投递邮件、实物返单邮件、电子返单邮件；特殊产品邮件，如学生档案邮件、身份证及护照（签证）邮件、贵品邮件、高招邮件、国际邮件、公安网上车管等有特殊要求的专项项目邮件；外包装损坏、水湿、油污等异常邮件。

② 对收件人同意投交智能包裹柜的，投递人员要关注邮件的领取情况。对投交智能包裹柜且收件人超过 48 小时未取的邮件，当班投递人员要再次联系收件人商定由收件人自取或上门投递。

③ 对收件人同意投交自提点的，投递人员应提示自提点人员验视邮件外包装。外包装完好的，请自提点人员在自提邮件清单上签名。自提点使用自提系统接收邮件后，系统将自动向收件人发送取件短信（包含取件密码、具体地址等），请其及时领取。投递人员在将邮件投交自提点时，要对之前投交邮件的收件人领取情况进行检查，对超过 48 小时未取的邮件，要督促收件人及时领取。

（5）对节假日期间不接收邮件的单位地址，且收件人为个人的邮件，投递机构要使用群发节假日告知短信功能通知收件人，并根据收件人要求组织投递。如收件人收到短信后，打电话要求按邮件上的单位地址投递，投递机构要安排投递人员及时投递邮件。

（6）严禁投递人员及邮政工作人员代签邮件。

（7）投交邮件后，投递人员要真实、准确、实时录入妥投或未妥投信息，确保邮件投递信息"随投随录"。对他人代收的邮件，投递人员在反馈信息时要准确录入代收人的姓名、代收人与收件人的关系。对单位收发章签收的，投递人员要准确反馈具体收发章名称。对投交智能包裹柜和自提点的，投递人员要准确反馈具体的智能包裹柜和自提点信息。投递人员严禁在将邮件投交前反馈妥投信息，严禁归班后集中反馈投递信息。

（8）对使用电子面单的特快邮件，无法取回签收联实物的，投递人员应采用电子签名及拍照采集真迹的方式进行投递信息反馈。对于使用预制详情单的邮件，投递人员也可采用拍照功能采集详情单真迹。

3. 归班处理

投递人员归班应将当频妥投详情单及未妥投邮件实物与 PDA 内信息进行核对，确保一致后与内勤人员进行交接。投递作业结束后，投递人员进行个人平衡合拢，班组进行系统归班交接并生成平衡合拢表，保证投递信息和实物的平衡合拢。当日投递终了，投递人员还应做好纸质单册的装订归档工作，以便客户查询、进行业务结算和监督检查。

第三节　国内特快专递业务管理

目前，我国快递市场的竞争格局已形成，以 DHL、TNT、UPS、FedEx 为代表的国际快递公司，以顺丰、申通等为代表的国内民营快递公司，以及以邮政特快专递、民航快递为代表的国有快递公司，展开了激烈竞争。邮政特快专递在快递市场上由垄断经营者变为竞争的参与者。长期以来，邮政企业虽然不断进行改革，但在经营活力、对市场需求的响应等方面还存在一定的问题。从全球来看，许多国家（地区）的邮政企业处于亏损经营状态。要想在市场竞争中站稳脚跟，尤其是要发展以特快专递业务为典型代表的竞争性邮政业务，邮政企业就要从经营管理体制入手，加强管理，顺应市场需求。

一、特快专递业务的管理体制

（一）特快专递业务专业化改革的背景和历程

以我国邮政体制改革为契机，特快专递业务的改革不断深化，特别是从 2005 年始，特快专递业务的经营管理体制发生了较为明显的改变。2005 年《邮政体制改革方案》出台，并于同年 8 月 19 日以正式文件下发，我国邮政体制改革工作开始步入具体实施操作阶段。2007年，邮政业正式实施了政企分开的改革。

2007 年，重点城市实施特快专递专业化经营。北京、上海、广州、大连等 100 多个重点城市的特快专递业务实现市、县一体化经营。推进特快专递重点城市的专业化经营，是中国邮政贯彻落实国务院邮政体制改革工作的重大举措，是邮政主业改革的重要内容之一。特快专递业务专业化改革是要逐步改革邮政混业经营的现状，在市、县局特快专递业务一体化和损益核算的基础上，由重点城市初步建立适应市场竞争的专业化经营管理体系，使特快专递业务竞争能力显著提高，业务规模迅速扩大，实现邮政速递的更快发展。

2008 年，中国邮政继续深化体制改革和机制创新，加快了邮政速递物流专业化经营改革的步伐，明确了邮政速递物流的发展目标和定位，从总部和省（区、市）两个层面推进专业总部整合和省、市、县一体化专业经营整合。

2009 年 4 月 24 日，修订的《邮政法》顺利通过，并于 2009 年 10 月 1 日起正式实施，为速递物流专业化改革奠定了法律基础。

2009 年 12 月 29 日，国务院正式批复关于邮政速递物流改革的报告。2009 年 7 月 14 日，中国邮政速递物流专业完成总部整合，迈出了速递物流专业化经营改革，乃至中国邮政整体改革十分关键的一步。

2010 年 6 月 10 日，中国邮政联合各省邮政分公司共同发起设立了中国邮政速递物流股份有限公司。中国邮政速递物流股份有限公司在办理工商登记手续后，正式挂牌成立。中国邮政速递物流股份有限公司在国内 31 个省（自治区、直辖市）设立全资子公司，并拥有中国邮政货运航空公司、中邮物流有限责任公司等子公司。

2018 年 7 月 2 日，集团公司提出"整合资源、加快发展、引战上市"的目标，深入推进邮政寄递业务改革，自上而下地整合邮政分公司寄递业务主要资源和速递物流公司全部资源，组建集团公司寄递事业部。寄递事业部是速递物流业务的内部经营管理主体，承担全部经营、管理、损益责任，不进行工商注册；速递物流公司对外仍保留法人实体地位，其全部经营管理职责由寄递事业部行使；中国邮政速递物流股份有限公司董事会、监事会按《公司法》规定履行相关程序。

（二）特快专递业务的管理体制

特快专递业务经过多年的专业化改革，目前基本形成了 3 个层次的管理体制，即中国邮政集团有限公司寄递事业部、省寄递事业部及地市寄递事业部。

1. 中国邮政集团有限公司寄递事业部的主要业务管理职责

中国邮政集团有限公司寄递事业部负责全国特快专递业务的发展，指导、监督和管理全国各省特快专递业务的开展，主要业务管理职责如下。

（1）负责制订年度经营计划并组织实施。

（2）负责经营分析工作。

（3）负责市场研究、产品体系研究、产品开发和推广工作。

（4）负责综合营销工作。

（5）负责综合性大客户的开发与维护工作、综合业务客户及战略客户的管理工作。

（6）负责资费标准的制定工作。

（7）负责协调公司内相关部门的业务关系。

2. 省寄递事业部的主要业务管理职责

省寄递事业部是管理本省特快专递业务的主要部门，其主要业务管理职责如下。

（1）负责落实本省特快专递业务的年度经营计划。

（2）负责本省特快专递业务的经营分析工作。

（3）负责本省的市场研究和营销管理工作。

（4）落实上级部门布置的业务管理工作。

（5）指导所辖各地级城市特快专递业务的开发与管理。

（6）联系其他省（市），协调异地或区域特快专递业务的开展。

（7）协调公司内相关部门的业务关系。

3. 地市寄递事业部的主要业务管理职责

（1）负责落实本市特快专递业务的年度经营计划。

（2）负责本地区特快专递业务的经营分析工作。

（3）负责本地区特快专递业务的经营和管理工作。

（4）负责本地区特快专递业务的营销和客户管理工作。

（5）指导基层生产单位的经营管理工作。

（6）负责制定特快专递业务项目营销方案并推广。

（7）负责实施综合营销计划。

（8）落实上级部门布置的业务管理工作。

（9）负责协调公司内生产单位的业务关系。

二、特快专递业务网络组织

快递运行网络、对网络的控制程度、网络的反应速度已成为影响快递企业发展的关键因素。同样，邮政速递网是支撑中国邮政特快专递业务参与市场竞争最为有力的基础。邮政速递网是各邮件收寄、投递局所及其设施和各级邮件处理中心，通过邮路相互连接所组成的传递特快专递邮件的网络系统。这个系统必须服从统一的指挥调度，执行统一的规章制度，密切配合，协调一致，保持紧密衔接和畅通无阻的良好状态，才能完成邮件传递任务。它是一个极其分散，而又高度集中的全程全网系统。"全夜航"是邮政速递网的重要组成部分，是邮政速递最具优势的网络之一。中国邮政拥有集散式自主航空网络——以南京为集散中心、上海为辅助中心，拥有32架全货运飞机，综合利用民航运能，开通近3000条航空线路，在200多个城市实现次日递。

邮政速递网由开办局、邮件处理中心和邮路运输组成。开办局在本局范围内设有收寄网点和投递网点，通过转趟运输将特快专递邮件集散在开办局分拣封发部门并处理后，再通过干线运输将其送至邮件处理中心。邮件处理中心负责一定范围内的邮件集散和处理。邮路运输主要依靠航空运输、铁路运输和公路运输完成。由于包含不同的运输工具，邮政速递网是一个组织有序、多层次、协调运行的网络系统。

1. 邮件处理中心

除依托原有邮政通信网，如邮区中心局，特快专递邮件的处理场地趋向专业化，还包括特快专递邮件处理中心、速递物流集散中心、航空邮件交换站等。

2. 航空通运局

航空干线寄达通运局简称航空通运局，是位于一级干线航空邮路上负责组织航班运递邮件的邮政机构。

航空通运局在特快专递网中起着邮路运输枢纽的重要作用，既是干线航空邮路的起终端，也是多条干线航空邮路的汇接点，还是省内航空通运局与非航空通运局利用干线航空邮路运送邮件的集散点。目前我国共有 43 个航空通运局，分别设在北京、长春、长沙、成都、大连、福州、广州、贵阳、桂林、哈尔滨、海口、杭州、合肥、呼和浩特、黄山、济南、昆明、拉萨、兰州、南昌、南京、南宁、宁波、青岛、汕头、上海、深圳、沈阳、太原、温州、乌鲁木齐、武汉、西安、西宁、厦门、烟台、潍坊、银川、郑州、重庆、珠海、天津、石家庄。

三、特快专递邮件揽投质量检查

国内特快专递邮件揽投质量检查项目主要包括以下内容。

（1）是否按照散户派揽时限和与协议客户约定的时间及时上门揽收。

（2）对散户进行揽收时，是否落实实名收寄、收寄验视制度，身份证号码是否准确录入；对协议客户进行揽收时，是否进行抽验，抽验比例是否达标，收寄信息是否及时上传。

（3）揽收时，邮件重量、大客户代码是否准确录入；是否按资费标准收取邮费；达到计泡标准的邮件是否计泡，计泡重量计算结果是否正确。

（4）是否违规收寄超大、超重、异型等超规格邮件。

（5）是否进行规范封装，合理选择适当的包装箱及衬垫物，确保内件牢固、不晃动。包装材料费是否按标准收取并录入系统。

（6）投递频次、时限、深度是否符合质量标准规定，有无错投和乱扔乱放问题。

（7）投递过程中，文件型特快专递邮件是否随身携带。

（8）是否电话联系收件人，在征得其同意后才将邮件投交包裹柜、自提点。

（9）巡视类专用邮政信箱邮件是否安排专人投递并做好相应记录。

（10）邮件投交、签收手续是否符合规定；是否按要求在系统中及时反馈投递信息，是否存在提前反馈和归班集中反馈的问题。

（11）是否及时督导收发室、村邮站、自提点等的邮件接转人员及时转投邮件或通知客户领取；需转退邮件和逾期未领邮件是否及时收回。

（12）对于投交包裹柜、自提点超 48 小时的未取邮件，是否再次联系收件人确定投交方式。

（13）揽投过程中有无违反邮件规章制度和通信纪律的情况。

（14）揽投过程中是否严格执行邮件和人身安全规定。

（15）派揽订单及时揽收成功率、当频妥投率、邮件投递信息及时反馈率等各项运营质量指标是否达标。

实践项目

项目一　操作实训

1．项目目标：熟悉和掌握国内特快专递邮件的准寄范围，重量、尺寸限度，资费标准等业务规定，能够利用邮政信息系统熟练完成国内特快专递邮件的收寄操作，为参加职业技能鉴定实操考试打下基础。

2．项目内容：国内特快专递邮件的收寄。

3．项目实施及要求：（1）课前要求学生熟练掌握国内特快专递邮件的准寄范围，重量、尺寸限度，资费标准等基本业务规定，能够计算国内特快专递邮件资费。（2）到邮政营业技能实训室，为每位学生分配一个台席，让学生学会使用新一代营业渠道系统、电子秤和打印机。（3）认识收寄所用到的各类业务戳记和业务单式。（4）教师边演示，学生边操作，完成国内特快专递邮件的收寄，并通过布置练习题，让学生熟练掌握相关知识。（5）下课后，要求每个学生撰写一份实践报告，总结收寄国内特快专递邮件的流程和注意事项。

项目二　分组讨论

1．项目目标：分组讨论国内快递业的发展趋势和中国邮政的应对策略。

2．项目内容：通过互联网，搜集资料，了解国内快递市场发展情况，对国内快递业的发展趋势和中国邮政的应对策略进行分组讨论。

3．项目实施及要求：（1）任课教师公布实训项目的内容和要求。（2）学生以5～6人为一组，利用互联网搜集资料，并在组内展开充分讨论，每组形成一份小组报告。（3）每组由一个代表汇报小组成果，其他组的成员根据该组的汇报情况进行提问，由该组代表或其他成员进行解答。（4）教师根据各组汇报及回答问题的情况进行点评和总结。

拓展知识

中国邮政特快专递业务的主要发展历程

"快递进村"是民心所盼

知识巩固

1. 单选题

（1）国内特快专递业务是（　　　）年开办的。

    A. 1980   B. 1981   C. 1982   D. 1984

（2）国内特快专递邮件的受理查询有效期为自交寄之日起（　　　）内。

    A. 4 个月   B. 半年   C. 1 年   D. 2 年

（3）某人寄送一件特快专递邮件，因邮局责任，造成邮件丢失。如果该邮件总邮费为 100 元（不含包装费），保价金额为 1000 元，则邮局应赔偿此人（　　　）元。

    A. 1005   B. 1095.5   C. 1100   D. 1300

（4）目前国内特快专递礼仪业务的主要品牌不包括（　　　）。

    A. "思乡月"   B. 五节联送   C. "吉时礼"   D. 家乡速递

（5）特快专递邮件的最大重量限度是（　　　）kg。

    A. 10   B. 20   C. 30   D. 40

2. 多选题

（1）以下关于国内特快专递保价邮件，说法正确的有（　　　）。

    A. 是否保价由客户自愿选择

    B. 保价金额每件最多以人民币 5 万元为限

    C. 保价金额在 300 元（含）以内的，保价费按 1 元收取

    D. 保价金额超过 300 元的部分，保价费率为 1%

（2）下列属于特快专递增值服务的有（　　　）。

    A. 收件人付费   B. 代收货款   C. 礼仪专递   D. 司法专递

（3）特快专递按内件性质分为（　　　）。

    A. 文件型特快专递   B. 物品型特快专递

    C. 国内业务   D. 同城业务

（4）下列属于严禁投交智能包裹柜、自提点的邮件类型有（　　　）。

    A. 代收货款邮件   B. 收件人付费邮件

    C. 贵品邮件   D. 法院专递邮件

（5）下列对国内特快专递邮件面单的粘贴说法正确的有（　　　）。

    A. 文件类邮件，粘贴在 EMS 封套的指定位置

    B. 物品类邮件，粘贴在包装箱的最大面

    C. 圆卷形邮件，面单的长边与圆卷的长边平行

    D. 要确保面单粘贴牢固，防止脱落，必要时可将面单粘贴在包裹箱的骑缝处。

3. 判断题

（　　　）（1）国内邮政特快专递业务是邮政部门采取专人、专车、专门组织的处理方式，以最快速度传递实物信息和物品的邮件寄递业务。

（　　　）（2）国内特快专递邮件在无着邮件处理部门的保管期限为 4 个月。

（　　　）（3）密码投递是指在邮件投递前向预留的收件人手机号码发送短信密码，收件人签收邮件时将收到的短信密码出示给投递人员，投递人员校验密码成功后，方可将邮件投

递给收件人。

（　　）（4）液体类化工产品可以按国内特快专递邮件收寄。

（　　）（5）"全夜航"是邮政速递网的重要组成部分，是邮政速递最具优势的网络之一。

4. 简答题

（1）请写出目前特快专递业务的产品体系。

（2）特快专递业务的收寄流程有哪些？

（3）特快专递邮件有哪些查询方式？

（4）特快专递邮件的投递深度是如何规定的？

第十章

邮政电子商务业务与管理

学习目标

【知识目标】

1. 了解邮政电子商务的发展历程；
2. 掌握邮政电子商务的定位；
3. 掌握邮政电子商务的业务体系。

【能力目标】

1. 具备分析邮政电子商务业务发展的能力；
2. 具备在营业网点或邮乐购站点开办邮政电子商务业务的能力；
3. 具备利用线上渠道办理邮政电子商务业务的技能。

【素养目标】

1. 培养团结奋斗、互利共赢的精神；
2. 培养积极的职业观，让学生能够认识到做好本职工作的重要性；
3. 培养树立对标意识，让学生能够站在行业角度和竞争对手角度思考业务发展。

情境引入

电子商务业务是推动邮政发展的一项战略性业务，是邮政发挥自身优势打造的新的经济增长点，对提供新的发展机遇和提高邮政行业的市场竞争力具有十分重要的意义。电子商务不仅是网上购物，从本质上看，应该是网络信息流与商务运作程序的融合，主要通过现代化网络信息技术改造传统的信息流，并以网络信息流引导物流和资金流，达到快速完成交易、有效降低成本、提高效益的目的。邮政电子商务的发展是一项系统工程。

引导邮政电子商务进农村的核心目的是改变农村居民的生产生活方式，打造农村经济新业态。邮政发展农村电子商务，主要围绕农村居民离土不离乡、离乡不背井的实际情况，以农村居民为中心，帮助农村居民实现创业不出村、购物不出村、销售不出村、便民缴费不出村和便民金融不出村，从而实现农村发展、农业增收、农民致富，为实现农业现代化履行央企的社会责任。

电子商务改变了人们的消费习惯，面对千载难逢的历史机遇，邮政如何依托自身强大的资源优势拓展业务种类和渠道，扬长避短，走出一条具有邮政特色的电子商务发展道路？带着这一问题，我们开始本章的学习。

思维导图

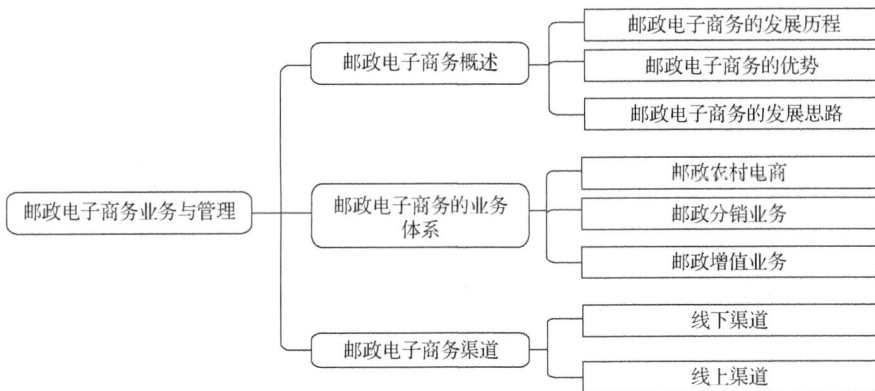

第一节　邮政电子商务概述

信息化技术、物联网技术的发展，使得电子商务成为推动经济进一步高速发展的重要动力。在我国，电子商务经历了探索和理性调整之后，支撑体系建设取得重要进展，创新能力不断提高，发展环境进一步改善，电子商务已进入务实的发展阶段并初见成效。国内电子商务发展的良好态势，为中国邮政发展电子商务提供了良好的机遇。

20 世纪 90 年代，随着国内经济和技术环境的飞速变化，信息化逐渐成为社会发展的主流趋势。中国邮政根据市场形势，开始在全国邮政系统内建设信息化工程，逐步走上了发展电子商务的道路。

一、邮政电子商务的发展历程

（一）启动发展阶段

1997—2015 年，邮政电子商务进入启动发展阶段。在这一阶段，邮政电子商务在发展时以信息化建设为驱动，在发展战略制定、网络平台构造、应用系统建设、管理体系建立等方面取得了一定的成绩，具体发展情况如下。

1997 年，部分省的邮政网站开通，陕西、广东、浙江等都较早地开通了本省的邮政网站。

2000 年 3 月，国家邮政局在广州召开全国电子邮政工作座谈会，将中国邮政作为政府电子商务试点单位，启动了电子邮政示范工程。

2001—2003 年，邮政电子商务 183 网站、11185 客户服务中心、支付网关、CPCA 认证等系统的建设陆续完成，为邮政开展电子商务奠定了基础。

2002—2004 年，各省邮政局陆续开发建设了基于邮政储蓄系统的综合服务平台。

2006 年，全国邮政短信网关和邮政短信接入系统建成，为邮政短信业务的快速发展奠定了技术基础。

2007 年，邮政公司化运营后，集团公司在邮政业务局设立电子商务处，使得电子商务业务的管理职责更加明晰。

2008 年，邮政全面改造和建设邮政电子商务平台系统，同时开始改造和建设全国邮政 11185 客户服务中心系统。

2008—2009 年，全国邮政 11185 客户服务中心系统省集中改造工程顺利完成，全国建成 32 个 11185 客户服务中心，拥有坐席数 4000 余个。

2009 年 9 月，中邮电子商务有限公司成立，并以独立法人身份正式对外开展业务。

2010 年 4 月，集团公司与中国民航信息网络股份有限公司（以下简称中航信）进行战略合作，全国邮政电子商务平台航空票务系统与中航信一站式平台进行对接。

2010 年 8 月，集团公司联手 TOM 集团宣布开通 B2C 购物网站——邮乐网。

2014 年，中国邮政 App 正式上线，它是邮政的官方服务平台，是集邮政业务办理、优惠活动等服务为一体的移动端应用程序，涵盖了邮件查询、EMS 寄递、报刊订阅、简易保险、主题邮局、车务代办等多项业务模块，方便用户随时随地享受邮政特色服务。

（二）"互联网+"阶段

在政府大力推进"互联网+"战略的背景下，中国邮政在 2015 年也开始了"互联网+"的探索。中国邮政的"互联网+"是对整个邮政业务的改革探索，并不只是局限在电子商务领域。本书主要从电子商务的视角出发，关注与电子商务相关的"互联网+"邮政业务转型发展的内容，而不是全面阐述"互联网+"邮政。

中国邮政通过运用信息技术在本地生活服务、车务服务、报刊订阅、微信营销等方面进行了大胆的尝试和业务创新，逐步形成了邮惠生活、简易车险、慧阅读、大微信等具备"互联网+"邮政特征的新型业务。这些业务有一个共同特征，就是以互联网为手段，对传统业务进行业务流程优化和改造，进而形成新的业务形式。

二、邮政电子商务的优势

（一）"三流合一"

中国邮政是同时拥有实物流、资金流、信息流的企业，能够实现"网上订购、在线支付、商品配送"的电子商务产业链全过程。在电子商务时代，实物流、资金流和信息流都是不可或缺的。"三流合一"成为中国邮政发展电子商务的一个核心优势。

（二）品牌形象好

品牌是企业重要的无形资产。在电子商务时代，品牌效应将发挥更大的作用。中国邮政拥有百年品牌信誉，经过多年运营，以深入千家万户的普遍服务赢得了用户的信任，在用户中树立了诚实可信的品牌形象。这在注重企业信誉的电子商务时代，无疑将成为中国邮政的又一核心优势。

（三）渠道资源丰富

中国邮政渠道资源丰富，网点星罗棋布，自有网点、社会网点等销售渠道覆盖全国，渠道优势得天独厚。在这个"渠道为王"的时代，丰富的渠道资源为邮政电子商务的全面发展赢得了大量用户。中国邮政可以利用这些资源向用户提供方便快捷的新型服务，为邮政电子商务的发展提供新的支撑。

（四）平台功能强大

邮政平台建设为邮政电子商务的快速发展提供了有效的技术保障。电子商务信息平台在全国范围内提供航空机票、爱心包裹以及交通意外险销售等服务，11185 客户服务中心则为用户提供业务咨询、信息查询以及部分邮政业务的电话受理等服务。中国邮政全力打造的邮乐网全面运行，标志着中国邮政全面参与 B2C 购物领域。此外，其他相关支撑系统也在逐步完善中，并形成了与业务办理渠道相配套的支付和认证体系。邮政平台的日益完善为邮政电子商务的发展打下了良好的基础，提供了强有力的技术支撑。

三、邮政电子商务的发展思路

邮政电子商务在发展过程中，会随着行业的发展，不断调整其发展思路。

2008 年，在南京召开的中国邮政电子商务工作会议上，中国邮政确立了电子商务在邮政业务改革和发展中的重要战略地位。之后随着电子商务在我国的应用和发展，为充分发挥邮政发展电子商务的基础资源优势，集团公司将邮政电子商务定位为"支撑、服务、运营"，即依靠科技进步，发挥网络优势，整合内外资源，搭建电子商务平台，将邮政电子商务作为现代邮政的主流业务和核心业务。该定位的具体含义涉及以下 3 个方面。

第一是要实现邮政业务的电子化，建设电子商务平台，打造网上邮局、电话邮局、手机邮局，为用户提供方便、快捷的新型邮政服务，降低成本，提高效益，支撑邮政业务在创新中高速发展。

第二是要依托"三流合一"的优势，深化与社会电子商务公司的合作，开展对外服务，为社会电子商务公司提供全面的信息传递、物流配送和资金结算等服务，塑造邮政电子商务服务商的品牌。

第三是要在做好支撑和服务的基础上，建设和运营中国邮政的电子商务平台，实现涵盖邮政网点、邮政业务网站、11185 客户服务中心的多渠道、全方位的组合营销和服务，形成集销售和配送于一体，线上线下相结合，数万网点联动的电子商务购物平台，逐步打造邮政电子商务运营商品牌。

从 2014 年开始，中国邮政提出了"以发展电子商务推动转型发展"的发展思路，确立了"互联网+"邮政的发展模式，并在随后多次强调要用互联网思维谋划邮政的转型发展，深入推进邮政业务电子商务化，同时把农村电子商务列为发展的战略重点。至此，邮政电子商务明确、全面的定位已经形成，即把发展电子商务作为邮政业务改革发展的重要战略手段，并将农村电子商务作为发展的战略重点。

从 2019 年开始，中国邮政将普遍服务、寄递业务、金融业务、农村电子商务定位为支撑自身高质量发展的"四梁"。中国邮政紧紧围绕"提升站点质效、做优消费品下乡、助力农产品进城、搭建协同场景"的目标，不断推进农村电子商务各项重点工作落实，完善运营模式，构建农村电子商务新生态。

中国邮政不断通过构建平台、夯实渠道、做大商流来提升能力，通过"线上平台+线下渠道"，连接网点和站点，连接上游商家和下游客户，打造生态圈，为金融、寄递等邮政业务的协同运转构建场景，从而实现"农村电商+金融业务+物流业务"综合服务，构建农村电子商务生态圈。

第二节 邮政电子商务的业务体系

目前，根据业务内容、客户群体和受理渠道，邮政电子商务（以下简称"电商"）业务可分为邮政农村电商、邮政分销业务、邮政增值业务。

一、邮政农村电商

邮政农村电商是指依托中国邮政网络平台，为从事涉农领域的生产经营主体提供在网上完成产品或服务的销售、购买和电子支付等业务交易的过程。从国家政策来看，十九届五中全会提出"形成强大国内市场，构建新发展格局""优先发展农业农村，全面推进乡村振兴"，为农村电商的深入推进提供了良好环境。

邮政农村电商是支撑中国邮政高质量发展的"四梁"之一，是发展寄递和金融业务的黏合剂、催化剂和放大器，是中国邮政在农村市场源头获客的重要渠道，是落实国家乡村振兴战略的重要举措。中国邮政按照中央一号文件和中共中央办公厅、国务院办公厅《数字乡村发展战略纲要》要求，把握"新零售"业态发展趋势，充分发挥邮政网络、品牌及"三流合一"优势，通过集约化管理、市场化运作，抢机遇、强平台、建渠道、做批销、优农品、构场景、推协同、促变现、树品牌、活机制，同时服务好新型农业经营主体，助力惠农合作项目，实现商流带动物流和资金流，从而助力中国邮政巩固农村市场。

邮政农村电商业务主要涵盖批销业务、代购业务和农产品返城业务等。

（1）批销业务是指中国邮政基于对"邮掌柜"系统的进销存数据的分析，通过与上游供应商议价，在降低店主进货成本的同时，将涉农领域的商品或服务通过邮政渠道批量销售至农村市场，是中国邮政进军农村商品流通市场、打造农村电商新增长极的核心业务与基础性业务。批销业务采取"平台+自营"模式，平台商品以县域代理商的集中品牌的畅销快消品为主，如牛奶、啤酒、火腿肠、方便面、饮料等，容易快速形成基础流量，提升零售商黏性。自营商品则以分散品牌的快消品、农资、小商品、家电、服装为主，如母婴用品、休闲食品、文具、调味品、日化品等。

（2）代购业务是中国邮政依托邮乐购站点，针对农村地区日益增长的中高档耐用品需求与商品流通体系不健全的矛盾，将消费者需求商品配送到农村市场的业务。代购业务针对于有需求而不会网购的农村消费群体，能充分调动线上线下资源，组织各省市因地制宜引入具有区域性特点的优质商品，拓展农村电商市场，促进农村商品流通，如邮乐购站点掌柜通过"邮掌柜"系统帮附近村民采购邮乐网"代售专区"的商品或服务。

（3）农产品返城业务是指中国邮政开办的立足于服务"三农"，依托邮乐网，力争打造一个集农产品、手工艺品、乡村旅游等于一体的农村特色商品交易市场的业务。

中国邮政通过建立邮政农产品基地，实现挂牌和标志统一，采取"先联、后租、再建"模式，建设了基地仓储物流中心，加快培育了农民合作社、家庭农场等新型农业经营主体，健全了农业专业化、社会化服务体系，帮助农民实现发展了多种形式适度规模经营，实现了小农户和现代农业有机衔接。中国邮政还通过发布"邮政农品"品牌、品控、包装3类标准，精准对接合作社和涉农企业，举办直播活动，拓展外部渠道，初步建立了"自有渠道+平台零售+基地直采+终端直供+异业合作"的产销对接体系。

在上行商流方面，中国邮政深入产地发掘特色农产品，以基地农产品为抓手，构建"双线融合、内外联动"的全渠道产销对接体系，加大农产品在邮乐网的推广力度，将邮乐网打造成市场化的产销对接平台，为惠农合作项目形成稳定可靠的商流，并协同金融部门开展积分兑换、支付收单、供应链金融、利用自有场景向有需求的消费者推荐服务等业务，协同寄递部门发展仓储、快递、同城配送等业务。

在选品方面，中国邮政通过建立线上线下产品体系，聚焦"原汁原味原产地"价值主张，整合各省优质产品，按照时令节气统筹开发邮政菜单；同时优选基地农产品及各县名、优、特产品，建立产品库，全力打造十万单、万单级"邮政农品"和"一县一品"。

二、邮政分销业务

邮政分销业务是为满足广大消费者对农产品、食品、日用品等生活必备品的需求和企业团购、福利发放需求，依托遍布全国的邮政网点、社会加盟站点等线下渠道，以及邮乐网购物商城、各地微信商城等线上平台开展的产品销售业务。目前分销业务涵盖各类产品万余种，不仅满足了人们日常的生活需要，还促进了工业品下乡和农产品进城，发挥了邮政服务"三农"的作用。

邮政分销业务涉及日化用品、酒水副食、农副产品、地方特产、农药化肥等，一方面密切服务了农业生产与农民生活，另一方面有效地利用了邮政的网络资源、社会资源和品牌资源，服务了社会，方便了大众，尤其是农村居民。

分销产品包括以下几种。

（1）食品特产：生鲜农品、包装食品、米面粮油、副食调味、香烟酒水、茶叶饮品等。

（2）电子产品：家用电器、手机数码等。

（3）家居用品：服装鞋帽、床上用品、日化产品、母婴用品等。

（4）办公用品：办公设备、办公耗材等。

（5）文化用品：图书音像、文玩工艺品等。

三、邮政增值业务

（一）生活缴费

生活缴费是中国邮政最早开办的业务之一，主要包括公共事业缴费和话费充值。

1. 发展阶段

（1）1998年，邮电开始分营，邮政的生活缴费业务以代办电信为主，采取窗口代收、人员进驻、账户代扣等方式，打造了邮政"缴费一站通"服务品牌。

（2）2008年，电子商务信息平台建成并投入使用，为各级邮政依托信息系统办理业务提供了有力支撑。

（3）2010年，以便民服务站为代表的邮政社会加盟渠道建设完成，进一步拓展了邮政向社会大众提供服务的广度和深度。

（4）2012年，国家电网有限公司加强与邮政的合作，邮政全面接入代收电费业务，解决了长期困扰国家电网有限公司的农村缴费点少、城市缴费排队长等问题，实现邮政生活缴费业务规模跨越式发展。

（5）2014年，实体渠道生活缴费业务量减少，为转型发展，中国邮政将生活缴费的线下流量引到线上，以带动其他业务发展，并投资建设了全国电子商务信息平台渠道前置系统，该系统为各省电子商务信息平台互联网接入渠道的对外统一接口。

（6）2016年，在各地邮政企业的努力下，中国邮政依托电子商务信息平台接入话费、水费、电费、燃气费等生活缴费业务3000余项，覆盖全国，成为国内代理生活缴费业务数量最多、交易规模最大的综合便民服务网络。

（7）2017年，中国邮政完成了生活缴费接入邮乐网、邮生活App工作，初步建立了线上服务渠道。至此，各类生活缴费业务可实现在PC端、移动端等线上渠道办理，同时中国邮政还提供用户注册、缴费查询、支付等服务。

2. 业务范围

（1）公共事业缴费

公共事业缴费是指中国邮政按照与委托单位签订的协议，为委托单位收取某项费用，并通过归集、转账的方式将资金划至委托单位账户的业务。目前，中国邮政可承接水、电、燃气、有线电视和轨道交通费的代收。

（2）话费充值

话费充值是指中国邮政利用计算机网络及遍布城乡的邮政线下网点，与各通信运营商（移动、联通、电信）合作代收话费的业务，目前在邮生活App、邮乐网首页均有相应功能入口。

（二）代开发票、代征税款等政务服务

邮政企业充分发挥自身平台优势，以拓宽便民服务渠道、丰富便民服务内容、提升便民服务能力为出发点，积极与国家税务总局开展合作，将办税业务搭载到邮政营业网点，方便纳税人就近办理业务。该服务是邮政的便民新举措，是一项政府肯定、百姓满意的民心工程。

1. 代开对象

需要临时使用发票的自然人，可以凭购销商品、提供或者接受服务以及从事其他经营活动的书面证明、经办人身份证明，到邮政双代业务开办网点申请代开发票。

2. 代开范围

销售货物、提供加工及修理修配等服务、销售无形资产的自然人均可在邮政营业网点申请代开增值税普通发票。

3. 不可代开的情形

（1）销售免税货物或提供免税服务（未达增值税起征点的除外）。

（2）销售或提供药品、医疗器械、烟、酒、种子、化肥、医疗服务、住宿服务、餐饮服务、交通运输服务等国家实行专营或行业管理的货物或服务。

（3）租赁、销售、转让不动产。

（4）销售应征消费税的货物。

（5）年累计开票金额达到120万元以上。

（6）相关法律、法规规定不允许代开发票的其他情形。

4. 需提供的资料

（1）代开增值税发票缴纳税款申报单。

（2）身份证件原件及复印件。

（3）单笔（次）开票金额超过5000元，应提供购销商品、提供或接受服务以及从事其他经营活动的合同等书面证明。

（三）商旅票务业务

商旅票务业务是指邮政企业利用邮政网点终端、信息服务平台、实物配送网络，为用户提供的代理航空票、预订门票及演出票和商旅业务等邮政代理业务。商旅票务业务以用户需求为中心，整合 11185 客户服务中心、电子化支局所等渠道或平台，借助航空、铁路、演出公司等资源，是具有鲜明特色的电子商务示范性业务。

1. 代理航空票

中国邮政是中国航空运输协会的会员单位，是具有正规资质的航空机票代理人。邮政航空票务系统是国内最具竞争力的竞价销售平台之一，产品价格竞争力强，有丰富的特价票资源。用户到邮局订机票还能享受多种优惠及完善的售后服务。

2. 预订门票及演出票

中国邮政依托 11185 客户服务中心、电子商务信息平台、遍布城乡的营业网点和专业的投递队伍等优势，利用邮政的品牌影响力，成功销售演出类门票、赛事门票等，取得了良好的经济效益。

3. 商旅业务

商旅业务是以网络为载体，通过线上展示、受理，采用在线支付和柜台支付两种形式，为用户提供酒店客房预订服务的业务。商旅业务面向国内外各大企业与集团公司，以提升企业整体商旅管理水平与资源整合能力为服务宗旨，依托遍及全国的行业资源网络，以及与酒店、航空公司、旅行社等各大供应商建立的长期良好稳定的合作关系，为用户全力提供商旅资源的选择、整合与优化服务。

（四）短信业务

短信业务是邮政依托内部业务资源，根据用户需求，把邮政开展的寄递、集邮等业务及提供的相关服务的信息，以手机短信的方式传递给用户的一项增值业务。

1. 业务概况

短信业务始于 2005 年，服务于集团储蓄、速递、集邮、包裹等业务板块及外部企业用户。自 2017 年起，邮政积极为中小企业提供定制化的行业短信业务。与此同时，随着互联网技术的飞速发展，为响应市场变化、满足用户需求，短信业务围绕"加快创新、推动跨越"的主基调推动传统短信向智能短信转变。

智能短信是以传统短信为基础，通过加挂菜单、H5 链接等方式打通微信公众号、App 等互联网渠道，提升营销宣传效果，为用户提供智能场景的短信。智能短信可协助企业精准营销，通过展示企业 Logo、企业名称，达到提升企业曝光率、加深用户印象的效果。同时，定制化的短信公众号菜单可以实现用户场景下的智能交互，达到提升用户活跃度的目的。

2. 发展历程

2005 年，中国邮政获得《增值电信业务经营许可证》并开发建设了年下发量百亿级的邮政短信接入系统，陆续开办了储蓄、速递、集邮、包裹等短信业务，创造了可观的业务收入。

（1）邮政储蓄账户短信业务是在全国邮政短信业务接入系统的基础上，依托移动、联通、电信等运营商的移动短信平台，利用邮政和社会的各种资源，为用户提供的一项手机短信服务业务。用户可通过手机点播或网点窗口定制的方式得到邮政提供的短信服务，如活期账户余额查询、活期账户变动通知等。开办此项业务后，用户随时随地都能知道自己账户中的余额和存取、入账情况。

目前，该业务的开办已转至金融业务窗口，业务收入也不在邮政电商业务收入中列支。

（2）EMS寄达短信业务是基于全国邮政短信业务接入系统和邮政速递综合信息处理平台开发的增值业务，以短信形式为用户提供邮政速递相关信息的通知服务。EMS寄达短信业务按件计收，用户在窗口交寄特快专递邮件时提出加办申请，经过后台处理，其所寄特快专递邮件被收件人签收后，其指定手机将收到妥投短信。

（3）集邮短信业务是在全国邮政短信业务接入系统的基础上，依托集邮业务管理系统，通过移动、联通、电信等运营商的移动平台，为用户提供的短信服务业务。该业务可通过集邮联网网点窗口定制的方式加办，具体包括新邮预订通知、新邮预订征订、预订取票通知、集邮品推荐4种集邮短信业务。

（4）包裹短信业务是通过邮政线上/线下渠道获取用户信息，再通过短信系统向指定用户发送包裹寄递、包裹揽收、包裹送达和物流追踪信息的业务。

（五）车务代办业务

车务代办业务是指中国邮政对社会车主提供的一系列车务服务，如车船税、车驾管、车证照、车辆保险、ETC充值等代办服务。车务代办业务可以实现全国性统一办理，需要中国邮政与公安部建立总对总数据接口，并且需要公安部提供的接口具备可以办理违法简易处罚的功能。同时车务代办业务预留省内与交管部门对接的接口，对实现与本省或地市交管部门系统的对接提供支持。

除此之外，中国邮政还代办交管业务，依托邮政网点覆盖城乡、贴近群众的优势，创新"警邮合作"服务模式。目前，邮政代办交管业务可办理互联网平台用户管理、违章处理等相关交管业务。

车务代办业务是在原"自邮一族"业务的基础上发展起来的。"自邮一族"业务是中国邮政利用平台优势，围绕市场需求，整合代缴交通罚款、代办车驾管、代办车险、加油洗车优惠、汽车救援维修等车辆服务资源，以及机票酒店预订、餐饮娱乐折扣优惠和旅游门票优惠等商旅增值服务资源，面向机动车车主等群体全新推出的一项会员制服务。目前，部分省市还在开办"自邮一族"业务。

第三节　邮政电子商务渠道

邮政电子商务业务有着庞大的渠道资源，目前，各级邮政企业紧紧围绕"强力推进平台打造、强力推进渠道质量提升、强力做大商流规模、强力推进基地建设、强力推进保障到位"的发展思路，以提升核心发展能力，构建农村电商生态圈，打造"农村电商+金融业务+寄递业务+邮政业务"平台协同发展模式，实现平台流量大增长，渠道质量大提升。

一、线下渠道

渠道平台是支撑邮政业务发展的重要基础，是邮政网络优势的重要体现。近几年，通过加强渠道建设，由邮政营业网点（支局）和各类邮乐购站点组成的遍布城乡的线下渠道已经形成，邮政渠道资源已具备一定竞争优势。目前，渠道平台采取"网点+站点"的管理模式。该管理模式是渠道平台转型的重要内容，主要责任在营业网点。营业网点对站点具有管理和维护职能，目前实行县公司专业部门进行业务管理（活动策划组织、产品开发推广等工作），支局进行区域管理（日常访客维护、邮政全业务地推等工作）的工作模式。站点建设水平、地推质量、业务叠加形成的收入是对支局进行考核的重要指标。

（一）邮政营业网点

邮政共有近 5.4 万个遍布城乡、沟通全国的营业网点,这些营业网点通过发挥邮政"三流合一"的优势,在提供邮政普遍服务的同时能够有效满足客户对产品或服务的多样化需求。

（二）邮乐购站点

1. 邮乐购站点分类

邮乐购站点是邮政线下渠道的补充,具体分类如下。

（1）按照站点分布区域划分

① 城市邮乐购站点:分布在市县城区,即在邮乐网运营中心后台,"所在区域"选项为"主城区"的邮乐购站点。

② 农村邮乐购站点:分布在乡村区域,即在邮乐网运营中心后台,"所在区域"选项为"城乡结合区、镇中心区、镇乡结合区、乡中心区、村庄、特殊区域"之一的邮乐购站点。

（2）按照站点经营范围划分

按照站点经营范围,邮乐购站点可分为商超型和非商超型邮乐购站点。为了促进邮乐购站点健康持续发展,更好发挥业务协同作用,原则上进行存量优化调整、新增的邮乐购站点均以商超型为主。

（3）按照叠加邮政业务划分

按照叠加的邮政业务,邮乐购站点可分为批销型、综合型、便民服务型、"三农"服务型、公益型。

批销型邮乐购站点只叠加平台批销业务;综合型邮乐购站点同时叠加平台批销、包裹代收代投、普惠金融、便民政务服务及邮政基础性业务等两种以上的业务;便民服务型邮乐购站点(含村邮站)叠加代收代缴等便民政务服务业务;"三农"服务型邮乐购站点主营种子、化肥等农资分销业务,以服务"三农"为主;公益型邮乐购站点叠加农产品信息收集分发、货源组织、拓展销售渠道等业务,以促进农产品上行。

（4）按照经营模式划分

按照经营模式,邮乐购站点分为自营邮乐购站点和加盟邮乐购站点。

2. 邮乐购站点使用工具

邮乐购站点的经营人又称掌柜,日常经营中使用的是邮掌柜。邮掌柜是中国邮政以互联网为基础开发的电商应用系统,掌柜可以利用邮掌柜的批销模块批销进货。邮掌柜在 PC 端和移动端都具有批销进货功能。

使用邮掌柜,掌柜可以方便地进行收银、商品管理、营业数据查看等日常门店管理活动。并且,邮掌柜还提供完善的会员营销工具,能帮助掌柜维护好会员关系。邮掌柜为掌柜提供掌柜码(二维码),一店一码,支持客户到店扫码支付、进入网店等,如掌柜开启了公众号功能,客户扫码后还可直接关注邮政的微信公众号。

如客户有看中的商品而店铺内未销售,掌柜可帮客户下单,在客户收货后可以获得一定佣金。在开办了代理金融积分兑换和代投自提业务的地区,掌柜还可以在邮掌柜里进行代理金融积分兑换和代投自提业务的办理。

掌柜在经营中如有信贷需求,可以在邮掌柜里申请掌柜贷。掌柜贷线上申请、线上审批,高效方便。

（三）线下渠道管理模式

为了全面落实"网点+站点"的管理模式，全面加强数字化改造，线下渠道还要向便利化、数字化发展，推动现代商贸流通体系的构建。邮政企业紧紧围绕网点和站点，以数字化重构人、货、场，并通过电商平台广泛链接线上业务和构建本地生活圈，构建网点、站点和会员的协同发展生态。具体做法如下。

（1）集团公司将对标行业，建立机制，持续优化邮掌柜系统和相关工具及功能，链接 C 端数据，提升站点数字化水平。

（2）各省（自治区、直辖市）分公司要加快邮掌柜收银功能和掌柜网店的推广，加大会员发展力度，推进 B2B 业务向 C 端延伸，全面推进常态化地推调研，持续丰富站点商品数据、业务叠加数据和会员数据。

（3）邮乐网将通过数据分析和建模，支撑各省（自治区、直辖市）分公司加强大数据在商品选品、活动组织、业务叠加等方面的应用，赋能各级邮政公司、商家和站点。

二、线上渠道

线上渠道作为邮政电子商务发展的主要渠道已经渗透到邮政电子商务的各项业务中，包括邮乐网、中国邮政网上营业厅、App 渠道、微信渠道等。线上渠道是邮政电子商务价值链的重要环节，可提供宣传、查询服务，引导客户到网站进行业务办理，开展邮政电子商务特色服务。

（一）邮乐网

邮乐网是中国邮政联合 TOM 集团共同推出的品牌商品 B2C 网上商城，客户通过互联网、移动终端、呼叫中心、邮政网点、便民服务站等，购买邮乐网上的商品，中国邮政为客户提供支付、配送等一系列服务。在邮乐网的股权分配方面，中国邮政占股 51%，负责提供销售、物流、收款和仓储服务；TOM 集团占股 49%，负责提供技术、运营等资源。

邮乐网是中国邮政打造的互联网综合购物平台，涵盖全国所有省份的名特优商品，包括生鲜农品、家居生活、厨卫清洁、食品保健、家用电器、手机数码、母婴玩具、办公用品、美妆洗护等 10 余个大类，商品数量达数十万种，并与邮掌柜、邮乐小店、邮乐农品网等系统对接，提供多种功能和推广方式。

邮掌柜作为中国邮政以互联网为基础开发的电商应用系统，也是邮政客户专用的进销存软件，主要包含商品批发、线下代购、进销存、会员管理等四大功能模块。商品批发是指通过互联网向线下渠道展示分销商品，简化购买流程，掌柜能够方便、快捷地采购邮政渠道的商品。线下代购是指掌柜可以代替不会上网或不具上网条件的客户，购买邮乐网的万千商品，并获得一定的代购佣金。进销存功能具体包括库存管理、收银管理、业绩管理、店员管理等，能方便便民服务站对所销售商品进行规范管理。会员管理功能具体包括会员信息管理、积分管理、积分兑换、赊账管理等，便于掌柜发展会员，促进销售，增强会员黏性。邮掌柜实现了线上线下资源整合，为群众提供了金融、销售、生活、创业、购物一站式服务。

邮乐小店是中国邮政为个人客户开发的一款个人店铺 App，客户安装注册后即可成为店主，拥有自己的店铺。邮乐小店与邮乐网对接，店主可以将邮乐网中的商品添加到店铺中，通过将店铺信息转发到微信朋友圈进行推广，实现销售后可获得收益。邮乐小店面向的群体既可以是邮政员工，也可以是社会人员。在邮乐小店中，全国名优农产品、品牌商品可轻松触达，店主不用进货（商家直接发货），没有库存成本，还可以开展拼团、特卖等优惠活动。

邮乐农品网是中国邮政集团贯彻落实中央一号文件精神，以服务"三农"、促进地方经济和社会发展为宗旨，与政府部门共同打造的具有全国影响力的农产品交易平台。邮乐农品网以开放平台为依托，借助政府引导，是集线上线下一体化运营的优选农产品直销商城，致力于将健康、优质的农产品从田间送到餐桌、从枝头送到舌尖，帮助涉农企业以及自产自销农民逐步实现农产品进城电子商务化，为广大消费者提供安全、绿色、健康的农产品，实现"惠农、利企、惠民"。

（二）中国邮政网上营业厅

中国邮政网上营业厅是具有全国统一品牌的邮政业务网站。该网站分两期建设：一期于2009年12月启动建设，2011年8月上线，2011年12月通过初步验收，主要上线的业务内容有网络家乡包裹、网络商函、通用票务、航空机票业务，以及客户管理、系统管理、权限管理、在线客服等基础管理功能；二期于2013年11月启动建设，统一接入了支付网关，整合了报刊订阅网及贺卡网，同时开发建设了中邮保险网（2014年4月上线）及集邮网厅（2014年11月上线）。

中国邮政网上营业厅作为中国邮政互联网服务渠道，目前具备邮件查询、邮编查询、集邮防伪码查询、资费计算、生活缴费、机票预订、易邮自提等功能，与贺卡DIY、集邮网厅、报刊订阅网实现了客户统一登录，与邮乐网和中邮理财网实现了链接跳转，同时设置专属楼层推荐邮乐精品等。

2017年，中国邮政开始建设中国邮政在线业务平台，以邮政业务网站为基础，重新规划构建各互联网渠道，真正实现渠道的整合发展。为更好地支撑在线业务平台的运营，中国邮政成立了专门的运营支撑团队，具体支撑工作包括：网站橱窗和广告位的维护与更新，网站UI设计及图片美工，网站二级域名的分配与管理，链接管理，网站备案、网站经营资质增项的申请，客户投诉问题的处理，与相关业务部门的协调等。

（三）App渠道

随着手机等移动终端越来越普及，App渠道将成为邮政电子商务受理渠道的新生力量。目前，App渠道已开通邮储余额变动通知、汇款兑付通知、EMS寄达通知等手机短信点播和定制业务。

目前，中国邮政App渠道根据业务属性及面向的客户群体，包含中国邮政、中国集邮、邮乐网、邮乐小店、邮掌柜、邮生活等众多App。随着业务功能的不断拓展及科学技术的发展，未来该渠道将把更多App呈现给客户。

（四）微信渠道

当前微信在移动互联网中收获大量流量，已成为各企业发展移动互联网业务不可或缺的重要渠道。由于注册微信公众号的门槛较低，全国各级邮政企业已纷纷开通微信公众号。根据微信官方渠道搜索，目前已有90%的省、市邮政分公司开通微信公众号，数量超过300个；结合部分省份的统计数据，广东、山东、江苏等省开通微信公众号的邮政企业已突破100个，河南、浙江等省开通微信公众号的邮政企业已超过50个。县区、支局均有所涉及，预估全国邮政企业中已开通微信公众号的有数千个。随着中国邮政官方微信公众号成功上线运营，中国邮政电商分销局不断整合邮政资源和服务，推动邮政传统业务与互联网科技融合，利用微信渠道继续推动邮政业务转型发展。

实践项目

项目一　从邮政渠道平台视角设计面向政务的电商服务产品

1．项目目标：通过了解政务需求，在现有的邮政电商产品的基础上，拓展政务类服务产品。

2．项目内容：(1)熟悉邮政电商服务政务的特点。(2)分析政务服务事项主管部门(如社保局)的需求。(3)设计服务事项的名称，如敬老卡申领等。

3．项目实施及要求：(1)广泛浏览政府部门网站，了解各部门提供的政务服务。(2)分析政务服务如何与邮政渠道有效对接。(3)设计的服务产品具有可操作性和有效性。

项目二　设计针对本地邮政特色农产品的电商直播简易方案

1．项目目标：通过电商直播带货方式，将本地"一县一品"农产品有效销售出去。

2．项目内容：(1)熟悉本地农产品的具体种类。(2)设计农产品的卖点。(3)分析适用人群和优惠福利。(4)设计营销方法。(5)设计直播间场景搭建。(6)组建直播团队，明确角色分工。

3．项目实施及要求：(1)选择流量较大的直播平台，查看销售同类农产品的主播的风格，确定自己的直播方式。(2)分组设计方案。(3)确定方案后，在直播平台上进行试播。

拓展知识

中国邮政全力推进建设农村电商平台

知识巩固

1. 单选题

(1)列入邮政电商收入的短信业务不包括(　　　)。

    A．EMS 寄达短信业务　　　　　　　B．邮政储蓄账户短信业务

    C．集邮短信业务　　　　　　　　　D．包裹短信

(2)以下不属于邮政电子商务业务中的车务代办业务的是(　　　)。

    A．汽车售后服务业务　　　　　　　B．车辆保险

    C．ETC 充值　　　　　　　　　　　D．车驾管

(3)邮政分销产品不包括(　　　)。

    A．食品特产　　　　B．电子产品　　　　C．家居用品　　　　D．医药产品

(4)下列不属于中国邮政商旅票务业务的是(　　　)。

    A．代理航空票　　　B．预订门票　　　　C．储蓄短信　　　　D．预订演出票

（5）邮政批销业务采取"（　　）"模式进行。

    A．平台+自营   B．平台+站点   C．网点+站点   D．渠道+站点

2．多选题

（1）邮政电子商务的优势包括（　　）。

    A．"三流合一"   B．品牌形象好   C．渠道资源丰富   D．平台功能强大

（2）综合型邮乐购站点同时叠加（　　）及邮政基础性业务等2种以上的业务。

    A．平台批销   B．包裹代收代投   C．普惠金融   D．便民政务服务

（3）中国邮政线上渠道主要包括（　　）。

    A．中国邮政网上营业厅   B．App渠道

    C．微信渠道   D．邮乐网

（4）中国邮政App渠道根据业务属性及面向的客户群体，包括（　　）等众多App。

    A．邮掌柜   B．中国邮政   C．邮乐小店   D．邮生活

（5）农村电商业务主要涵盖（　　）。

    A．批销业务   B．代购业务   C．农产品返城业务   D．普惠金融

3．判断题

（　　）（1）邮乐购站点分为城市邮乐购站点和农村邮乐购站点。

（　　）（2）销售货物、提供加工及修理修配等服务、销售无形资产的自然人均可在邮政营业网点申请代开增值税普通发票。

（　　）（3）邮掌柜是中国邮政以互联网为基础开发的电商应用系统，也是邮政客户专用的进销存软件。

（　　）（4）中国邮政依托邮政网点代办交管业务，创新"警邮合作"服务模式。

（　　）（5）中国邮政商旅业务是以网络为载体，通过线上展示、受理，采用在线支付和柜台支付两种形式，为用户提供酒店客房预订服务的业务。

4．简答题

（1）简述邮政电子商务渠道分布。

（2）农村电商业务主要涵盖哪些业务？

第十一章

国际邮政业务基础

学习目标

【知识目标】

1. 学习国际邮政业务的定义、我国国际邮政的任务等知识；
2. 学习万国邮联、区域性邮政联盟等知识；
3. 学习互换局和交换站的设置、直封总包关系的建立以及发运路由的选择等知识。

【能力目标】

1. 掌握判别万国邮联各组织机构的职责的技能；
2. 具备认识国际邮件直封总包和经转关系的能力；
3. 具备选择国际邮路的能力。

【素养目标】

1. 培养学生热爱邮政、刻苦钻研专业知识的品质；
2. 培养学生全程全网的协作精神和客户至上的服务意识；
3. 培养学生遵纪守法的法律意识。

情境引入

世界邮政日是万国邮联设立的世界性邮政纪念日，是全世界邮政人共同的节日。2021 年 10 月 9 日是第 52 届世界邮政日，在这一天，我国各地邮政举办了形式多样的庆祝活动，表达了邮政人对邮政事业的热爱。2021 年，世界邮政日的主题是"创新驱动复苏"。作为邮政行业的"国家队"，中国邮政在促进国民经济和社会发展、保障公民通信权利等方面一直发挥着重要作用。特别是 2021 年以来，中国邮政在继续勇挑重担服务国家经济社会发展大局的同时，抓创新、抓发展，谋创新、谋未来，坚持把创新摆在邮政改革发展全局的核心位置，坚持以客户视角、竞争视角、行业最佳实践视角找差距、补短板，遵循行业规律、市场规律、价值规律促改革、求创新，充分彰显了行业"国家队"的责任和担当，保证了人民群众多样化的用邮需求，保持了健康持续发展，在 2021 年《财富》"世界 500 强"中排名第 74 位。同学们，你知道世界邮政日的来历吗？万国邮联又是什么样的组织机构呢？国际邮政的组织机构有哪些呢？带着这些问题，我们开始本章的学习。

思维导图

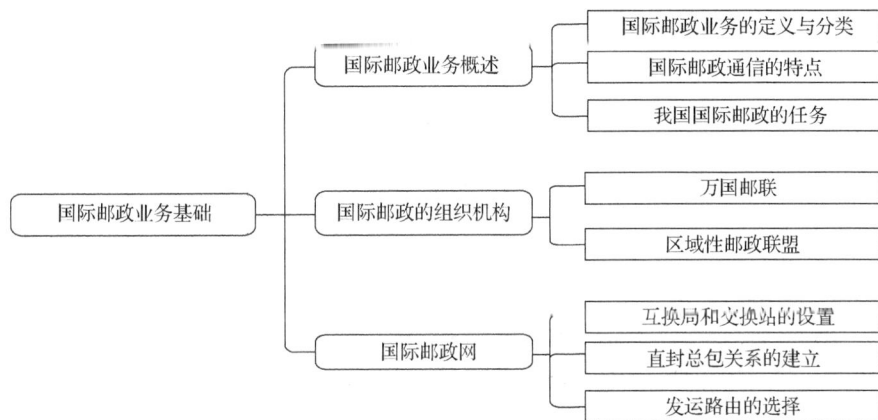

第一节 国际邮政业务概述

国际邮政通信是邮政通信的重要组成部分，是国家（地区）开办并直接管理的、遵照国际邮政公约和本国（地区）有关法规，在国家（地区）与国家（地区）之间，以传递实物信息为主体的一种通信，是现代人类社会进行政治、科学、文化等活动和人们对外联系交往的公用性基础设施的组成部分。我国国际邮政通信（通常也称为我国国际邮政）是我国邮政通信的重要组成部分和我国涉外工作的一个方面。

一、国际邮政业务的定义与分类

（一）定义

国际邮政业务是在国家（地区）与国家（地区）之间进行通信和物品寄递服务，为各国（地区）用户提供邮政服务性业务。国际邮政业务是邮政的一个重要业务领域。我国国际邮政业务服务的内容包括我国邮政部门收寄、处理和转运寄往国外的邮件和接收、处理、运输、投递国外寄到我国境内的邮件，以及经转其他第三国（地区）过境的邮件。我国台港澳邮政业务管理的内容可参考国际邮政业务的相关规定，如有特殊规定的另做说明。

要注意区别世界邮政与国际邮政两个不同概念，世界邮政是指世界各国（地区）邮政，而国际邮政特指国际邮政业务的经营过程的各种活动。

（二）分类

国际邮政业务分为国际邮件寄递业务和国际邮政金融业务。

国际邮件寄递业务包括国际函件业务、国际包裹业务、国际特快专递业务、国际电子信函业务、国际综合物流业务。

我国目前开办的国际邮政金融业务包括万国邮联合作范围内的国际汇兑业务和邮储银行代理西联公司的快速现金汇款业务。

二、国际邮政通信的特点

（一）很强的政治性和保密性

国际邮政通信是在国家（地区）与国家（地区）之间进行的通信联系，要服从和服务于国家政权政治的需要。一个国家（地区）的政权性质或者对外政策的改变，都能反映到国际邮政通信方面，因此国际邮政通信具有很强的政治性和保密性。

（二）全程全网、联合作业

国际邮政通信提供的劳务必须要有两个或两个以上国家或地区的邮政部门劳动者共同协同劳动才能完成，因此国际邮政通信在生产过程中具有国家（地区）与国家（地区）之间全程全网、联合作业的特点。

（三）复杂性

国际邮政业务的开办受较多因素制约，一般性国际邮政业务在万国邮联公约、协议等规定的范围内开办。有些业务的开办还需要两国（地区）邮政部门之间签署协议。同时，国际邮政业务组织涉及的环节多，各国有着不同的环境，造成业务组织的复杂性。

（四）专业性

从事国际邮政业务的人员不仅需要具有一定的外语水平，而且需要具有较高的邮政业务素质。

三、我国国际邮政的任务

我国国际邮政的基本任务是在我国独立自主、和平共处和改革开放的对外总政策的指导下，通过迅速、准确、安全、方便地传递国际邮件，沟通我国与世界各国（地区）人民的通信联系，发展同全世界人民的友好关系，促进相互间的政治、经济贸易、科学技术、文化的交流和发展，为我国的经济建设服务。具体任务可归纳为以下几项。

（一）为党和国家提供国际邮政服务

新中国成立以来，我国在坚持和平共处五项原则的基础上，同世界上 100 多个国家（地区）建立了外交关系。随着国际地位的不断提高，我国同世界各国（地区）的政治、经济、文化交往日益广泛，对外联系也更加频繁。党政各部门在进行对外事务联系中，都需要国际邮政部门为其提供服务。我国的国际邮政通信首先要保证党和国家对外进行邮政通信的需要。

（二）为国家对外进行经济贸易、科技和文化交流服务

国际邮政通信一直是国家对外进行经济贸易、科技和文化交流的工具之一。由于我国实行对外开放政策，特别是加入 WTO 之后，在国际经济贸易、科技和文化交流方面进行国际邮政通信的需求不断增加，大量的商品货样、银行结算单、经贸合同、科技文件和货物等，需要通过国际邮政通信部门进行寄递和交换。我国的国际邮政通信，要为促进国际经济贸易、

科技和文化交流服务，为我国的社会主义现代化建设做出应有的贡献。

（三）为公众提供国际通信和物品寄递等邮政服务

随着我国在国际事务中的影响不断扩大，我国人民同世界各国（地区）人民之间的友好往来更加密切，相互之间的通信数量也随之增加。我国的国际邮政，要最大限度地满足中国人民和世界各国（地区）人民之间的通信需要。中华人民共和国成立以来，党和政府非常关心国外的数千万侨胞，支持他们的正当权利，同时也非常关注他们的生活，使他们深感祖国的温暖和关怀，关心祖国的繁荣和经济建设。我国的国际邮政通信应当为侨胞同祖国联系提供方便。

（四）经转其他国家（地区）的邮件

国际邮件在传递过程中，往往需要经过一个或多个国家（地区）邮政部门的经转才能传递到目的地。邮件传运自由是万国邮联的基本原则之一。我国发往世界各国的邮件需要经过有关国家（地区）转发，同样，其他国家（地区）的邮件也有一部分需要经过我国转发。因此，经转其他国家（地区）的邮件，保障邮件传运自由，也是我国国际邮政通信的任务之一。

（五）为中国邮政带来经济效益

国际邮政业务是中国邮政经营的重要领域，一些国际邮政业务是利润丰厚的产品，经营好国际邮政业务对中国邮政的发展有着重要意义。

第二节　国际邮政的组织机构

国际邮政是在国家（地区）间开办的业务，因此需要成立国际性组织来协调、规范国际邮政事务。万国邮联是商定国际邮政事务的政府间国际组织，除此之外，还有一些区域性邮政联盟。

一、万国邮联

（一）万国邮联的成立及沿革

万国邮联，全称万国邮政联盟，是联合国处理邮政事务的专门机构，也是各国政府间商定邮政问题的国际组织，总部设在瑞士伯尔尼。

万国邮联成立于1874年10月9日，当时叫邮政总联盟；1878年，鉴于加入的国家和地区日益增加，改名为万国邮政联盟，简称万国邮联。1948年7月4日，万国邮联与联合国签立协定，成为联合国负责国际邮政事务的一个专门机构。

万国邮联成立140多年来，在促进国际邮政业务的发展、规范国际邮件的传递、解决国际邮政之间争端、指导技术合作、参加联合国技术援助等方面发挥了不可替代的巨大作用。截至2021年10月，万国邮联共有成员国192个。中国于1914年3月1日加入万国邮联。中华人民共和国成立后，在万国邮联的合法席位于1952年5月被非法剥夺，直到1972年我国恢复在联合国的合法席位后，万国邮联才于当年4月13日通过决议，正式承认中华人民共和国政府是中国在万国邮联中的唯一合法代表。

（二）万国邮联的宗旨、法规和语种

根据万国邮联的组织法，万国邮联的宗旨是"以万邮联盟的名义组成一个邮政领域，以

便互相交换邮件，组织和改善国际邮政业务，并在这方面便利国际合作的发展，以及在力所能及的范围内参与成员国所要求给予的邮政技术援助"。

万国邮联的法规包括《万国邮联组织法》《万国邮联总规则》《万国邮政公约》及其实施细则，以及7种邮政业务协定及实施细则。

万国邮联规定以法文为万国邮联正式语种，作为国际邮政往来文件通用文字。1994年万国邮联汉城大会将法文和英文列为国际局的工作语种。

（三）万国邮联的组织机构

万国邮联的组织机构是按照万国邮联的宗旨和有关法规建立起来的工作单位。万国邮联自成立以来，就设有相应的组织机构来负责万国邮联的行政、立法、组织管理、技术合作，以及各会员国邮政主管部门之间的联络、情报、咨询工作。随着国际邮政业务和世界经济的发展，万国邮联所设的组织机构也在不断进行相应的改革和调整。目前，万国邮联设立的组织机构包括：大会、行政理事会、邮政经营理事会、国际局和咨询委员会。其中行政理事会、邮政经营理事会、国际局和咨询委员会为万国邮联常设机构。

1. 大会

根据《万国邮联组织法》的规定，大会（全称为万国邮联大会）是万国邮联的最高权力机构。在1964年万国邮联维也纳大会之前的体制下，《万国邮政公约》在法律上每届大会都需要更新一次。1964年维也纳大会将此前《万国邮政公约》中关于万国邮联的组织条例部分进行了全面的修改，并独立编成法律文本，首创《万国邮联组织法》，使万国邮联有了一个永久性的法律基础。2004年布加勒斯特会议之前，大会每5年举行一次。布加勒斯特会议通过决议，每4年召开一次大会。

大会的主要职责是制定未来4年国际邮政业务的发展战略，修改《万国邮联组织法》《万国邮联总规则》《万国邮政公约》和其他各项国际邮政业务协定，并且行使下列行政职权。

（1）制定邮政发展战略和确定下个4年期间万国邮联活动的总纲领。

（2）选举行政理事会和邮政经营理事会的理事国。

（3）选举国际局总局长和副总局长。

（4）核准上届大会以来万国邮联各年度的财务并确定下个4年期间年度开支的最高限额。

（5）审议批准上届行政理事会和邮政经营理事会的全部工作报告。

（6）确定下届行政理事会和邮政经营理事会的研究工作计划。

（7）审议万国邮联技术合作问题。

（8）确定下一届万国邮联大会的东道国。

2. 行政理事会

行政理事会，全称为万国邮联行政理事会，是在两届大会期间主持万国邮联工作的万国邮联的常设机构，主要行使组织和行政方面的职能。1947年万国邮联巴黎大会决定成立万国邮联执行及联络委员会——由19个成员国组成。1964年万国邮联维也纳大会将执行及联络委员会改称为执行理事会。1994年万国邮联汉城大会决定，根据政企分开的原则重新划分两个理事会的职责范围，并将执行理事会改称为行政理事会。

行政理事会由1个主席国和40个理事国组成，理事国由大会按地区组合理分配的原则选举产生，任期5年（2004年后，大会每4年举行一次，行政理事会的主席国和理事国的任期同时修改为4年），每届大会至少更选理事国中的半数，任何理事国不得由大会连选3次。大会东道国为该届大会选举产生的行政理事会的当然主席国，如果该国放弃这一权利，它将成为当然理事国。在这种情况下，行政理事会应在大会东道国同一地区组的理事国中选出主席国。在大会第一次会议上，行政理事会在按地区合理分配的基础上，选举若干名副主席和各委员会主席与副主席。

行政理事会由主席召集，原则上每年在万国邮联所在地召开会议一次。行政理事会主要行使组织和行政方面的职能，在国际邮政业务方面，只负责强制性业务的政策和标准方面的制定问题。行政理事会的主要职责包括以下内容。

（1）在两届大会之间监督万国邮联的全部活动，并根据大会的决定，按照有关服务贸易和竞争方面的国际规章，研究政府在邮政业务方面应该采取的政策。

（2）在其职权范围内，审议和批准一切必要的行动，以维护和提高国际邮政业务的质量并使之现代化。

（3）在国际技术合作范围内，促进、协调和监督各种形式的邮政技术援助。

（4）对邮政经营理事会进行的有重大经济影响的研究（如资费、终端费、转运费、邮件航空运输的基本运费率、转手交寄问题等），制定相应原则，并为确保这些原则得到遵守，审查和批准邮政经营理事会提出的涉及上述问题的提案。

（5）应大会、邮政经营理事会和各成员国邮政主管部门的要求，研究有关万国邮联和国际邮政业务的行政、立法和法律方面的问题，决定是否对各成员国邮政主管部门在两届大会之间提出的这方面的问题进行专题研究。

（6）提出提案交由大会审议，或按规定程序提交各成员国邮政主管部门审议。

（7）审议邮政经营理事会的年度工作报告，并在必要时审议其提出的修改万国邮联法规的提案。

（8）审议和批准邮政经营理事会提交大会的战略规划草案，在战略规划确定后，根据邮政经营理事会的建议，批准对该项规划进行年度调整。

（9）审议并批准万国邮联的年度预算和账目。

（10）制定万国邮联的财务制度和各项基金的管理规章。

（11）监督国际局的工作，批准国际局提出的万国邮联年度工作报告，并在必要时加具意见。

（12）批准成员国关于减低会费分摊等级的申请。

（13）制定人事条例和选任官员的服务条件，决定设立或取消国际局的工作岗位，任命或提升国际局的助理总局长。

（14）在征询邮政经营理事会的意见后，确定下届大会设立的委员会的数目及其职权范围，指定担任下届大会副主席，各委员会主席、副主席的成员国和大会限制性委员会的成员国名单，待大会批准。

（15）在征询邮政经营理事会的意见后，决定与哪些不作为法定观察员的国际组织取得联系，审查并批准国际局关于万国邮联与其他国际组织机构关系的报告，决定应被邀请参加大会的各政府间和非政府间的国际组织，并责成国际局及时发出邀请函。

3. 邮政经营理事会

邮政经营理事会，全称为万国邮联邮政经营理事会，是在两届大会期间负责研究有关邮政业务的经营管理、商业化、技术和经济方面问题的万国邮联的常设机构。1957年万国邮联渥太华大会通过万国邮联执行及联络委员会和荷兰的提案，决定成立邮政研究咨询委员会，并由20个理事国组成邮政研究咨询委员会。1964年万国邮联维也纳大会，将理事国数量增至 26 个。1969 年万国邮联东京大会，决定撤销邮政研究咨询委员会，并以 30 个理事国组成的邮政研究咨询理事会，取代邮政研究咨询委员会。1974 年万国邮联洛桑大会，将邮政研究咨询理事会理事国增至 35 个，并通过了以"尽可能广泛地按照地区分配"的原则选举理事国。1994 年万国邮联汉城大会，根据各常设机构新的职责分工决定成立邮政经营理事会，以取代邮政研究咨询理事会。

邮政经营理事会由 40 个理事国组成（包括一名主席和一名副主席），理事国由大会按地区组合理分配的原则选举产生，任期 5 年（2004 年后，大会每 4 年举行一次，邮政经营理事会理事国的任期同时修改为 4 年），可连选连任，但每届大会至少更选理事国中的半数。邮政经营理事会在其首次会议上，从理事国中选举产生一名主席、一名副主席以及委员会主席，并制定议事规则。

邮政经营理事会由主席召集，原则上每年在万国邮联所在地召开会议一次。邮政经营理事会的职责主要包括以下内容。

（1）研究有利于万国邮联各成员国邮政业务的经营、商业化和经济、技术方面最重要的问题，特别是有重大经济影响的问题，如函件终端费、转运费、邮件航空运输的基本运费率、包裹运费应得部分费率以及转手交寄等问题，对这些问题提供资料、发表意见并提出应该采取的措施。

（2）在大会闭幕后 6 个月内，根据大会的决定审议有关修改《万国邮政公约》和其他各项业务协定及其实施细则的提案，对各项实施细则进行修订，但有关基本政策和原则问题的修改须遵循行政理事会的指示。

（3）在两届大会之间，根据《万国邮政公约》规定的程序修改函件资费的指导性费率，但需经行政理事会审批。

（4）在两届大会之间，根据《万国邮政公约》和《包裹业务协定》规定的条件，修改函件终端费、转运费和包裹运费应得部分费率，并确定生效日期。

（5）采取各项实际措施或开展一切认为必要的行动，以维护和提高国际邮政业务的质量并使之现代化，但属于行政理事会职责范围的应等其批准后才能执行。

（6）提出修改法规的提案交由大会审议，或按照规定的程序提交各邮政主管部门审议，对于成员国邮政主管部门提出的修改法规的提案进行审议，并加具意见，责成国际局按照规定程序提交审议。

（7）以建议的形式起草并向各邮政主管部门推荐有关技术和经营管理的标准，必要时对已经制定的这类标准进行修改。

（8）起草万国邮联战略规划草案，经行政理事会批准后提交大会审议，在大会确定该战略规划后，每年对该规划提出调整意见，并提交行政理事会审批。

（9）审议、批准国际局工作报告中有关邮政经营理事会职责范围内的部分。

（10）研究发展中国家邮政业务的现状和需要，提出改进这些国家邮政业务的途径和办法，采取措施对某些国家在邮政技术、经营管理和邮政培训方面的成绩和经验加以总结和推广，并在取得行政理事会同意后，采取适当的措施在万国邮联各成员国（特别是新兴国家和发展中国家）推进邮政技术合作。

（11）对新兴国家和发展中国家有关邮政业务的教学和培训进行研究。

（12）对邮政经营理事会理事国、行政理事会理事国或其他任何成员国邮政主管部门提出的任何其他问题进行研究。

4. 国际局

国际局，全称为万国邮联国际局，是万国邮联在瑞士伯尔尼设立的邮联中央办事处，也是各成员国邮政主管部门之间的联络、信息交流和咨询机构。国际局是根据《伯尔尼条约》创立的，实际创立于 1857 年 9 月 15 日。国际局成立初期在瑞士政府的最高监督之下，瑞士政府以此名义，制定并定期修改有关国际局的组织、功能和活动监督的规章。这种情况一直延续到 1972 年。1969 年，万国邮联东京大会决定，由执行理事会制定万国邮联的人事条例和财务规则。1979 年万国邮联里约热内卢大会决定，放弃瑞士政府对万国邮联财政提供资金的服务，并建立一种类似于联合国专门机构的自筹资金的制度。1984 年万国邮联汉堡大会决定，将"瑞士政府的最高监督"改为"执行理事会的最高监督"。1994 年万国邮联汉城大会，改由行政理事会负责"最高监督"。

国际局由总局长领导，并受行政理事会的监督。总局长是国际局的法定代表，另设一名副总局长协助总局长工作，并向总局长负责。在两届大会期间的国际局总局长和副总局长由大会选出，任期为 5 年（2004 年后，大会每 4 年举行一次，国际局总局长和副总局长的任期同时修改为 4 年），只能连任一次。在 2004 年万国邮联布加勒斯特大会上，法国政府推荐的候选人、法国邮政国际事务局局长爱德华·达扬当选新一届国际局总局长，中国政府推荐的候选人黄国忠当选为国际局副总局长，这是中国乃至亚太地区候选人首次当选这一联合国专门机构的高层领导职务。

在万国邮联的 3 个常设机构中，国际局是唯一一个真正意义上的常设机构，它作为各成员国邮政主管部门之间的联络、信息交流和咨询机构，在行政理事会的监督下，处理万国邮联的日常事务。国际局总局长是国际局的法定代表，《万国邮政联盟总规则》中规定了国际局总局长的职责和权限，如下所示。

（1）保存万国邮联法规，并居间办理加入或准予加入万国邮联以及退出万国邮联的手续；

（2）将邮政经营理事会制定或修改的《万国邮政公约》及其他各项业务协定的实施细则通知各成员国邮政主管部门。

（3）根据大会通过的最高限额，编制万国邮联的年度预算草案，经行政理事会批准后执行。

（4）在两届大会之间，对行政理事会、邮政经营理事会提出的或经邮政经营理事会审议并加具意见后转来的各邮政主管部门提出的关于修改《万国邮政公约》和其他各项业务协定的提案，按照规定的程序提交各邮政主管部门审议。

（5）向行政理事会或邮政经营理事会提出建议或提案。

（6）在规定的政策内和可动用的资金范围内，采取行动以实现万国邮联各机构确定的目标。

（7）根据邮政经营理事会的指示，起草提交大会的战略规划草案，并提交行政理事会对战略规划进行的年度调整建议。

（8）承担万国邮联各机构秘书处的工作，特别是各机构会议的准备和组织，会议文件、报告和会议记录的草拟、印制和分发等。

（9）对外代表万国邮联，并充当万国邮联与联合国组织、各区域性邮联以及与万国邮联有关的其他国际组织、协会或企业的中间人。

（10）在技术合作范围内，负责开展各种形式的邮政技术援助。

（11）印制国际回信券，按成本价格提供给各成员国邮政主管部门。

（12）定期出版万国邮联成员国名册，注明各国的会费分摊等级、所参加的地区组，以及它们参加万国邮联各项法规的情况。

（13）编辑、出版和发行用英文、法文、德文、阿拉伯文、西班牙文、中文和俄文出版的《邮联》期刊。

（14）编写万国邮联年度工作报告，经行政理事会批准后分送各成员国邮政主管部门。

此外，国际局还应根据行政理事会、邮政经营理事会和各成员国邮政主管部门的要求，随时提供有关国际邮政业务的各种必要材料，收集、整理、出版和分发有关国际邮政业务的资料，经当事各方的请求对发生争议的问题发表意见，处理有关解释和修改万国邮联法规的要求，开展万国邮联法规所指定的或有利于万国邮联的各项研究工作以及编撰和整理文件，组织实施各项国际邮件发运质量检测和居间办理各成员国邮政之间有关各种国际邮政业务的账目结算。

5. 咨询委员会

咨询委员会的创建源于 1999 年万国邮联北京大会成立的高级小组的建议，该高级小组的任务是研究万国邮联今后的组成、结构和使命。2004 年万国邮联布加勒斯特大会上，咨询委员会正式成为万国邮联的一个新机构，它将促使外部的机构参与万国邮联的工作。从此万国邮联的机构将包括 3 个利益群体，即各国政府或邮政立法机构、邮政经营机构和对邮联工作感兴趣的外部机构。这对成立已有 100 多年的万国邮联来说是破天荒的，私营机构将可以参加万国邮联的会议。

二、区域性邮政联盟

区域性邮政联盟是由 3 个或 3 个以上万国邮联成员国组成的区域性国际邮政组织，简称区域性邮联。为促进各国邮政间的合作和改善国际邮政业务，万国邮联自成立以来就允许其成员国建立"区域性邮政联盟"或缔结"特别协定"。为了促进万国邮联和区域性邮联之间的合作，区域性邮联可以派观察员列席大会，以及行政理事会和邮政经营理事会的各种会议。万国邮联可以派观察员列席区域性邮联的大会和各种会议。

（一）亚洲-太平洋邮政联盟

亚洲-太平洋邮政联盟是根据《万国邮联组织法》规定成立的亚太地区间国际邮政组织，简称亚太邮联或 APPU。为了协调和发展区域性的国际邮政关系，促进邮政业务方面的合作，亚洲和大洋洲部分国家，于 1961 年 1 月 10 日至 23 日在菲律宾马尼拉召开会议并签署了《亚洲大洋洲邮政公约》。参加会议并签署公约的国家有澳大利亚、日本、马来西亚、新加坡、菲律宾、泰国和韩国等 18 个国家。公约于 1962 年 4 月 1 日生效，根据该公约，亚洲大洋洲邮政联盟成立，总部设在菲律宾的首都马尼拉。

1981 年 3 月，亚洲大洋洲邮政联盟第四届代表大会决定将"亚洲大洋洲邮政联盟"更名为"亚洲-太平洋邮政联盟"。2000 年亚太邮联第八届代表大会决定将亚太邮联总部从菲律宾马尼拉搬迁到泰国曼谷，搬迁工作于 2002 年 7 月完成。中国于 1975 年 11 月 17 日加入亚太邮联，与该组织一直保持友好合作关系，并分别于 1987 年、2003 年、2012 年在北京、海南、香港举办了亚太邮联执行理事会年会。

亚太邮联的宗旨是发展、便利和改善亚太地区各成员国之间的邮政关系，促进邮政领域方面的合作。

（二）卡哈拉邮政组织

卡哈拉邮政组织（简称卡哈拉邮政）是由 10 家世界领先的邮政机构组成的联盟，包括中国、澳大利亚、日本、美国等 6 个始创邮政及随后加入的英国、新加坡等邮政。

面对全球邮政市场的变化，尤其是亚太市场的变化，在澳大利亚邮政的倡导下，2002 年 6 月 19 日至 22 日，夏威夷卡哈拉东方饭店举行了由亚太地区主要的 7 个邮政（中国、澳大利亚、加拿大、美国等邮政，加拿大邮政后来主动退出）的首席执行官和高级官员 CEO 高峰会议，目的是组成卡哈拉邮政，共同讨论邮政未来发展中的机会，并构想邮政下一步的发展，如发展业务的新途径，以及如何通过联合确保邮政服务水平的提高，尤其是在面对日益激烈的市场竞争和亚太地区广阔的市场前景时，各邮政如何加强合作，拓展跨境邮政业务。与会的 7 个邮政初步就建立卡哈拉邮政达成共识，并讨论了建立卡哈拉邮政的目标、形式、合作内容范围等问题。

自 2005 年 7 月卡哈拉邮政的 6 个始创邮政首次共同推出邮政特快专递承诺服务以来，国际特快专递业务的服务水平和运行质量不断提高，为国际邮政业务持续、快速发展奠定了坚实的基础。

（三）其他区域性邮政联盟

1. 欧洲邮电主管部门会议

欧洲邮电主管部门会议由下列国家的邮电主管部门组成：阿尔巴尼亚、德国、奥地利、比利时、保加利亚、塞浦路斯、克罗地亚、丹麦、西班牙、爱沙尼亚、芬兰、法国、希腊、匈牙利、爱尔兰、冰岛、意大利、拉脱维亚、列支敦士登、立陶宛、卢森堡、马耳他、摩尔多瓦、摩纳哥、挪威、荷兰、波兰、葡萄牙、罗马尼亚、俄罗斯、英国、圣马力诺、瑞典、瑞士、捷克、斯洛伐克、斯洛文尼亚、土耳其、乌克兰、梵蒂冈。该组织于 1959 年 6 月 26 日在蒙特勒创立，由各成员国邮政主管部门轮流主事。此外，该组织在伯尔尼设有一个联络处，负责处理组织的日常工作。该组织由相关成员国的邮政监管部门组成。

2. 美洲、西班牙和葡萄牙邮政联盟

美洲、西班牙和葡萄牙邮政联盟成立于 1911 年，于 1838 年由哥伦比亚、委内瑞拉和厄瓜多尔在波哥大创立，1921 年扩大为泛美邮政联盟，1923 年、1931 年和 1991 年，西班牙、加拿大和葡萄牙先后加入。该组织总部位于乌拉圭蒙得维的亚，宗旨是提高成员国之间的邮政服务水平，增加自由贸易。该组织于每年的下半年都会在不同的成员国召开一次会议，批准有关邮政安全、技术发展和集邮的决议，并确定来年共同发行的系列邮票的主题。

现在有多个国家和地区的邮政加入这个组织，包括美国、阿根廷、玻利维亚、巴西、加拿大、智利、哥伦比亚、哥斯达黎加、古巴、多米尼加、萨尔瓦多、厄瓜多尔、西班牙、危地马拉、海地、洪都拉斯、墨西哥、尼加拉瓜、巴拿马、巴拉圭、秘鲁、葡萄牙、苏里南、乌拉圭和委内瑞拉等。

3. 非洲邮政联盟

非洲邮政联盟成员国包括布隆迪、埃及、加纳、几内亚、几内亚比绍、利比里亚、马里、毛里塔尼亚、索马里、苏丹和刚果（布）。该组织于 1961 年 12 月 2 日在丹吉尔创建，常设局设在埃及的开罗。

4. 泛非邮政联盟

根据非洲统一组织的倡议，泛非邮政联盟于 1980 年创立。该组织包括阿尔及利亚、安哥拉、贝宁、博茨瓦纳、布基纳法索、布隆迪和喀麦隆等 40 个成员国，总部设在坦桑尼亚的阿鲁沙。

5. 北欧国家邮政联盟

北欧国家邮政联盟的成员国包括丹麦、芬兰、冰岛、挪威和瑞典。起初这些国家之间有一些双边协定，1919年丹麦、挪威和瑞典签订了一个集体协定，1934年芬兰和冰岛加入该协定。1946年该协定被修订，于是"北欧国家邮政联盟"的正式名称在协定的文本中第一次出现。该组织由每个成员国邮政主管部门轮流主事。

第三节 国际邮政网

国际邮件传递需要数个国家或地区的邮政协同配合、密切联系、连续作业才能完成。因此，这就需要具有国际全程全网的通信网，即国际邮政网，它是国际邮政业务运营的重要基础。

国际邮政网的组织包括3个主要方面，即互换局和交换站的设置、直封总包关系的建立以及发运路由的选择。一般的组织过程是，先根据本国情况以及外国通邮需要，设置互换局和交换站，然后考虑各个互换局与国外哪些互换局建立直封总包关系，并选择适当的发运路由。

一、互换局和交换站的设置

按照万国邮联的规定，国际寄递的邮件必须由各国指定的互换局对外进行封发和接收处理，其他各局都不得和国外直接发生关系。据此，各国都要根据需要和具体情况设置一定数量的互换局，以便进行国际通信交流。同时，各国应从自身需要出发，设置一定数量的交换站，进行国际总包的直接交换。

因此，互换局和交换站成为国际邮政通信中不可缺少的两大功能局。此外，我国国际邮政通信中，国际邮件指定经转局和验关局也承担一定的功能。

（一）互换局的设置

互换局是指与国外邮政机构有直接封发和接收邮件总包关系的邮局。

互换局作为国际邮政通信网路组织中的重要环节，担负着国际邮件进出口的集散重任。互换局是国与国之间互换邮件的具体实施单位，地位非常重要。互换局一般分为航空总包互换局和水陆路总包互换局，其功能主要体现在以下几个方面。

（1）向指定国外互换局封发各类国际邮件总包。

（2）接收、开拆各类进口国际邮件总包，处理进口和散寄经转邮件。

（3）通过缮发验单、简函和拍发电报，与国外互换局进行业务联系。

（4）根据邮件量变化情况，及时提出调整总包封发关系的意见和散寄邮件原寄国应向邮件寄达国直封总包的建议。

（5）搞好国际邮件总包的计划封发和发运工作，进行终端费特别统计和散寄航空函件的统计。

（6）参与国际账务结算工作。根据利用计算机处理国际邮政账务的需要，及时集中、准确输入各项原始数据，并将数据和相关资料按时传递账务结算中心。未设计算机终端的互换局，应按规定向指定互换局寄送原始资料；对国外邮政修改退回的各类账单，要认真复核，不符之处，要提供原始单据。

互换局的设置与撤销均由中国邮政集团有限公司审定，各省可根据实际情况提出增设或关闭互换局的建议。一般来说，互换局的设置应以下列条件为依据。

（1）当地有足够的与国外往来的业务量，这是设置互换局的首要条件。

（2）交通便利，这是设置互换局的客观条件。根据国际邮政的特征，互换局设置时最好是航空通航局，然后再结合水陆路交通条件综合考虑，以适应对内集散邮件和对外直封总包的需要。

（3）设有海关驻局办事处。总包的封发开拆和邮袋装卸转运必须经海关监管。海关在邮局设立办事处是设置互换局的必要条件。

（4）拥有必要的场地、人员、设备，这是设置互换局的物质基础，否则会导致投资成本高，难以实现网路组织中讲求经济效益的原则。

（二）交换站的设置

交换站是负责与国外或邮政的传输代理机构进行国际邮件总包交换的部门。

交换站的主要任务是根据国际航班、车次和海运班期及其进出港时间，安排各类国际进出口邮件总包和过境邮件总包的接收和发运。发现有积压情况，负责查明原因和责任，并与运输部门交涉、进行清运。

交换站不得开拆和封发国际邮件总包，对袋皮破损、袋牌脱落、袋绳封志等发生异常情况的邮件总包，应会同海关、运输部门对其进行查验，重新进行袋封后发出。同时，将查验情况以验单形式通知原互换局、寄达互换局和经转互换局。

按规定，交换站在接收、装卸转运国际邮件总包时需在海关监督下进行。

交换站的设置与撤销和互换局一样，由中国邮政集团有限公司决定，各省可根据实际情况提出增设或撤销的建议。根据主要任务，交换站主要设置在国际机场、海港、边境口岸等地理和交通条件便利的地方。国际机场、海港设置的交换站与运输部门——各航空公司、各轮船公司交换邮件总包；边境口岸设置的交换站则直接与境外邮政机构交换邮件总包。

（三）经转局

经转局指省（自治区、直辖市）人民政府所在地邮区中心局或邮局和有关省公司报经中国邮政集团有限公司核准设置的有国际邮件经转职能的地（市）邮区中心局或邮局。经转局担负本省（自治区、直辖市）或指定地区进出口国际邮件规格检查、质量把关和转发处理任务。

我国规定，全国各县、市局收寄的出口国际邮件都必须通过国际邮件指定经转局转往国内相关互换局汇总封发，按照指定发运路由交运出口；外国发来的进口邮件总包由互换局开拆，发往各国际邮件指定经转局分转各县、市局投递。可见，经转局在国际邮政通信网路中起着重要的作用。

（四）验关局

验关局指设有海关驻邮局办事处的邮政机构，其任务是将内装应受海关监管物品的进出口和转口邮件以及进出口和过境邮袋提交海关查验放行。验关局的设置及监管范围由海关总署和中国邮政集团有限公司联合审定。海关驻邮局办事处可以在当地邮局营业部门设立派出机构，与用户当面办理邮件验关手续，这类营业窗口称为"验关窗口"。

二、直封总包关系的建立

（一）国际邮件总包及直封总包关系

国际邮件总包是两个国家（或地区）互换局之间一次性封往对方的同类国际邮件的总称。

具体地说，国际邮件总包由一袋或若干袋以及不装袋的外走包裹组成。

1. 国际邮件总包的分类

根据运输方式，国际邮件总包分为以下几类。

（1）航空总包，利用航空邮路发运的内装航空函件、优先函件和航空包裹的总包。

（2）水陆路总包，利用水陆路邮路发运的内装水陆路函件、非优先函件和水陆路包裹的总包。

（3）空运水陆路总包，利用航空邮路以低于航空总包的优先性发运的水陆路邮件总包，可以装寄水陆路函件、非优先函件和水陆路包裹。

（4）优先总包，利用水陆路邮路发运的航空函件或优先函件的总包。优先总包的发运与航空总包具有同等的优先权。

另外，还有一类总包——大宗函件总包。同一总包内同一寄件人寄发的大宗函件超过1500件，或者在两周内同一寄件人寄发的大宗函件超过5000件时，寄达国邮政有权要求将这类函件单独封成总包。这类总包称为大宗函件总包，根据运输方式可以是航空总包，也可以是优先总包、空运水陆路总包或者水陆路总包。

2. 国际邮件总包传递方式

一般来说，原寄国邮政向某一寄达国邮政封发邮件有两种方式：一种为直封总包，另一种为散寄经转。

直封总包是指原寄国邮政将寄往寄达国邮政的邮件，直接封成一袋或数袋发往寄达国邮政的传递方式。直封总包可以减少经转，加快邮件的传递。

散寄经转是指当邮件不具备直封总包的条件时，将其封入寄往第三国的邮件总包内，以便转往寄达国的传递方式。

根据《万国邮政公约》的规定，各邮政间可通过第三国经转散寄邮件。这种邮件传递方式，使得原寄国邮政减少了国际邮件传递过程中的人力、物力投入，但很可能延长邮件传递的时间。同时，《万国邮政公约》还规定，如果经转国认为来自原寄国的邮件过多，给其工作带来影响，有权要求原寄国向寄达国直封总包。为了保证国家对外通信的需要，我国应同世界主要国家（地区）建立相应的邮件总包关系。这种关系是随着我国政治、经济、文化及对外关系的发展而发展的。

（二）建立直封总包关系时应考虑的因素

从整个国家来说，与哪些国家（地区）建立直封总包关系，并通过这些总包关系，将寄往其他各国（地区）的邮件用散寄方式转寄到寄达地，是一个需要通盘筹划的重要问题。它不但反映我国与各国（地区）之间的关系，同时也反映我国对外邮政通信网路的布局，影响着国际邮政通信网路结构合理与否。过多的直封总包关系，会造成人力、物力和运费支出的浪费。相反，过多地用散寄方式寄发国际邮件，可能延长邮件传递的时间，不适应国家通信需要。一般来说，建立直封总包关系时应当考虑以下因素。

（1）我国与寄达国之间通邮数量的大小。对通邮数量较大的寄达国，都应当建立直封总包关系。

（2）我国与寄达国之间的交通状况及政治关系如何。对邻近国家和交通运输条件较好的国家，均应建立直封总包关系。

（3）地区平衡因素。对每一地区的各国，即使通邮数量不是很多，也要选择与我国关系好的或运输条件较好的国家建立直封总包关系。

以上只是在建立直封总包关系时应着重考虑的几个方面。合理确定直封总包关系并不是件容易的事。直封总包关系的确定还要受互换局设置合理与否的影响，而且国际关系和业务量及世界各国的交通联系等都在不断变化发展。因此，必须定期检查直封总包关系是否满足需要，从实际出发，根据需要及时调整各种直封总包关系。

在我国，由哪个互换局或哪几个互换局向对方互换局封发总包，则需要根据邮件的业务量和发运路由加以考虑。总的要求是尽可能在国内减少邮件的倒流和经转。但这是相对的，由于国际通信的特点，受到处理程序和交通条件等方面的制约而造成的邮件在国内的倒流和经转，在许多情况下是不可避免的。

对某个国家建立、增加或停封某项总包，均由中国邮政集团有限公司决定。但是各省（自治区、直辖市）邮政分公司和互换局都有责任根据实际需要和业务量的增减，提出自己的建议。

原则上，签署了《万国邮政公约》和各项业务协定的各国之间，实际上已建立了业务关系。所以，如果原寄国邮政有直封总包的需要，只需将此意图通知寄达国邮政，待其告知接收互换局以后，即可开始寄发直封总包。原寄国邮政应将首次封发总包的日期和总包发运邮路通知寄达国邮政，另外，原寄国邮政还应当将这项总包关系的建立通知原来承担散寄经转和即将承担总包经转工作的邮政。

与非万国邮联成员国或未参加相关协定的国家建立直封总包关系，应采取两种方式：签订协定或换函取得协议。

我国互换局首次向国外某一互换局封发国际邮件总包，或收到某一互换局首次发来的国际邮件总包，都应将对方互换局局名、总包的类别、封发（或接收）日期、袋数、重量以及发运路线等尽快详报中国邮政集团有限公司。停止向国外某互换局封发总包或国外某互换局停止向本局封发邮件总包时，亦应将末次总包的日期、号码等详报中国邮政集团有限公司。

未经中国邮政集团有限公司事先通知而收到万国邮联成员国邮政发来的邮件总包时，接收互换局可以开拆，然后按上述规定将有关情况详报中国邮政集团有限公司。

三、发运路由的选择

国际邮件的发运路由包括国际邮件在国内的发运路由和跨国运输所经路由两个部分。国际邮件在国内的运递，即进、出口；国际邮件在收寄局（投递局）、省会局或指定经转局及互换局之间的运输，国际邮件总包在互换局、交换站之间的运输，是同各相关局之间互换的国内邮件一起组织的。其所利用的路由是根据比照同类或可比的国内邮件路由来决定的。在不止一个互换局向寄达国封发总包时，指定经转局应根据其地理位置和总包的发运路由，按照尽可能避免迂回运输的原则，将邮件发往最适合的互换局。这里我们着重讨论的是国际邮件跨国运输所经由的路线，即国际邮路的选择问题。

（一）国际邮路的含义

国际邮路一般指利用各种运输方式穿越国境，经过一国（地区）或数国（地区），运递我国出口国际邮件和第三国过境邮件所经由的路线。据此，国际路由的选择有两种含义：一是邮件总包发运路由的选择，二是散寄邮件发运路由的选择。

（二）国际邮路的选择

国际邮路的选择是非常重要的，直接影响到邮件运递的安全和速度，并影响国家用外汇支付运费的负担，更影响到国家今后参与国际邮政业务竞争的能力。

根据万国邮联的规定，国际邮路应由总包原寄国邮政根据迅速、安全和经济的原则制定。应以不给经转国邮政造成额外开支为前提，否则经转国邮政有权提出修改意见。在此情况下，原寄国邮政应予采纳。

所以，选择国际邮路的原则和要求有 3 个。（1）能够确保邮件在运输途中的安全。（2）能够迅速转运，尽量减少经转环节。（3）能够做到经济合理。

其中，第一点尤为重要。原寄国邮政在安全的基础上力求迅速，并尽可能经济。为了比较、选择国际邮路，原寄国邮政就需了解经转国家的政治态度、国际交通网路情况以及各条航线所属国籍、起始地点和停靠站、班次、航次和运费率等资料，并在此基础上进行综合比较计算，挑选出适合其需要的国际邮路。

具体来说，选择国际邮路时应考虑以下几点。

（1）尽可能利用最短、最直接的路线，把经转环节减少到最少。

（2）同一路线上有我国运输工具和其他国家运输工具共同运行时，应优先利用我国运输工具（国际航班、远洋货轮等），然后考虑利用卸运口岸所在国的运输工具，尽量避免使用途经的第三国的运输工具。

（3）在总包需经第三国经转时，选择经转国的标准如下。

① 该国与我国和寄达国均有较频繁、稳定的运输联系，最好有互换直封总包关系；

② 该国国内邮政业务组织得较好，转发邮件安全、迅速且同我国邮政合作较好。

③ 该国地理位置适当，传递邮件无须明显绕道，以保证运费开支合理。

④ 不在我国明确规定不与之发生任何关系的国家或地区经转邮件。

⑤ 水陆路邮件总包一般只用单一路由发运，以简化转运费的结算。

对于寄往没有直封总包关系的国家和地区的国际邮件，原寄国邮政在选择封入哪个经转国家的总包时，还要考虑不要过多增加经转国的工作负担，并要注意以下几点。

① 相关总包的寄达国和散寄邮件原寄国是邻国或距离较近，以免出现倒流严重等现象。

② 总包接收国（散寄经转国）与邮件寄达国之间有直封总包关系，两国关系较好，并且有较便利的交通条件。

③ 总包接收国与我国关系较好，相互间直接交换的邮件数量较大。

以上条件都是相对的，原寄国邮政不一定能找到完全合乎条件的经转国。因此，原寄国邮政需要进行必要的分析比较，然后加以决定，并随时根据变化的情况进行相应的调整。

中国邮政集团有限公司根据我国和世界各国的政治、经济关系，各个国家的互换局的通邮情况，以及国际交通网路情况编有《国际邮件发运路由手册》（以下简称《路由手册》）。各互换局在封发各类国际邮件和处理散寄邮件时，都要按该《路由手册》中所列的路由寄发，不得随意变更。各指定经转局在寄发出口国际邮件时，也要根据此《路由手册》，以不倒流和不增加经转为原则，把邮件发往相关的出口互换局，不得错乱。

由于国际关系和交通运输情况是不断变化的，所以《路由手册》也要随时加以修订。互换局在工作中要注意新的发运路由的实际效果，为确定最有利的发运路由和了解总包及散寄经转邮件的发运时限，可向寄达局缮发 CN44 试单，每次调整路由或新建直封总包关系时都应发试单数次。试单退回后，应该将情况汇总，报告中国邮政集团有限公司。同时，还应经常注意进口邮件寄递路由的变更，随时向中国邮政集团有限公司提供信息和意见，以便供中国邮政集团有限公司调整国际邮政网路时参考。

实践项目

项目一　制作万国邮联思维导图

1．项目目标：通过制作思维导图，了解万国邮联的成立及发展历程，熟悉和掌握万国邮联的组织机构及其职责。

2．项目内容：3～4个学生为一组，通过学习教材内容并搜集相关资料，完成万国邮联思维导图。

3．项目实施及要求：（1）学生分组，搜集万国邮联的资料。（2）根据教材内容和搜集的资料，合作完成思维导图的设计。可以在A4纸上完成，也可以用计算机完成。（3）对设计的思维导图进行展示，小组之间打分互评。

项目二　国际邮政的发展研讨

1．项目目标：增强学生对世界各国邮政的认知，进一步了解国际邮政的组织机构及相关法律、公约，深化对世界邮政发展的认识，感受中国邮政与世界邮政共同发展，体会中国邮政的使命责任，增强爱国强邮意识。

2．项目内容：对国际邮政发展现状进行分析，可以以几个国家为例，并对未来国际邮政的发展趋势进行分析。

3．项目实施及要求：（1）学生以3～4人为一组，搜集国际邮政发展现状的资料。（2）对国际邮政业务发展现状和未来发展趋势进行分析，制作PPT。PPT要求内容完整，包括封面、目录、内容，页面设计精美。（3）对制作的PPT进行展示，小组之间打分互评。

拓展知识

万国邮联的诞生

知识巩固

1．单选题

（1）万国邮联总部设在（　　　）。

    A．纽约　　　　　　B．伯尔尼　　　　　C．汉城　　　　　　D．伦敦

（2）2004年之后万国邮联大会（　　　）年举行一届。

    A．2　　　　　　　B．3　　　　　　　　C．4　　　　　　　D．5

（3）负责研究有关邮政业务的经营管理、商业化、技术和经济方面问题的万国邮联的常设机构是（　　　）。

    A．大会　　　　　　　　　　　　　B．国际局

    C．行政理事会　　　　　　　　　　D．邮政经营理事会

（4）设置互换局的首要条件是（　　　）。

    A．当地有足够的与国外往来的业务量　　B．交通便利

    C．设有海关驻局办事处　　　　　　　　D．拥有必要的场地、人员、设备

（5）原寄国邮政向某一寄达国邮政封发邮件的方式有两种：直封总包和（　　　）。

    A．散寄经转　　　　B．空运总包　　　　C．外走总包　　　　D．SAL 总包

2．多选题

（1）万国邮联的组织机构包括（　　　）。

    A．大会　　　　　　　　　　　　　　　B．国际局

    C．行政理事会　　　　　　　　　　　　D．邮政经营理事会

（2）对于选择国际邮路的原则和要求理解不正确的有（　　　）。

    A．有较大业务量　　　　　　　　　　　B．迅速转运，尽量减少经转环节

    C．尽量靠近经济发达城市　　　　　　　D．确保邮政品牌影响力

（3）下列选项不是互换局的主要功能的有（　　　）。

    A．安排国际邮件总包接收和发运　　　　B．批量翻译进口函件名址

    C．封发国际邮件总包　　　　　　　　　D．参与国际账务结算工作

（4）不可以与他国直接建立总包封发关系的机构有（　　　）。

    A．互换局　　　　B．交换站　　　　C．经转局　　　　D．验关局

（5）万国邮联的宗旨包括（　　　）。

    A．以万国邮联的名义成立一个邮政领域

    B．互相交换邮件

    C．组织和改善国际邮政业务

    D．便利国际合作的发展

3．判断题

（　　　）（1）万国邮联是联合国处理邮政事务的专门机构，也是各国政府间商定邮政问题的国际组织。

（　　　）（2）万国邮联成立于 1874 年。

（　　　）（3）设有海关驻局办事处是设置互换局的物质基础。

（　　　）（4）交换站主要设置在一国经济发达的中心城市。

（　　　）（5）国际大宗函件总包可由多个寄件人联合交寄邮件后封入同一个总包内。

4．简答题

（1）国际邮政通信的任务有哪些？

（2）建立直封总包关系时应当考虑的因素有哪些？

第十一章

国际邮件业务与管理

学习目标

【知识目标】

1. 学习国际邮件按内件性质、传递时限、处理手续等不同标准分类的知识；

2. 学习出口邮件、进口邮件和转口邮件的一般过程等知识；

3. 学习国际邮件的准寄范围、规格标准、禁限寄规定、收寄要求等知识；

4. 学习国际邮件的监管与检疫等知识。

【能力目标】

1. 掌握辨别不同种类国际邮件的技能；

2. 具备熟知出口邮件、进口邮件和转口邮件的一般过程的能力；

3. 具备熟知各类国际邮件的准寄范围、规格标准、禁限寄规定等的能力；

4. 具备熟练运用新一代营业渠道系统对国际挂号函件、国际特快专递邮件进行收寄处理的能力。

【素养目标】

1. 培养学生热爱邮政、刻苦钻研专业知识的品质；

2. 培养学生全程全网的团结协作精神；

3. 培养学生质量第一、客户至上的服务意识；

4. 培养学生遵纪守法的法律意识和防范风险的安全意识。

情境引入

2021年9月14日12点29分，一架垂直尾翼上喷涂着EMS、航班号为CF241的波音737飞机从大连周水子国际机场起飞，14点15分安全飞抵日本大阪关西国际机场，标志着中国邮政"大连—大阪"国际航线正式开通。"大连—大阪"国际航线，是从大连出发的第二条中国邮政国际航线；是2021年继"南京—大阪"和"广州—东京"后，中国邮政开通的第三条国际航线；是中国邮政第四条通达日本大阪的国际航线、第七条通达日本的国际航线。大连、南京、上海、义乌4个节点相连，构成了中国邮政自主航空网上一条美丽的弧线，弧线覆盖范围内的对日本口邮件和辐射区域内寄达大阪地区的邮件时限水平得到全面提升。

2020年以来，中国邮政加快自主航空网国际航线布局，国际航线开通进入了快车道。2020年之前，中国邮政自主航空网常态国际（地区）航线仅有4条，至2021年9月已达到12条。同时，加大"上海浦东—东京""上海浦东—大阪""义乌—大阪""昆明—曼谷""西安—首尔"的航线密度和航班量，有利于在全面推进快递业"两进一出"工程、扩大"出海"通道的同时，打造对日航空精品线路，有效支撑国际邮件业务的发展，全面提升中国邮政 EMS 国际邮件的时限水平和服务品质。同学们，你知道国际邮件是如何寄递的吗？除了 EMS 国际邮件，中国邮政还能办理哪些国际邮件业务呢？带着这些问题，我们开始本章的学习。

思维导图

- 国际邮件业务与管理
  - 国际邮件分类
    - 按内件性质分类
    - 按传递时限分类
    - 按处理手续分类
    - 按邮局所承担补偿责任的范围分类
    - 按运输方式分类
    - 按纳费与否分类
  - 国际邮件的寄递
    - 国际邮件寄递的特点
    - 国际邮件寄递过程
  - 国际邮件业务处理
    - 国际邮件的准寄范围
    - 国际邮件的规格标准
    - 国际邮件的禁限寄规定
    - 国际邮件的收寄
  - 国际邮件的监管与检疫
    - 国际邮件的监管
    - 国际邮件的检疫

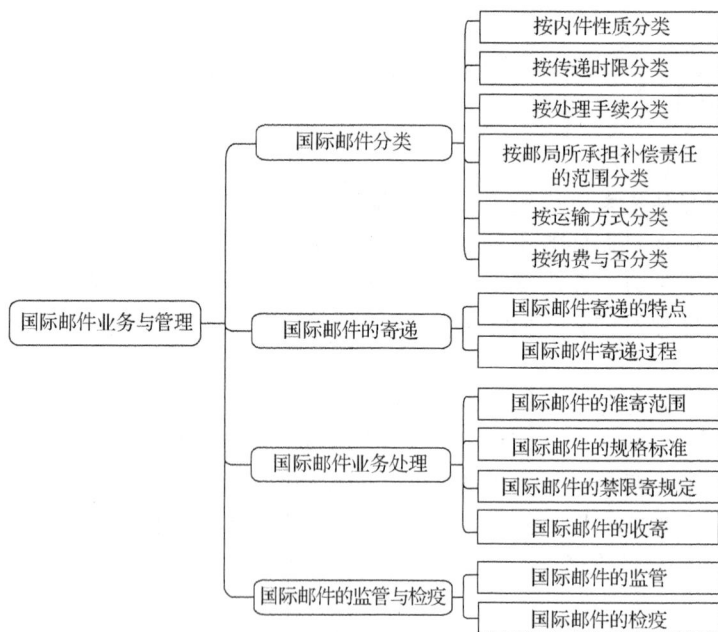

第一节　国际邮件分类

邮件的分类反映了不同时代的人们对邮政的认识，反映了不同的经营思想。传统的邮件分类方法体现了邮政典型的"以自我为中心"的经营理念。随着邮政面临的环境的变化，国际邮件的分类方法逐渐向"以客户为中心"转移，既有利于满足客户不同的需求，同时也有利于邮政进行内部操作，强化管理。

按照不同的标准，国际邮件可以进行不同的分类。

一、按内件性质分类

按内件性质对国际邮件进行分类是比较传统的方法。国际邮件按内件性质可分为国际函件和国际包裹。

按照内件性质，国际函件可分为信函、明信片、航空邮简（统称 LC），以及印刷品、盲人邮件和小包（统称 AO）。

国际函件同时按照内件性质和规格可分为文件类和物品类。文件类具体包括小型函件（P）、大型函件（G），物品类包括超大型函件（E）。

二、按传递时限分类

国际邮件按传递时限可分为普通邮件、特快专递邮件和全球优先函件。

（一）普通邮件

按一般时限规定传递的国际邮件，称为普通邮件。

（二）特快专递邮件

通过专门组织的收寄、处理、运输和投递，以最快的速度传递的国际邮件，称为特快专递邮件。

（三）优先函件和非优先函件

在万国邮联范围内，国际函件按照发运速度可分为优先函件和非优先函件。用最快的邮路（航空或水陆路）优先发运，各个环节加快处理，在规定时限内到达的国际函件，称为优先函件；寄件人选择了较低的资费，因而运递时限较长的国际函件称为非优先函件。按发运速度分类的国际函件不再按内件性质分类。

我国出口国际函件未采用优先/非优先的分类办法。对于进口的优先函件，应按最快邮路发运处理；对进口的非优先函件，应按水陆路函件处理。

三、按处理手续分类

国际邮件按处理手续可分为平常邮件和给据邮件。

（一）平常邮件

邮局在收寄时不给收据，投递时不要收件人签收，不接受查询，不承担补偿责任的国际邮件，称为平常邮件。

（二）给据邮件

邮政企业在收寄时需要编号、登记、出具收据，投递时需要收件人签收、接受查询、承担补偿责任的国际邮件，称为给据邮件。给据邮件包括挂号函件、保价函件、普通包裹、保价包裹和国际特快专递邮件。

四、按邮局所承担补偿责任的范围分类

国际邮件按邮局所承担补偿责任的范围可分为保价邮件和非保价邮件。

对保价邮件，邮局承担按照保价金额赔偿的责任；对非保价邮件，邮局只承担按万国邮联规定标准补偿的责任。但在各种情况下，邮局对可能造成的间接损失不承担责任。

五、按运输方式分类

国际邮件按运输方式分为水陆路邮件、航空邮件和空运水陆路邮件。

利用火车、汽车、轮船等交通工具发运的邮件为水陆路邮件。

利用航空邮路优先发运的邮件为航空邮件。

利用国际航班剩余运力运输，在原寄国和寄达国国内按水陆路邮件处理的邮件为空运水陆路邮件。

空运水陆路邮件是万国邮联、国际民航组织和国际航空运输协会共同进行的一项称为"最大限度利用航空"的研究中产生的一种邮件，是对邮政部门和航空公司均有益的一项业务。具体实施时，邮件在收寄国与寄达国国内运输时采用水陆路运输方式；在两国间运输时，由于路程较远，采用空运方式。另外，该业务是以减低资费的方式利用剩余运力，所以必须由相关邮政与航空公司协商确定。

六、按纳费与否分类

国际邮件按纳费与否分为纳费邮件和免费邮件。

按规定的资费标准付足邮费交寄的各类邮件称为纳费邮件。

按规定享受免付邮资待遇的邮件称为免费邮件。免费邮件包括邮政公事邮件、盲人读物邮件、战俘和被拘禁平民邮件。

除邮政公事邮件以外，免费邮件按航空邮件交寄时应交付相应的航空附加费。

第二节　国际邮件的寄递

一、国际邮件寄递的特点

国际邮件寄递具有以下特点。

（1）国际邮件的寄递需要数个国家、地区邮政之间协同连续作业才能完成，具有国际全程全网的特点。

（2）国际邮件的处理必须经过指定经转局、互换局和交换站的处理和交换才能完成。

（3）国际邮件中物品类的邮件必须经过海关查验这一环节。

二、国际邮件寄递过程

国际邮件寄递过程是指自寄件人在邮局交寄国际邮件至寄达国邮局将国际邮件投交收件人的全部处理和运递过程。国际邮件寄递过程包括国内传递和国外传递两个阶段。

国际邮件寄递过程分为3个阶段：寄发邮政传递国际邮件的过程，即出口邮件；接收邮政传递国际邮件的过程，即进口邮件；经转邮政传递国际邮件的过程，即转口邮件。

（一）出口邮件

我国作为原寄国传递国际邮件的一般过程：寄件人将邮件投入信筒（箱）或到邮局营业窗口交寄，收寄局将国际邮件集中起来，检查规格及资费，盖销邮票，按航空和水陆路，分别封成总包发往经转局；经转局负责对全省邮件把关，并按中国邮政集团有限公司规定的路由，将邮件发往相关互换局；互换局对全国各经转局（含互换局所在地邮局）发来的邮件进行最终的查核，按中国邮政集团有限公司规定设置的寄达国互换局，分别封成总包，按指定的出口路由编制路单，利用国际联运邮运火车或国际航班，将邮件运往寄达国邮政。

出口国际邮递物品和国际邮件总包，应接受海关监管。对于国际邮递物品，必须经海关查验放行后，邮政企业方可封发出口。对于国际邮件总包，海关一般在互换局、口岸、机场或邮局边境交换站实施监督。寄件人在设有海关窗口的邮政局、所交寄的国际邮递物品，由寄件人直接送海关查验；寄件人在未设有海关窗口的邮政局、所交寄的国际邮递物品，应在设有海关驻邮局办事处的经转局查验；寄件人在未设有海关的省内邮局交寄的国际邮递物品，应在互换局查验。

（二）进口邮件

我国作为寄达国接收国际邮件的一般过程：国际进口水陆路邮件总包通过边境交换，由邮政部门边境交换站接收、勾核后，按总包寄达互换局，分别编制路单，交运输部门运输；国际航空邮件总包、空运水陆路邮件总包，通过中国民航或外国航空公司代运至机场，机场邮件交换站与民航部门交接后，将邮件总包按寄达局分堆，连同路单一起交民航续运至进口互换局；进口互换局接收总包，勾核、复称重量，开拆、分拣封发，并将邮件封往各经转局；经转局接收并开拆后，对用外文书写的邮件译注中文，再将邮件封往投递局，由投递局将邮件投交收件人。

进口国际邮件总包和国际邮递物品，都应接受海关监管。海关对进口国际邮件总包，在边境邮局交换站及进口互换局实施监管；互换局在接收、开拆邮件总包时，应请海关到场监管。对于进口国际邮件，原则上海关在第一进口互换局开拆查验，如果经转局没有海关，则由互换局将该省的进口国际邮件封至经转局交驻局海关查验。如需验关的邮件的投递局设有海关窗口，应通知收件人到邮局，使海关与收件人当面验关。

（三）转口邮件

我国作为经转国传递国际邮件的一般过程分：总包过境及散寄经转。总包过境即由经转国邮政将过境总包转往寄达国。经转国邮政应按本国出口国际邮件发运路由，将散寄经转的国际邮件与本国出口的国际邮件一起封成出口国际邮件总包，发往寄达国邮政。

对于过境国际邮件总包，海关应在最初进口交换站和最后出口交换站实施监管查验。

国际邮件寄递过程示意图如图 12-1 所示。

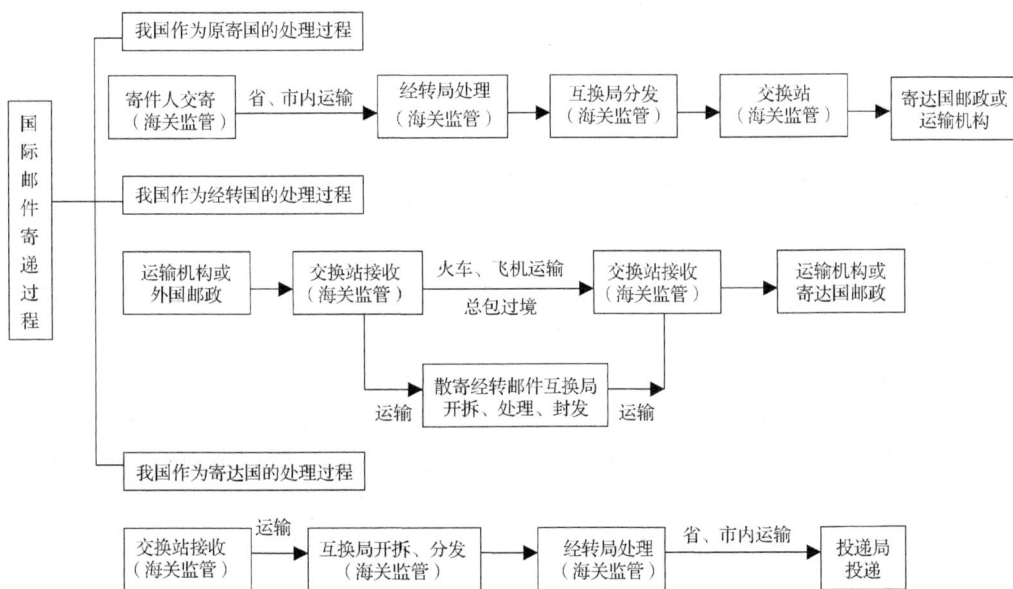

图 12-1　国际邮件寄递过程示意图

第三节　国际邮件业务处理

一、国际邮件的准寄范围

（一）国际函件的准寄范围

1. 平常信函

书面通信和文件等应当按平常信函寄递。除寄达国另有规定外，已盖销和未盖销的邮票可以装入信函内寄递，但其价值不得超过海关的相关规定，并应在封面粘贴 CN22 绿色报关签条，向海关申报。平常信函可以投入信筒或在邮政支局（所）交寄。尺寸和形状容易被误认为其他函件的信函，收寄人员应在其封面上加盖带有"Letter"（信函）字样的红色戳记。

2. 平常明信片

平常明信片必须按相关标准印制，正面上端明显印有"明信片"字样。明信片上至少应留出正面右半部分供书写收件人名址、粘贴邮票、打印邮资符志或加贴邮资符志签条和业务标签使用。明信片上不可以附寄或附饰任何物品。明信片必须露封收寄，装入信封的应按信函收寄。平常明信片的收寄方式同平常信函。

3. 平常航空邮简

平常航空邮简属于航空信函，由一张纸适当折叠构成，各边均应封合。航空邮简的正面留作书写收件人名址、粘贴邮票、打印邮资符志或加贴邮资符志签条及业务标签之用，左上角印有"Aerogrammes"（航空邮简）字样。

平常航空邮简由邮局发行，其他机关、企业、团体如因工作需要，在征得所在省邮政公司批准后，可依式仿制自用，但纸张的质量及规格必须符合相关标准规定。

平常航空邮简内不可装寄物品，也不准装入信纸。

境外（地区）邮政发行的航空邮简和不符合上述规定的航空邮简应按航空信函收寄。平常航空邮简的收寄方式同平常信函。

4. 平常印刷品

在纸张、纸板或印刷常用的其他材料上印刷或者打印的多份相同内容的复制品，可以作为印刷品寄递，包括书籍、报纸、期刊、广告及各种印刷的图文资料等。印刷品内允许附寄内件清单和收、寄件人名址签条。

平常印刷品的封装应既能保护内件，又便于查看内件。具有明信片的式样、坚韧度和尺寸的卡片式印刷品，可以不加封装交寄。

平常印刷品应在邮政支局（所）收寄。收寄印刷品时，应在规定位置加盖带有明显的"Printed Papers"（印刷品）字样的红色戳记。加拿大、爱尔兰不接受 2kg 以上的印刷品。

5. 平常印刷品专袋

同一寄件人同时经由同一邮路寄交同一地址、同一收件人的数件印刷品，可以封入一个或数个邮袋内寄发，称为印刷品专袋（简称 M 袋）。收寄人员收寄印刷品专袋时应遵守下列规定。

（1）封入专袋的每一件印刷品都应妥善封装，并逐件写明收件人姓名和详细地址。封装印刷品专袋的邮袋由邮局提供。

（2）专袋内每件印刷品的重量应达到 5kg（不足 5kg 的按 5kg 计收资费），且连同袋皮不得超过 30kg，英国、哈萨克斯坦和乌兹别克斯坦不接受 20kg 以上的印刷品专袋。

（3）每个印刷品专袋均应拴挂一枚收、寄件人名址签牌，名址签牌的尺寸不得小于 140mm×90mm，最大不得超过 235mm×120mm。

（4）印刷品专袋按总重量逐千克计收资费（袋皮重量不计），名址签牌上应打印邮资符志或加贴邮资符志签条。未使用邮资机的应将资费数目批注在名址签牌背面，并加盖收寄人员和检查人员名章。

（5）寄达国邮政要求印刷品专袋加贴验关签条的，应当由寄件人填写一枚 CN22 绿色报关签条加贴在名址签牌上。如果申报价值超过 300 特别提款权，还应按寄达国邮政要求随附的报关单份数填写 CN23 报关单，并附在地址签牌上或固定在袋内一件印刷品上，同时应另填一份 CN23 报关单交海关。

（6）印刷品专袋只限寄往同我国已建立出口航空、空运水陆路或水陆路函件直封总包关系的国家和地区。印刷品专袋可以按挂号印刷品专袋寄递。

6．盲人邮件

寄给或寄自盲人机构，或者寄给或寄自盲人的，各种形式的（含录音的）函件和出版物，以及为了帮助盲人克服因丧失视力产生的困难而生产或改制的各种设备或器材，可作为盲人邮件寄递。

盲人邮件免收水陆路邮费、挂号费、回执费、撤回或更改收件人名址申请费，但寄件人要求按航空或 SAL 方式寄递或保价时，应照付航空运费、SAL 运费或保价费。

盲人邮件的封装要既能保护内件，又便于对内件进行查验。每件盲人邮件除应在正面左上角加盖"Mail for the Blind"（盲人邮件）字样的红色戳记以外，还应加贴一枚白色底、黑白图标的盲人邮件标签。

7．平常小包

各种小件物品，除属禁止寄递和超过规定限量寄递的以外，都可以作为平常小包寄递。平常小包内可以寄递与内件有关的发票、货物产地和原料注解、货物出厂日期、登记号码、价目说明、产品说明书及寄件人和收件人名址签条。

收寄人员收寄平常小包时应按下列规定办理。

（1）查明寄达国邮政是否接受 1kg 以上的小包。

（2）窗口收寄的每件小包，应由寄件人填写一枚 CN22 绿色报关签条，粘贴在小包封面左上角，也可粘贴在寄件人名址的下方。寄件人可以自行制作 CN22 报关签条，其尺寸、格式和数据元素应与标准的 CN22 绿色报关签条相符。集中收寄点收寄的小包可仅使用标准面单，而不用另附 CN22 报关签条。

（3）若小包的内装物品价值超过 300 特别提款权或寄件人自愿，除填写 CN22 绿色报关签条外，应另填写相应份数的 CN23 报关单，附在小包上寄发。CN23 报关单除原寄国邮政要求的两份外，还应保证寄达国邮政要求随附的份数。

（4）填写 CN22 报关签条和 CN23 报关单时，应使用英文、法文或其他寄达国通晓的文字，将小包内装每件物品的名称、价值和净重（精确到克）详细、具体地填写在指定位置，并视情况在"Gift"（礼品）或"Goods"（货物）前的方格内划"×"，标明内装物品属性，最后在指定位置签名。

（5）寄达国要求相关内件附寄进口证明时，应请寄件人将证明文件用 CP92 封套牢固地附在小包上寄发。

（6）在小包封面的左上角明显地加盖"Small Packet"（小包）字样的红色戳记。

（7）称重计费，将邮票或邮资符志签条粘贴在小包封面上。集中收寄点收寄的小包中，不需要粘贴邮资符志或者付费标识的部分，需要按相关的文件规定处理。

8. 航空函件

符合航空运输安全要求的各类函件均可以按照寄件人的要求作为航空函件收寄。收寄航空函件时，收寄人员应按照函件寄达国所属资费组别计收资费，并且验视函件封面左上角是否已贴有蓝色"By Airmail"（航空）字样的国际航空标签（邮2111）或加盖相同字样的红色戳记，寄件人手写相同字样也有效。集中收寄点收寄的航空函件，可用黑色印刷航空标识。

筒、箱收寄的已付足航空函件资费但未粘贴航空标签或加盖航空戳记的，应由收寄人员补贴或补盖航空标识。

9. 空运水陆路函件

收寄空运水陆路函件应按空运水陆路函件资费表计收资费，并在函件封面左上角加盖一枚红色戳记。如寄件人名址写在左上角，则在此名址下方加盖。

10. 挂号函件

信函、明信片、航空邮简、印刷品、盲人邮件、印刷品专袋和小包都可以作为挂号函件收寄。收寄挂号函件时，收寄人员除按相应平常函件的收寄手续办理外，还应办理以下事项。

（1）验视函件封面书写。按挂号函件寄递时，不得使用缩写字母书写姓名、地址。

（2）查验封装是否完好。若使用不干胶条封挂号函件，应请寄件人在胶条与封皮骑缝处加盖名章或签字。

（3）窗口收寄的每件挂号函件上均应粘贴一枚符合万国邮联标准的 CN04 不干胶国际挂号函件条码标签（邮2107）。挂号函件条码标签分上下两联，上联贴在函件封面左上角，如寄件人名址写在左上角，则贴在此名址下方；下联贴在相关收据上。挂号函件条码标签如图 12-2 所示。

图 12-2　挂号函件条码标签

（4）按件加收挂号费。

（5）窗口收寄时，必须出给国际、台港澳挂号函件/保价函件收据（邮 2102）一份，在"挂号函件"前的方格内划"×"。收据上除应粘贴挂号函件条码标签下联以外，还应填注寄达国名、函件种类、函件重量及邮费数额，加盖日戳和收寄人员名章。收据交寄件人妥善保管。为便于查询，当寄件人一次性交寄数件挂号函件时，应请寄件人在每份收据上注明收件人姓名。

集中收寄点向协议客户提供自收寄系统导出的收寄清单。

（6）挂号印刷品专袋的挂号费按每袋总收，相关挂号函件标签应粘贴在名址签牌上。

（7）窗口收寄时，应请寄件人填写收寄国际挂号函件清单（邮 2120）。清单上的各项均应详细填写，以便以后查询。清单一式两份，一份留存，一份作为交接清单随相关挂号函件封交分拣封发部门。根据实际需要可增加清单份数。

（8）收寄随同大宗交寄挂号邮件清单（邮 1103）交寄的挂号函件时，除按照上述有关规定办理外，还应当办理下列事项：核对填写的清单是否正确，同交寄的邮件是否相符；将每件邮件的收寄号码填入清单相关栏内；清单上加盖日戳和收寄人员名章，并将收据（清单第二联）交寄件人收执。

（9）允许使用邮政公事的邮政机构交寄国际挂号邮政公事函件，其手续与一般大宗交寄挂号函件相同，相关交寄清单上应加盖"Postal Service"（邮政公事）戳记。

（10）挂号函件一律在营业场所交寄，筒、箱开出的注有"挂号"字样的函件，无论是否付足挂号函件资费，一律将"挂号"字样划掉，按平常函件处理。

11. 保价函件

除禁止寄递和超过规定限量寄递的物品外，各种有价证券、贵重物品和寄件人认为重要的文件均可以按保价函件寄递。保价函件只限寄往与我国互相通达此类函件的国家和地区。我国每件保价函件的保价限额为人民币 1 万元，当我国与寄达国的保价限额不一致时，应以其中最低的保价限额为准。当相关保价函件需经由第三方邮政散寄经转时，执行我国邮政、寄达国邮政和散寄经转国邮政中最低的保价限额（与我国另有双边协议的，按协议规定的限额办理）。

12. 国际商业回函

国际商业回函是专为大宗商业用户提供的服务，用户可随直销广告、货样等邮件将印好回函地址的信封、明信片寄给其客户。收件人用这类信封、明信片给寄件人回函时，只需将其投入信箱（信筒），不必支付邮费，从而有效地提高了回函率。

用户使用国际商业回函服务前应与当地邮局订立合同，获得许可证号码。许可证号码由 9 位阿拉伯数字组成，前 3 位表示许可证顺序号码，后 6 位为发放许可证号码邮局所在地的邮政编码。此项业务的开办范围由各省邮政公司根据当地实际情况自行确定。

国际商业回函信封或明信片由用户按照国际商业回函信封技术标准自行印制或委托邮局代为印制。国际商业回函信封或明信片可随各类邮件（广告信函、货样等）寄递，不另收费。退回的国际商业回函的资费由邮局按同重量级别出口平常航空函件或明信片的资费标准，按月与合同用户进行结算。

持有其他邮政寄来的国际商业回函信封或明信片的用户可以给原寄件人寄发回函，免付回函邮费。

国际商业回函一律按平常航空函件收寄和处理，每件国际商业回函的重量不得超过 50g（根据双边协议，有的国际商业回函的重量可达 250g）。收件人名址如有修改，国际商业回函信封或明信片不予寄发，按无着邮件处理。

13. 附回执的国际邮件

挂号函件、保价函件和各类包裹都可以附寄回执（不接受普通包裹附寄回执的国家和地区除外，见《国际及台港澳包裹资费表》）。收寄附回执的国际邮件时，除按相关种类邮件的规定办理外，收寄人员还应当办理下列事项。

（1）由寄件人填写 CN07 国际邮件回执（邮 2101）一份，按照国际邮件封面书写要求在指定位置详细填写收件人姓名、地址和寄件人姓名、地址（邮件回执退回的地址）。寄件人名址中除我国国名和原寄地名必须用英文、法文或其他寄达国通晓的文字书写外，姓名和其他地址内容可以只用中文书写。

（2）在回执上还应依式填写邮件节目（邮件种类、邮件号码、收寄局名称和收寄日期，保价邮件还应填写保价金额）。回执上不加盖收寄局日戳。

（3）将回执牢固地附在相关邮件上。

（4）附寄的回执和相关邮件一并称重计收邮费，并另按片收取回执费。

（5）在邮件封面左上角（寄件人名址下方）加盖带有"AR"（回执）字样的红色戳记。

（6）在相关邮件收据和存根上加盖"回执"戳记，收寄清单备注栏内加注"AR"（回执）字样。

（二）国际包裹的准寄范围

1. 国际普通包裹

凡适宜邮递的物品，除属禁寄物品和超过规定限量寄递的物品外，都可以作为国际普通包裹寄递。包裹内可以附寄包裹内件清单、发票、货单，与内件有关的产品说明书、使用说明书以及收、寄件人名址签条。

国际普通包裹只能寄往通达此类包裹的国家和地区，每件包裹的重量、尺寸限度都不能超过规定的标准。

收寄人员在收寄国际普通包裹时应办理下列事项。

（1）查看国际普通包裹资费表，以明确包裹的重量和尺寸限度，并提请寄件人遵守其他注意事项，如寄达国禁限寄规定、应提供的附寄文件、不办理的特别业务、不接受的无法投递处理意见等。

（2）包裹必须按照要求妥善封装，为保证包裹多联单上的条码自动识读，应使用标准包装箱。在包裹封面上按要求详细书写收、寄件人名址，该名址应与包裹多联单上的收、寄件人名址完全一致。

（3）寄件人寄递每件包裹需填写 CP72 包裹多联单（以下简称"包裹多联单"）一份，除详细填写收、寄件人名址以外，还应在报关栏内填写每件内装物品的名称、重量、价值，并在"Gift"（礼品）、"Documents"（文件）、"Sample"（货样）等字样前的方格内划"×"，表明内件属性。商业包裹还应注明货物原产地和协调系统税则号列。然后在"无法投递处理意见"中选择适当的一项，在方格内划"×"。最后在指定位置签名，声明包裹内未装寄任何危险物品，并确认所选择的无法投递处理意见。关于填写 CN23 报关单的规定同样适用于 CP72 包裹多联单报关部分的填写。如果寄达国邮政提出要求，还应另外按所要求的份数填写 CN23 报关单，与包裹多联单一起寄发。包裹多联单共 7 联，即 1 张包裹发递单、3 张报关单、1 张收据、1 张收据存根和 1 张名址签条。收寄人员收寄时应验视包裹多联单的填写是否符合要求，包裹封面上是否按规定要求书写收、寄件人名址和电话号码，包裹多联单上收、寄件人名址与包裹封面上所写名址是否一致，必要时指导寄件人更正或补充。

多联单必须与配套的塑料封套一起使用，该封套不得以其他封套代替。为保证包裹的快速处理，包裹多联单必须平整地放在封套内，不得折叠放入。为确保包裹多联单在运输途中的完整，在将塑料封套贴在包裹封面上之后，应将封舌折回，扣住封口，但不得使用封包用胶带封住塑料封套的封口。必须严格执行关于包裹最小尺寸的规定，将包裹多联单粘贴在包装箱尺寸较大的一面上，不得将包裹多联单折叠贴在包装箱的两个面上，以免影响后续处理。尽量不将包裹多联单粘贴在包装袋外面，以免脱落。

（4）如果寄件人选择在无法投递时将包裹退回，应请其阅知在包裹多联单的收据联背面加印的"退回时，将收取退包费，退包费可能高于收寄资费"文字内容，并向其说明将由他本人承担退包费。

（5）称重。包裹以 100g 为单位，不足 100g 的零数进为 100g。将每件包裹的重量打印或标注在包裹多联单上指定的位置。

（6）计收资费。将资费数额打印或标注在多联单上相应栏目内，资费前加注"￥"符号，并由收寄人员和检查人员在指定位置签写或打印全名。根据情况，也可将所收邮费购成邮票，贴在包裹上，以日戳盖销。

（7）收寄时，应分别按航空包裹、空运水陆路包裹或水陆路包裹资例收取邮费，在包裹封面上加盖相应的"By Airmail"（航空）、"SAL"（空运水陆路）或"By Surface"（水陆路）红色戳记，并在包裹多联单左上方的"Air"（航空）、"SAL"（空运水陆路）或"Surface"（水陆路）字样前的方格内打"×"。

（8）在非验关窗口收寄国际普通包裹时，应按件收取"送交海关验关费"，将款额打印或标注在包裹多联单上的指定位置，所收资费作为营业收入上缴。如果代客报关，应收取代客报关费。手工收寄的邮政支局（所）可开列退还/补收资费收据，将所收资费购成邮票贴在包裹表面空白处，以日戳盖销，并在包裹详情单上标明，用户使用贴票方式付费。

（9）在包裹多联单上加盖或打印收寄局口戳，将存根联和收据联取出，分别留存和交寄件人收执，然后将其余各联装入包裹多联单封套，牢固地粘贴在包裹封面上（注意不要盖住包裹封面上寄件人所书名址）。如果寄件人要求另开收据，应在交给寄件人的包裹多联单"收据"联上加盖带有"仅供查询使用"字样的戳记。

（10）填写收寄国际包裹清单（邮 2121）。清单一式两份，一份留存，一份作为封发清单随包裹封交分拣封发部门。根据实际需要可增加清单份数。

2. 国际保价包裹

除属禁寄物品和超过规定限量寄递的物品以外，凡适宜邮递的贵重物品均可以作为国际保价包裹寄递。国际保价包裹只限寄往与我国互相通达此类包裹的国家和地区。

我国每件国际保价包裹的保价限额为人民币 1 万元，当我国与寄国的保价限额不一致时，应以其中最低的保价限额为准。当国际保价包裹需经由第三方邮政散寄经转时，执行我国邮政、寄达国邮政和散寄经转国邮政中最低的保价限额（与我国另有双边协议的，按协议规定的限额办理）。

寄件人申报的保价金额不可超过包裹内件的实际价值，但可以只申报包裹内件实际价值的一部分。

收寄国际保价包裹时，除按国际普通包裹的收寄要求办理外，收寄人员还应按下列各项办理。

（1）查看寄达国（地区）邮政是否办理此项业务，保价金额是否超过规定的最高限额。

（2）由寄件人将保价金额用人民币和特别提款权分别填写在包裹封面上，填写方法与国际保价函件相同，并在包裹多联单的相应栏目（此栏专供为国际保价包裹申报保价金额时使用，各局自办的保值包裹、保险包裹和非保价包裹的内件价值等均不得登入此栏）内进行相同的填注。

（3）在包裹上书写收、寄件人名址的一面粘贴一枚与包裹多联单的条码相同的条码标签，另外在包裹多联单的"发递单"联上加贴印有"Insured"（保价）字样的粉红色国际保价邮件标签（邮2109），并在包裹封面上加盖带有"Insured"（保价）字样的红色戳记。

（4）国际保价包裹以10g为最小重量，10g以下的零数应进为10g，并分别标注在包裹封面上和多联单上指定的栏目内。

（5）对国际保价包裹除收取相关类别（航空、空运水陆路或水陆路）的包裹资费外，还应按件加收保价手续费和按保价金额加收保价费。

（6）在收寄国际包裹清单的备注栏内用人民币和特别提款权分别注明保价金额。

（三）国际特快专递邮件的准寄范围

国际特快邮件按内件性质分为信函类、文件资料类和物品类3种。

1. 信函类国际特快专递邮件

具有现时通信内容的文件应按信函类国际特快专递邮件寄递。信函类国际特快专递邮件内不得夹寄文件资料或物品。

2. 文件资料类国际特快专递邮件

商业合同、工程图纸、照片、照相复制品、金融票据、有价证券（不包括各国货币和无记名支票）、证书、单据、报表及手稿文件等全部用印刷方式印制、复制的各种纸质制品应按文件资料类国际特快专递邮件寄递。文件资料类国际特快专递邮件实行低于物品类国际特快专递邮件的资费标准。

3. 物品类国际特快专递邮件

物品类国际特快专递邮件中准许寄递所有适于邮递的货样、商品、馈赠礼品及其他物品。

寄递物品类国际特快专递邮件必须向海关详细申报，在国际特快专递邮件报关单的相关方格（货样、礼品或商品）中打"×"，并详细注明物品的名称、数量和价值。必要时，寄件人还应根据寄达国海关的要求填写CN23报关单及提供发票、进口许可证等文件。

（四）存局候领邮件的准寄范围

寄件人可以要求所寄的邮件在寄达地存局候领。交寄存局候领邮件时，寄件人应在邮件封面书写收件人姓名和寄达地名、国名，同时用粗体字加注"Poste Restante"（存局候领）字样。如用缩写字、数字或只写姓氏、假名或用任何暗号书写收件人名址的，一律不予收寄。

二、国际邮件的规格标准

（一）国际邮件的封面书写

由于各国（地区）所使用的语言、文字不同，不同语言文字环境下的邮件封面书写习惯也有很大差异。为了保证国际邮件的正确分拣、迅速传递和准确投递，国际邮件的封面书写必须符合统一要求和统一标准。

1. 使用文字

根据《万国邮政公约》及其实施细则的规定，国际邮件上的收件人名址必须用寄达国通晓的文字书写。为此，《国际及台港澳邮件处理规则》中有以下明确规定。

（1）国际邮件封面、报关签条、报关单及包裹多联单上的收件人名址应用英文、法文或其他寄达国通晓的文字书写。如遇只用英文、法文以外的其他寄达国通晓的文字书写收件人名址时，还应当用中文或英文、法文加注寄达国国名和寄达地地名。寄达国国名和寄达地地名应另起一行，并用大写字母书写。

（2）除平常函件外，寄件人名址亦应用英文、法文或寄达国通晓的文字书写。平常函件上的寄件人名址完全用中文书写时，应用英文、法文或寄达国通晓的文字译注我国国名和地名。

2．书写要求

（1）书写格式

国际邮件封面书写格式应遵守万国邮联的相关规定和我国关于国际邮件封面书写的相关标准。国际邮件上只能书写一个收件人的名址，但注明"由××转交××（英文×× C/O ××，法文×× parles soins de ××）"的除外。

收件人的名址应当写在邮件封面靠右偏下的位置，与邮件的长边平行书写。收件人名址书写顺序：第一行写收件人姓名，第二行写所在单位名称，第三行写街道名和门牌号码或邮政信箱号，第四行写寄达地地名和邮政编码，最后一行写寄达国国名。

寄件人的名址应当写在邮件封面的左上角或者写在邮件的背面。国际邮件封面书写格式如图 12-3 所示。

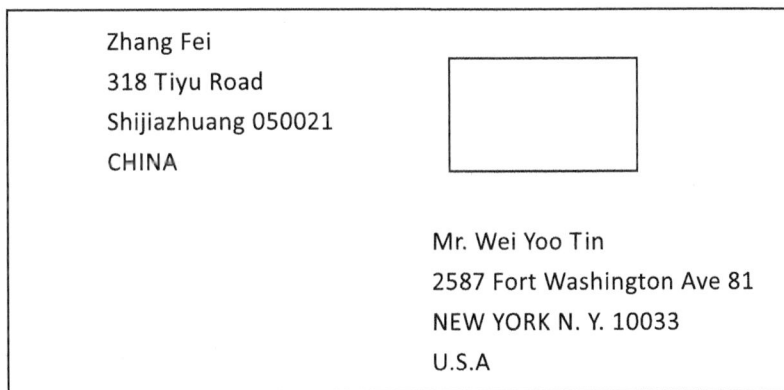

图 12-3　国际邮件封面书写格式

（2）其他规定及要求

① 收、寄件人名址应打印或用钢笔、毛笔、圆珠笔书写，字迹为黑色或蓝色。

② 各种业务标签或戳记应粘贴或加盖在邮件封面左上角，如寄件人名址写在左上角，则应粘贴或加盖在寄件人名址的下面。

③ 寄往日本、韩国、朝鲜、新加坡等通晓中文的国家和地区的邮件，如使用中文书写收、寄件人名址，除已在信封左上角印好寄件人名址的以外，应按中文习惯格式书写。

④ 使用透明窗信封交寄国际邮件时，显示收件人名址的透明窗必须开在信封正面（没有封舌的一面），形状为长方形，其长边应与信封长边平行，但对于 C4 规格（324mm×229mm）的信封，其长边可与信封短边平行。另外，只有寄达国邮政在大宗函件业务中接受透明窗长边与信封短边平行的情况，才可以这样设置。透明窗的制作和所用材料应使收件人名址能透过该窗清晰可见。窗口透明材料应牢固地从里面贴在信封所开窗口上。信封的侧边、底边与透明窗口之间都要留出足够的距离（至少 15mm）。透明窗的位置不能妨碍日戳的加盖。

（二）国际邮件的重量、尺寸限度

1. 国际普通邮件

国际普通邮件重量、尺寸限度如表 12-1 所示。

表 12-1 　　　　　　　　　　　　　国际普通邮件重量、尺寸限度

邮件类别	重量限度	尺寸限度		附注
		最大	最小	
平常信函	2kg	长、宽、厚合计 900mm，最长边为 600mm，公差为 2mm。圆卷状的，直径的 2 倍和长度合计 1040mm，长度为 900mm，公差为 2mm	最短边为 140mm，宽度为 90mm，公差为 2mm。圆卷的直径的 2 倍和长度合计 170mm，长度为 10mm	标准信封尺寸见相关国家标准。如果我国与寄国有特别协议，应依照协议规定办理
平常明信片	—	长 235mm 宽 120mm 公差为 2mm	长 140mm 宽 90mm 公差为 2mm	长度至少应相当于宽度的 1.4 倍，明信片的硬度应能使其毫无困难地经受各种处理
平常航空邮简	—	长 220mm 宽 110mm 公差为 2mm	长 140mm 宽 90mm 公差为 2mm	长度至少应相当于宽度的 1.4 倍
印刷品	5kg	同平常信函	同平常信函	如果我国与寄达国有特别协议，应依照协议规定办理
盲人邮件	7kg	同平常信函	同平常信函	如果我国与寄达国有特别协议，应依照协议规定办理
平常小包	2kg	同平常信函	同平常信函	如果我国与寄达国有特别协议，应依照协议规定办理
保价函件	2kg	同平常信函	同平常信函	
包裹	31.5kg	长度为 150 cm，长度和长度以外最大横周合计 300cm	最短边为 240mm，宽度为 160mm	如果寄达国邮政规定的最高重量、尺寸高于或低于左列标准，应以寄达国邮政规定的重量、尺寸为准

2. 国际特快专递邮件

国际特快专递邮件重量、尺寸限度如表 12-2 所示。

表 12-2 　　　　　　　　　　　　国际特快专递邮件重量、尺寸限度

邮件类别	重量限度	尺寸限度		附注
		最大	最小	
物品类	20kg（除寄达国邮政另有规定外），整件无法开拆分装的物品类邮件，可放宽至 25kg；属于易碎物品或流质物品的邮件，每件限重 10kg	（1）长度为 1050mm，长度和长度以外的最大横周合计 2000mm，最小面为 215mm×130mm （2）圆卷形的：直径的两倍和长度合计 1040mm，长度为 900mm	（1）长度为 215mm，宽度为 130mm （2）圆卷形的：长度为 300mm，直径为 60mm	公差为 2mm
文件资料类		扁平形的：长度为 324mm，宽度为 229mm，公差为 2mm	扁平形的：厚度为 10mm	非扁平形的：按照物品类规定尺寸

（三）国际邮件的封装要求

1．国际普通邮件

国际普通邮件的封装要求如表 12-3 所示。

表 12-3　　　　　　　　　　　　　　　国际普通邮件的封装要求

邮件类别	封装要求	附注
平常信函	信函应装入信封内并将封口粘固	不准使用已用过的信封或废旧纸张和有字纸张及报刊制成的信封装寄
平常明信片	不加封装	
平常印刷品	（1）封装应既能充分保护内件，又便于验看内件。 （2）较重的用坚韧纸张包封；一包内装有数件的，应先用绳子牢固捆扎；书籍的上下要衬垫硬纸板等加以保护。 （3）较轻的，可以装入带有长封舌的封套或者带有安全纽扣的纸袋。装入带长封舌的封套的，封舌要折入封套里面，夹住内件，以免漏出。 （4）圆卷的，封皮应不短于内件；尺寸较长、内件容易折断的，应当内衬坚实的圆棍；重量较大，封皮易于破裂的，卷外应当用绳子箍扎。 （5）如另用纸带书写收、寄件人名址并贴在封皮上的，应当先贴好，再捆扎	不准用报刊作为包装纸
盲人邮件	同平常印刷品	
保价函件	（1）信封必须由坚韧、完整的纸张制成，不得使用完全透明或有透明窗的信封。 （2）封装必须牢固，确保在邮件被拆动、内件被抽窃时，封皮外表能够留下明显的痕迹。 （3）信封封妥后，必须在封口处由寄件人签名或用寄件人印章或专用标记加盖封志，封志的数目要能够封妥封口，各封志不可以相连。业务标签、邮票等也要分开粘贴、相互间留有空隙。 （4）如果用透明胶条封保价函件，应将寄件人签名、印章或专用标记盖在信封上，然后贴胶条。 （5）内装贵重品时，应先用结实的材料包封贵重物品，再将其装入信封。 （6）箱匣式保价函件的箱匣必须由坚实的瓦楞纸、钙塑材料、金属或坚实的塑料制成；箱匣盖、底应粘贴整张白纸，用以书写收、寄件人名址，申报保价金额，粘贴邮票和业务标签等，箱匣四壁合缝的地方，应用胶带密封，并加盖寄件人名章或专用标记，使名章一部分盖在胶带上，另一部分盖在箱面上	
平常小包和包裹	（1）应按照所寄物品的性质、大小、轻重、寄递路程远近和运输情况等，选用适当的包装材料妥为包装，以防止：①封皮破裂，内件露出；②伤害处理人员；③污染或损坏其他邮件或邮政设备；④因寄递途中碰撞、摩擦、震荡或压力、气候影响而发生损坏。 （2）少量的柔软、干燥、耐压的物品，如衣服、袜子等，可用标准化的多层坚韧纸质封套包装。 （3）其他物品，应以坚实的瓦楞纸箱或金属箱匣封装。如以胶合板制成的木箱装寄的，箱板厚度应不少于 5mm，此类木箱应用打包机加箍。 （4）油腻、有腥味和容易返潮的物品，要先用塑料袋或蜡纸等妥为裹扎，再用坚固箱匣盛装。 （5）易碎物品，应用坚韧的塑料或纸板制成的箱匣封装，内件与箱板之间用柔软物料充分填塞。如果内件不止一件，各件之间也应用适当的物料填塞，以防运输途中因碰撞而损坏。	

邮件类别	封装要求	附注
平常小包 和包裹	（6）流质和易融化物品以及染色性干粉，应装入完全密封的容器内，再套以金属、硬塑料或质地结实的瓦楞纸箱，在内外两层之间须留有空隙，并用锯末、海绵或其他吸湿物料填塞，以备容器破损时吸尽流质。 （7）对于不易于溶解或液化的油脂类物品，如油膏、香皂、树脂以及蚕卵等，应当先进行第一层包装（如用包装盒、布袋、塑料袋等包装），然后将其置于坚固的外包装盒内，以防止泄漏。 （8）干燥无色粉末物品，应首先采用结实的容器封装，然后将这些容器置于坚固的外包装盒内。 （9）允许寄递的蜜蜂、果蝇、水蛭、寄生虫等应采用合适的封装盒包装，以避免发生危险。 （10）木材、金属等成块物品无须进行包装，收件人地址应直接写于物品之上	
保价包裹	（1）保价包裹，除按普通包裹封装规定封装外，封口上还应由寄件人签名或用寄件人印章或专用标记加盖封志。封志数量要足以封妥封口、保护内件，封志之间以及其他签条之间应保持一定的距离。 （2）封装必须牢固，确保在邮件被拆动、内件被抽窃时，封皮外表能够留下明显的痕迹。 （3）如果用透明胶条封装，寄件人签名、印章或专用标记应盖在包装箱上，然后贴胶条	

2. 国际特快专递邮件

国际特快专递邮件的封装要求如表 12-4 所示。

表 12-4　　　　　　　　　　　　　国际特快专递邮件的封装要求

内件性质	封装要求	附注
信函	使用符合《国际特快专递邮件处理规则》第 37 条第一项规定尺寸的坚韧信封封装	（1）不准使用旧信封或有字纸张制成的信封、封套装寄。 （2）不准用报刊作为充填物。 （3）各局应备有专用信封、包装箱、捆扎用具
文件资料	（1）扁平形的：应装入特快专递邮件专用信封内寄递；用户如自备封套、信封，则必须用坚韧的纸张制成，信封的尺寸应符合《国际特快专递邮件处理规则》第 37 条第二项的规定。 （2）厚度较大的：装入封套后，应用绳子进行"井"字形捆扎；书籍等应用大小适当的邮政包装箱封装，封装时内件上下要衬垫硬纸板，箱内空隙过大时，周围应用碎纸充填；包装箱外面应用塑料带或绳子捆扎牢固。 （3）圆卷的：封皮不得短于内件；圆卷的尺寸应符合《国际特快专递邮件处理规则》第 37 条第三项的规定，即尺寸较长而内件又易折断的邮件，应内衬坚实的圆棍或采用硬塑料制成的圆筒作为外包装物。 （4）需要捆扎的邮件，应先将特快专递邮件详情单牢固地粘贴在邮件封面上再行捆扎	
物品、货样、商品	（1）应按所寄物品的性质、大小、轻重、寄递路程远近和运输情况等，选用适当的包装材料妥为包装，以防止： ①封皮破裂，内件散落； ②伤害处理人员； ③污染和损毁其他邮件或邮政设备； ④因寄递途中挤压碰撞、摩擦、震荡或气候、湿度影响而发生损坏。 （2）柔软、干燥、耐压的轻型物品（如衣服、布料袜子等），可用塑料袋、套包装，再装入特快专递专用信封或邮政包装箱内。	不得使用木箱、软包装封装，不得使用金属捆扎带箍扎

续表

内件性质	封装要求	附注
物品、货样、商品	（3）较重的金属物品或贵重物品，应用坚实的金属箱匣或特制的包装箱匣封装。包装箱匣的尺寸应符合《国际特快专递邮件处理规则》第37条第三项的规定。一般在20kg以内的金属物品，可使用双层邮政包装箱套装，箱内用硬泡沫将内件衬垫填塞妥当。重量超过5kg的邮件，箱外应用塑料带箍扎牢固。 （4）油腻、有腥味和容易反潮的物品应用先用塑料袋妥为封装，热压封口（或用其他方法密封），再用邮政箱包装。 （5）易碎物品，封时应在内件之间及内件与箱板之间用柔软、轻质的填充物（如泡沫塑料填充品，棉絮、瓦楞纸等）填塞妥当，使内件不能在包装箱内晃动，以防在运输途中损坏。 （6）流质和易液化物品以及染色性干粉应装入完全密封的容器内，再装入以金属或硬塑料制成的箱匣内。箱匣内必须用吸附性强的填充物填塞妥当，以备容器破损时吸尽流质	不得使用木箱、软包装封装，不得使用金属捆扎带箍扎

三、国际邮件的禁限寄规定

（一）国际普通邮件的禁限寄规定

1. 各类邮件禁止寄递的物品

（1）有爆炸性、易燃性、腐蚀性、毒性、酸性、传染性和放射性的各类危险物品，如雷管、火药、爆竹、汽油、酒精、煤油、桐油、生漆、火柴、强碱、农药等。

（2）国际麻醉药物管理委员会规定的麻醉药品和精神药品，如鸦片、吗啡、可卡因等，或寄达国禁寄的其他非法药品。

（3）国家法令禁止流通或寄递的物品，如军火、武器以及爆炸装置及其复制品，包括手榴弹和炮弹壳及类似物品。

（4）容易腐烂的物品，如鲜鱼、鲜肉、鲜水果、鲜蔬菜等，但经加工制作，已经干燥或者制成罐头食品的，不被禁寄（寄达国另有规定的除外）。

（5）妨碍公共卫生的物品，如尸骨、未经硝制的兽皮、未经药制的兽骨等。

（6）颠覆国家政权、破坏国家统一、危害国家安全、泄露国家秘密、破坏民族团结、宣传邪教迷信、散布淫秽、赌博、恐怖信息等的报刊书籍、宣传品。

（7）侵犯知识产权的物品。

（8）各种活的动物，但蜜蜂、水蛭和蚕以及医药卫生科学研究机构封装严密并出具证明交寄的寄生虫和用作药物或用以杀灭害虫的虫类及国家承认的生物制药研究机构之间交换的果蝇不在此列。

（9）其他不适合邮寄的物品。

寄件人寄递各类国际邮件时，除应遵守上述规定以外，还应遵守我国公安、海关，寄达国（地区）海关，以及卫生防疫、动植物检疫和航空运输等部门的有关规定。

2. 其他有关禁止寄递的规定

（1）信函内禁止寄递物品。

（2）信函以外的各类函件和包裹内不准寄递具有现实通信性质的文件，但收、寄件人之间的通信性质的文件以及档案类文件除外。

（3）印刷品和盲人邮件内禁止寄递已盖销或未盖销的邮票。

（4）各类邮件内禁止寄递白银、黄金、白金、各国货币、旅行支票和可兑换的有价证券。

（5）除保价邮件以外，各类函件和包裹内禁止寄递金银首饰、宝石及其他贵重物品。

（6）各类邮件内禁止寄递包装不妥、可能危害人身安全、污染或者损毁其他邮件及邮政设施的物品。

3. 寄达国禁限寄规定

除通常禁止寄递的物品以外，有些国家对药品、食品、衣服、动植物产品、土壤、种子、水果、蔬菜、胶卷、香烟等物品的寄递做出了一些规定；有些国家对邮寄的进口、出口物品规定了限值和限量；有些国家还对邮寄的进口物品原产国做出了限制等。

为便于各国邮政掌握禁限寄情况，万国邮联在1934年正式出版了万国邮联各会员国关于禁止和限制寄递物品规定的汇编，即《禁寄物品清单》，以便各国邮政工作人员在收寄邮递物品时向用户提供咨询服务，并规定万国邮联各会员国将本国有关禁限寄物品的资料通知国际局，以便通知其他会员国。

由于各个国家在政治、经济、文化、宗教等方面存在着差别，因而不仅各国制定的禁限寄规定不尽相同，而且已经制定出的禁限寄物品规定也在不断变化。因此，收寄人员若不知所邮寄的物品是否属于寄达国邮政禁限寄物品时，应请寄件人向寄达国有关部门查明以后再寄。

（二）国际特快专递邮件的禁限寄规定

依据我国《国际特快专递邮件处理规则》，国际特快专递邮件禁止寄递以下物品。

（1）有爆炸性、易燃性、腐蚀性、毒性、强酸碱性和放射性的各种危险物品，如雷管、火药、爆竹、汽油、酒精、煤油、桐油、生漆、火柴、农药等。

（2）麻醉药物和精神药品，如鸦片、吗啡、可卡因（高根）等。

（3）国家法令禁止流通或寄递的物品，如军火武器、本国或外国货币等。

（4）容易腐烂的物品，如鲜鱼、鲜肉等。

（5）妨碍公共卫生的物品，如尸骨（包括已焚化的骨灰）、未经硝制的兽皮、未经药制的兽骨等。

（6）反动报刊书籍、宣传品和淫秽或有伤风化的物品。

（7）各种活的动物（但蜜蜂、水蛭、蚕以及医药卫生科学研究机构封装严密并出具证明交寄的寄生虫以及用作药物或用以杀灭害虫的虫类，不在此限）。

寄件人寄递国际特快专递邮件时除遵守上述规定外，还应遵守中华人民共和国海关对寄自或寄往香港、澳门的个人邮递物品监管办法和我国有关禁止和限制邮寄物品的规定，以及各寄达国（地区）邮政禁止和限制邮寄进口物品的规定。

四、国际邮件的收寄

（一）国际邮件的收寄要求

1. 邮件收寄实名制

在邮政支局（所）收寄挂号类的国际邮件时，除信函、明信片、航空邮简外，都需要寄件人出示有效身份证件，同时需采集寄件人的个人信息。寄件人的个人信息包括：姓名、电话、证件类型、证件号码、地址（包括行地址及对应的省、市、区县）、客户类型等。

2. 集中收寄点收寄

邮政企业应客户相关要求，在指定邮政收寄网点收寄客户一次性交付的大量邮件，并统一进行邮件包装制作，粘贴条形码，录入邮寄信息等相关操作，最后由客户统一付费的收寄方式被称为集中收寄点收寄，也叫大宗收寄。

目前，跨国在线零售对时效性的要求日益提高。第26届万国邮联大会上产生的新决议，对国际小包等业务的收寄国、寄达国处理流程在时限上做出了明确规定：处理逾期要赔偿客户损失。面对这种情况，邮政加强了国际邮件的大宗收寄业务操作。集中收寄点收寄主要面向电子商务客户，由邮政企业与电子商务公司依据相关规定签订合作协议，采取与客户和海关系统联网、专人负责、专地收寄、专车运输等方式，配合客户成批、大量收寄邮件，从而提升了邮政网的整体运行效率。

集中收寄点收寄的小包，其信息采集方式有两种，一是通过跨境电子商务平台与收寄系统对接进行直接采集，二是通过其他方式采集。针对两种不同的信息采集方式，分别采用不同的收寄操作。

集中收寄点收寄的特别函件须使用标准面单。收件人的名址和寄件人的名址应当填写在面单的规定位置内。名址书写所采用的文字和书写顺序参照前述有关规定。

使用标准面单的邮件，其面单必须与函件宽边平行粘贴，并且尽量确保面单只粘贴在一面上。对于较小尺寸的邮件，要确保面单上的条码不被折叠。各种业务标签或戳记应粘贴或加盖在标准面单以外，不能覆盖面单。同时，使用标准面单时，寄件人的名址不得为邮局的名址。

（二）国际邮件收寄后的检查

各类邮件（包括筒、箱开出的平常函件）收寄以后，在发往邮区中心局或经转局、验关局、互换局以前，收寄人员应认真进行检查。收寄人员应检查下列项目，并按下列办法处理。

（1）如邮件封面上收、寄件人名址位置颠倒、地址不详或未用英文、法文或其他寄达国通晓的文字书写收件人名址，应当在邮件封面粘贴"改退批条"（邮1407），批明原因，退回寄件人更正或补充。无法退回的，如能试发，予以试发；不能试发的，按无着邮件处理。

（2）投筒交寄的平常信函、明信片多贴邮票的，一律予以盖销，不必退回寄件人。窗口收寄的平常印刷品、小包、印刷品专袋、各类挂号函件和包裹，如果多收邮费，应尽快退还寄件人。

（3）若邮件贴用了无效邮票，按下列规定处理。

① 贴用已停止使用的邮票，污染、残缺或变色等难以辨别真伪的邮票，从邮资信封或明信片上剪下的邮票图案，外国邮票，台港澳地区邮票，畸形邮票等，应当用红笔在四周划框，不予盖销，加贴改退批条，批明原因，退回寄件人换贴有效邮票。无法退回的，按欠资函件的有关规定处理。

② 贴用已盖销或划销的邮票，伪造邮票，有拼补、洗刷痕迹的邮票，正面涂抹胶水、糨糊或以其他形式妨碍盖销的邮票，从各种印刷品上剪下的邮票图案，应将邮件扣留，并报告主管人员进行追查。

（4）发现误收寄达国不接受的邮件，超过重量、尺寸限度的邮件，封装不合要求的邮件，应附单式、标签，戳记不齐或填写不符合规定等情况，应当根据具体情况，按照《国际及台港澳邮件处理规则》有关规定处理。

（5）发现邮件内有禁限寄物品，应按《国际及台港澳邮件处理规则》规定处理。

（6）未付或未付足资费的邮件称为欠资邮件，发现欠资邮件应按下列规定处理。

① 筒（箱）开出的平常信函、明信片、航空邮简和卡片式印刷品欠资，应粘贴批条，批明欠资数额，退回寄件人补足资费再寄。若无法退补，则印刷品按无着邮件处理，信函、明

信片、航空邮简按规定方式批注欠资数额（在封面上加盖"T"字戳记，其后以分数形式批注欠资数目）以后，按原发运方式发往前程。

② 按减低资费收寄的亚太地区水陆路信函、明信片欠资，亦应按上述办法批注，统一采用 20g 以内国际平常水陆路信函的资费作为分母。

③ 窗口收寄的平常印刷品、小包、印刷品专袋、挂号函件、保价函件及包裹欠资，所欠金额由责任人用现金缴款，并根据邮件付费方式以现金或邮资符志的方式补足邮资后，将邮件发往前程。

（7）寄件人更正、补办后重新交寄的函件，经查验合格的，应在邮件上另盖收寄日戳。对不需要更换封皮的，原贴邮票仍然有效。欠资函件补贴的邮票应予以盖销。

第四节　国际邮件的监管与检疫

中华人民共和国海关是国家的进出关境（以下简称进出境）监督管理机关。海关依照《海关法》和其他有关法律、行政法规，监管进出境的运输工具、货物、行李物品、邮递物品和其他物品，征收关税和其他税、费，查缉走私，并编制海关统计和办理其他海关业务。

一、国际邮件的监管

海关对国际邮件的监管有两种：一是对我国进出口及过境的国际邮袋的装卸转运和总包封发开拆实施的监督管理，称为国际邮袋监管；二是对我国与其他国家或地区的用户相互寄递的邮递物品进行的监督检查，称为国际邮递物品查验。

（一）国际邮袋监管

根据《海关法》和《邮政法》的有关规定，国际邮袋的出入境、开拆和封发、装卸、转运等均应接受海关的监管。海关监管国际邮袋的工作程序如下。

（1）进口邮袋从国际运输工具起卸时，邮局人员将一份收发邮件路单送海关值勤人员核签后才可以提运。相关邮袋在运往互换局时，邮局应将一份收发邮件路单送交海关查核签印。邮袋到局后，邮局应通知海关，由海关派员检查有关的收发邮件路单，核点邮袋并监视开拆。

（2）出口邮件在封发时，邮局应通知海关，由海关派员监视封发。邮袋从邮局起运时，邮局应将一份收发邮件路单送交海关查核签印，在将邮袋装载至国际运输工具时，值勤人员应复核，并监视该过程。

（3）过境邮袋在入出境时，分别比照进口邮袋和出口邮袋办理海关核对放行手续。送交海关的各类路单应由海关加盖关章，作为关单密封后封入相关总包的"F"袋，形成"葫芦袋"，拴挂粉红色特别"关单"袋牌一枚，分别运至出口国际邮件交换站或进口总包寄达互换局转交驻局海关，海关根据关单对出口和过境邮袋进行验放，对进口邮袋进行开拆监管。

（4）互换局应将转关进口国际邮件登列封发清单，封成专袋发往指定验关地的邮局。相关封发清单应多缮一份，由海关加盖关章后，作为关单密封后封入相关邮件袋内一起发运，袋牌上注明"转关邮件"字样。相关设关局收到转关邮袋后，开拆时应将关单交驻局海关，并请海关对进口邮递物品进行查验，经海关查验放行后将邮件发往寄达局投交收件人。

关单是海关对进口、出口、过境国际邮件总包和转关邮件在我国境内运输过程中进行监管的重要文件，相关工作人员应按规章要求谨慎运递与交接。

（二）国际邮递物品查验

海关依据《海关法》对国际邮递物品进行的监管查验一般称为验关，验关包括进口邮件验关和出口邮件验关两个部分。

1. 进口邮件验关

进口互换局对寄往没有设关局的省、自治区、直辖市的邮递物品和本局落地投递的邮递物品，应交驻局海关查验；对寄往有设关局的省、自治区、直辖市的进口邮递物品，应作为"转关邮件"转往相关验关局交驻局海关查验。

海关对进口邮件验关时，邮局应会同海关办理重封手续。对于验讫后的邮件，双方应在封口处粘贴"××海关查验××邮局会同重封"字样的封签并加盖名章，再行投递或转发。

对于免税放行的进口国际邮件，海关应加盖免税戳记；对于应交纳关税的国际邮件，按照有关规定处理。

验关邮件如由海关取走离开邮局处理邮件现场另行查验的，海关应向邮局办理交接签收手续。

夹带有零星物品经海关验放的进口信函，仍按信函处理；海关征税的按小包处理。

印刷品邮件内夹寄物品的，整件按小包处理。

验关邮件中如果装有禁止进口或超过规定限量的物品，经海关查验后需扣留、收购、退回的，应按以下办法处理。

（1）整件扣留的，邮局向海关办理移交手续。

（2）整件收购或部分收购的邮件，移交海关处理。

（3）内件部分扣留、外件部分放行的应将整件交海关处理。

（4）整件退回的，由海关在邮件封皮加盖戳记后，按无法投递邮件处理。

（5）对于海关决定扣留的国际邮件，邮局应使用 CN13 扣留邮件通知单，将依据的有关法令及对邮件的处理方式通知原寄国邮政。

2. 出口邮件验关

出口邮件的查验方式分为窗口查验和内部查验两种。

（1）窗口查验。海关在邮局营业厅设置台席，对于应接受海关监管的国际邮件，寄件人需先在海关窗口办理查验手续，海关验放后再到邮局窗口交寄。

（2）内部查验。寄件人在没有海关窗口的邮局交寄需要海关查验的国际邮件时，应先填妥报关文件，由收寄局收寄邮件并由收寄局将邮件转发至设关局送交海关查验。如果经转局未设海关，经转局将邮件封至出口互换局交海关查验。

验关的出口邮件应尽量使用原封装并恢复原样，由海关加盖验放戳记。给据邮件如需离开生产现场查验的，海关一律登列清单与邮局人员交接签收；对于平常邮件，海关需拿离邮局生产现场查验的不必登记交接。

需要验关的邮递物品包括印刷品、印刷品专袋、小包邮件、包裹、保价信函、盲人邮件、合封函件以及贴有 CN22 验关签条或附有 CN23 报关单的进口优先/非优先函件。

除有特殊规定外，寄自和寄往有设关局的各省、自治区、直辖市的进出境邮递物品应由当地驻局海关验关；寄自和寄往没有设关局的各省、自治区、直辖市的进出境邮递物品应由进口互换局或出口互换局驻局海关验关。

二、国际邮件的检疫

国际邮件的检疫是指国家卫生部门或者动植物检疫部门依法对相关邮件进行检疫的法定

程序。实行邮件的检疫是为了防止病疫细菌通过邮寄途径传染、扩散、危害人民身体健康和财产安全，这是国家赋予卫生部门或者动植物检疫部门的一项职权。

（一）有关邮件检疫的处理规定

（1）凡寄往同我国签有动植物检疫协议的国家的装有应检疫物品的包裹和小包，应由寄件人随附动植物检疫部门签发的有效期内的检疫证书才能出口；对未办妥检疫证书的邮件，邮政企业一律不得收寄与转发。

（2）邮寄入境的动植物或动植物产品，必须经口岸动植物检疫机关检疫，经检疫未发现检疫对象的，在邮包外加盖邮寄检疫章后放行；发现有检疫对象的，在进行检疫处理后，签发"检疫处理通知单"，随同邮包由邮局投交收件人；不能进行检疫处理的，在邮包外加贴退包标签，交邮局退回寄件人；必须销毁的，签发处理单后，由邮局将处理单转交寄件人。

活的动植物产品禁止邮寄入境（符合规定的少量样品除外）。

（3）根据有关规定，对有碍卫生的旧衣物和来自疫区的能传播疾病的食品等禁止进口；出口邮件除按有关规定检疫外，还要遵守对方国家的有关规定和要求，如有些国家要求旧衣物要随附消毒证明书，要求肉类、罐头食品等须附卫生机关的检疫证书等。

为了保证邮件的运递时限，检疫部门应对上述应检疫的邮件优先检疫，这就要求互换局及设关局根据当地具体情况与动植物检疫部门和卫生检疫部门以及海关协商制定必要的配合办法，以贯彻优先检疫、保证运递时限的要求。

（二）有关邮局和检疫机构工作配合的事项

1. 邮寄物检疫

邮寄物检疫是指对经国际邮递渠道进出境的植物、植物产品及其他检疫物实施检疫。邮寄物检疫工作务必取得邮局和海关的有力配合和支持。检验检疫机关派员定期或由邮局通知前往或常驻国际邮件互换局、快递公司执行检疫任务。

（1）当进境邮寄物抵达国际邮件互换局后，邮局在分拣过程中，拣出检疫物邮包转交检验检疫人员实施检疫。需拆验时，检验检疫人员与邮政部门的工作人员共同拆包。如需取回检验检疫机关检疫，由检验检疫人员向邮局办理交接会签手续。

（2）对于快递邮件，因其经营单位分散，海关一般在进出境时对其进行集中检查，检验检疫人员可结合海关的检查实施检疫。

（3）邮寄出境的植物、植物产品和其他检疫物，物主有检疫要求的，向口岸检验检疫机关报检，检疫合格的，签发检验检疫证书。

2. 检疫处理

（1）进境邮寄物。经现场检疫未发现危险性病虫害或带有一般性生活害虫但虫口密度不大的，检验检疫人员在邮包上加盖章，予以放行。

对于需要取回室内检验的种子、苗木或其他繁殖材料，海关应通知收件人限期办理审批单，逾期不办理的，进行退回或销毁处理；办理审批后，经检疫合格或经处理合格，海关应出具调离通知单，通知收件人按审批指定地点隔离试种，同时通知试种地植物检疫部门。

对未办理特许审批的国家禁止进境的邮寄物，海关可视情况通知收件人限期补办特许审批手续或进行退回、销毁处理。

对发现危险性病虫害或带有一般性生活害虫且虫口密度较大的邮寄物，海关应分情况进行如下处理。

① 能进行有效除害处理，经处理复检合格的，在邮件上加盖章，予以放行。

② 无有效除害处理方法，但包装完好的，进行退件处理，由邮局退给寄件人。

③ 无有效除害处理方法，包装不牢固，具传播危险性病虫害可能性的，进行截留销毁处理，出具邮件处理通知单，注明处理原因，由邮局寄交收件人。

（2）出境邮寄物。

① 经检疫合格或经除害处理合格的，根据寄件人的需要，海关应出具证书。

② 经检疫不合格且无有效除害处理方法的，海关应进行换件处理或退给寄件人。

实践项目

项目一　操作实训

1.项目目标：熟悉和掌握国际挂号函件和文件资料类国际特快专递邮件的准寄范围，重量、尺寸限度，禁限寄等的规定，能够利用新一代营业渠道系统熟练完成国际挂号函件和文件资料类国际特快专递邮件的收寄操作，为参加职业技能鉴定实操考试扫下基础。

2.项目内容：国际挂号函件和文件资料类国际特快专递邮件的收寄。

3.项目实施及要求：（1）课前要求学生熟练掌握国际挂号函件和文件资料类国际特快专递邮件的准寄范围，重量、尺寸限度，禁限寄等的规定。（2）到邮政营业技能实训室，为每位学生分配一个台席，让学生认识收寄邮件所用到的各类业务戳记和业务单式。（3）教师边演示，学生边操作，完成国际挂号函件和文件资料类国际特快专递邮件的收寄，并通过布置练习题，让学生熟练掌握相关知识。（4）下课后，要求每个学生撰写一份实践报告，总结收寄流程和注意事项。

项目二　实地调研

1.项目目标：通过营业网点实地调研，熟悉和掌握邮政企业开办的国际邮件业务种类，各类国际邮件业务的准寄范围、禁限寄规定、资费标准等，了解办理国际邮件业务与国内邮件业务的区别，提升学生对国际邮件业务的认知水平。

2.项目内容：组织学生到当地邮政营业网点调研国际邮件业务开办情况、国际邮件业务基本规定、国际邮件业务处理流程等。

3.项目实施及要求：（1）教师需提前与邮政营业网点负责人联系，安排1～2名企业人员现场教学。（2）教师应要求学生提前熟悉本章重点内容，以5～6人为一组，以小组为单位列出调研提纲。学生在参观学习期间，要遵守企业生产安全规定，听从安排，多思考，并做好笔记。（3）实地调研后，每组学生撰写一份实践报告。

拓展知识

"入世" 20年：见证中国邮政快递业风云变幻

知识巩固

1. 单选题

（1）国际邮件按（　　　）可分为平常邮件和给据邮件。

　　A．内件性质 　　　　　　　　　　　　B．处理手续

　　C．运输方式 　　　　　　　　　　　　D．邮局所承担补偿责任的范围

（2）在处理国际信函封面时，各种业务标签或戳记应粘贴或加盖在邮件封面（　　　）。

　　A．左上角 　　　　B．右上角 　　　　C．左下角 　　　　D．右下角

（3）国际信函的最大重量限度是（　　　）。

　　A．1kg 　　　　　B．2kg 　　　　　　C．5kg 　　　　　D．7kg

（4）在寄递下列国际邮件时，需要出示有效身份证件的是（　　　）。

　　A．信函 　　　　　B．明信片 　　　　C．航空邮简 　　　D．包裹

（5）国际邮袋的出入境、开拆和封发、装卸、转运等均应接受（　　　）的监管。

　　A．国家邮政局 　　　　　　　　　　　B．中国邮政集团有限公司

　　C．海关 　　　　　　　　　　　　　　D．公安机关

2. 多选题

（1）下列国际邮件中，可以免费寄递的有（　　　）。

　　A．盲人读物 　　　B．邮政公事 　　　C．航空邮简 　　　D．国际小包

（2）下列国际邮件中，可以附回执的邮件有（　　　）。

　　A．平常印刷品 　　B．挂号函件 　　　C．保价函件 　　　D．普通包裹

（3）国际邮件封面的收件人名址应用（　　　）书写。

　　A．英文 　　　　　B．法文 　　　　　C．寄达国通晓的文字　D．中文

（4）以下不允许在国际邮件中寄递的有（　　　）。

　　A．火柴 　　　　　B．鲜肉 　　　　　C．鸦片 　　　　　D．报刊书籍

（5）以下国际邮件中，可以按挂号函件收寄的有（　　　）。

　　A．印刷品 　　　　B．印刷品专袋 　　C．小包 　　　　　D．航空邮简

3. 判断题

（　　　）（1）对非保价邮件，邮局只承担按万国邮联规定标准补偿的责任。

（　　　）（2）筒、箱开出的注有"挂号"字样的函件，如果付足挂号函件资费，可以按挂号函件处理。

（　　　）（3）我国每件国际保价包裹的保价限额为人民币1万元，当我国与寄达国或地区的保价限额不一致时，应以寄达国或地区的保价限额为准。

（　　　）（4）寄递物品类国际特快专递邮件需在国际特快专递邮件报关单的相关方格（货样、礼品或商品）中打"√"，并详细注明物品的名称、数量和价值。

（　　　）（5）国际信函内禁止寄递物品。

4. 简答题

（1）国际邮件寄递的特点有哪些？

（2）国际邮件若贴用了无效邮票，邮局应如何处理？

参考文献

[1] 赵栓亮，陈军须，张瑞凤，等. 邮政业务与管理[M]. 天津：天津大学出版社，2010.

[2] 王为民，吴建民，宋晓明. 邮政通信地理[M]. 2 版. 北京：北京邮电大学出版社，2018.

[3] 王为民，陈军须. 邮政通信组织管理[M]. 3 版. 北京：北京邮电大学出版社，2017.

[4] 王为民，周晓燕. 邮政企业经营管理实务[M]. 北京：北京邮电大学出版社，2016.

[5] 陈建安. 邮政营业员[M]. 2 版. 北京：人民邮电出版社，2011.

[6] 赵栓亮. 邮政通信业务管理[M]. 北京：人民邮电出版社，2012.

[7] 李伟，李陕川，赵栓亮，等. 文化平台"邮"特色[J]. 中国邮政，2016 (12)：8.

[8] 王俭. 落实新发展理念 强化市场导向 持续推动邮政业务高质量发展[J]. 中国邮政，2019（7）：2.

[9] 赵栓亮. 加快落实国企改革三年行动 助力中国邮政能力体系转型[J]. 邮政研究，2021，37（3）：5.

[10] 陈军须，李晶，李颖，等.《国内邮件处理规则》制修订及应用研究[J]. 邮政研究，2021，37（4）：3.

[11] 胡庆魁，白丹，赵婧，等. 集邮业务创新发展路径探析[J]. 邮政研究，2019，35（5）：3.